Tres décadas de desarrollo rural en la Argentina

Mario Lattuada
María Elena Nogueira
Marcos Urcola

Tres décadas de desarrollo rural en la Argentina

Continuidades y rupturas de intervenciones públicas
en contextos cambiantes
(1984-2014)

Colección UAI - Investigación

UAI EDITORIAL

teseo

Lattuada, Mario

Tres décadas de desarrrollo rural en la Argentina : continuidades y rupturas de intervenciones públicas en contextos cambiantes 1984-2014 / Mario Lattuada ; María Elena Nogueira ; Marcos Urcola. - 1a ed. - Ciudad Autónoma de Buenos Aires : Teseo; Universidad Abierta Interamericana, 2015.

456 p. ; 20x13 cm.

ISBN 978-987-723-026-0

1. Desarrollo Rural. I. Nogueira, María Elena II. Urcola, Marcos III. Título

CDD 338.9

UAI EDITORIAL

teseo

© Editorial Teseo, 2015

Teseo - UAI. Colección UAI - Investigación

Buenos Aires, Argentina

ISBN 978-987-723-026-0

Editorial Teseo

Hecho el depósito que previene la ley 11.723

Para sugerencias o comentarios acerca del contenido de esta obra, escríbanos a: **info@editorialteseo.com**

www.editorialteseo.com

Autoridades

Rector Emérito: Dr. Edgardo Néstor De Vincenzi

Rector: Mg. Rodolfo De Vincenzi

Vice-Rector Académico: Dr. Francisco Esteban

Vice-Rector de Gestión y Evaluación: Dr. Marcelo De Vincenzi

Vice-Rector de Extensión Universitaria: Ing. Luis Franchi

**Decano Facultad de Derecho
y Ciencias Políticas:** Dr. Marcos Córdoba

PRESENTACIÓN

La Universidad Abierta Interamericana ha planteado desde su fundación en el año 1995 una filosofía institucional en la que la enseñanza de nivel superior se encuentra integrada estrechamente con actividades de extensión y compromiso con la comunidad, y con la generación de conocimientos que contribuyan al desarrollo de la sociedad, en un marco de apertura y pluralismo de ideas.

En este escenario, la Universidad ha decidido emprender junto a la editorial Teseo una política de publicación de libros con el fin de promover la difusión de los resultados de investigación de los trabajos realizados por sus docentes e investigadores y, a través de ellos, contribuir al debate académico y al tratamiento de problemas relevantes y actuales.

La Colección Investigación Teseo - UAI abarca las distintas áreas del conocimiento, acorde a la diversidad de carreras de grado y posgrado dictadas por la institución académica en sus diferentes sedes territoriales y a partir de sus líneas estratégicas de investigación, que se extienden desde las ciencias médicas y de la salud, pasando por la tecnología informática, hasta las ciencias sociales y humanidades.

El modelo o formato de publicación y difusión elegido para esta colección merece ser destacado por posibilitar un acceso universal a sus contenidos. Además de la modalidad tradicional impresa comercializada en librerías seleccionadas y por nuevos sistemas globales de impresión y envío pago por demanda en distintos continentes, la UAI adhiere a la red internacional de acceso abierto para el conocimiento científico y a lo dispuesto por la Ley 26.899 sobre Repositorios digitales institucionales de acceso abierto en ciencia y tecnología, sancionada por el Honorable Congreso de la Nación Argentina el 13 de noviembre de 2013, poniendo a disposición del público en forma libre y gratuita la versión digital de sus producciones en el sitio web de la Universidad.

Con esta iniciativa la Universidad Abierta Interamericana ratifica su compromiso con una educación superior que busca en forma constante mejorar su calidad y contribuir al desarrollo de la comunidad nacional e internacional en la que se encuentra inserta.

Dr. Mario Lattuada
Secretaría de Investigación
Universidad Abierta Interamericana

A la memoria de Lautaro Saint Girons
(Meian, 25.02.15)

ÍNDICE

ABREVIATURAS Y SIGLAS

AF: Agricultura Familiar
ANR: Aportes No Reembolsables
APN: Administración de Parques Nacionales
APPMT: Asociación de Pequeños Productores Minifundistas de Tucumán
AT: Asistencia Técnica
BCRA: Banco Central de la República Argentina
BID: Banco Interamericano de Desarrollo
BIRF: Banco Internacional de Reconstrucción y Fomento
BM: Banco Mundial
CACP: Comité Asesor del Proyecto
CADIF: Centro Andino de Desarrollo, Investigación y Formación
CAF: Corporación Andina de Fomento
CAPPCA: Componente de Apoyo a los Pequeños Productores para la Conservación Ambiental
CC: Consejo Coordinador
CC: Consejo de Coordinación de Proyecto
CCAT: Comité de Crédito y Asistencia Técnica
CCP: Comité de Coordinación Provincial
CDR: Comisión de Desarrollo Rural
CEPAL: Comisión Económica para América Latina
CFA: Consejo Federal Agropecuario
CFI: Consejo Federal de Inversiones
CIPAF: Centro de Investigación y Desarrollo Tecnológico para la Agricultura Familiar
COVIAR: Corporación Vitivinícola Argentina
CPE: Evaluación del Programa País
CSP: Consejo de Supervisión de Proyecto

DRI: Desarrollo Rural Integrado
EAP: Explotación Agropecuaria
ENOTPO: Encuentro Nacional de Organizaciones
    Territoriales de Pueblos Originarios
FAA: Federación Agraria Argentina
FACA: Fondo de Apoyo a las Comunidades Aborígenes
FAE: Fondo de Apoyo a Emprendimientos
FAO: Food and Agriculture Organization
FAO – CI: Centro de Inversiones de FAO
FI: Fondo de Inversiones
FIC: Fondo para las Iniciativas Comunitarias
FOMEF: Programa de Mejoramiento de las Especies
    Forestales
FOMIN: Fondo Multilateral de Inversiones
FONAF: Foro Nacional de la Agricultura Familiar
FONFIPRO: Fondo Fiduciario Provincial
FRAI: Fondo Rotatorio de Actividades Innovativas
FUNDAPAZ: Fundación para el Desarrollo en Justicia
    y Paz
GEF: Global Environment Facility
IDERCOR: Instituto de Desarrollo Rural de Corrientes
IICA: Instituto Interamericano de Cooperación para la
    Agricultura
INCUPO: Instituto de Cultura Popular
INDES: Instituto Interamericano para el Desarrollo
    Económico y Social
INTA: Instituto Nacional de Tecnología Agropecuaria
ISI: Industrialización por Sustitución de Importaciones
IVA: Impuesto al Valor Agregado
LB: Línea de Base
LP: Línea de Pobreza
MAGyP: Ministerio de Agricultura, Ganadería y Pesca
MIPyMES: Micro, Pequeñas y Medianas Empresas

MNCI: Movimiento Nacional Campesino Indígena
MOCASE: Movimiento Campesino de Santiago del Estero
NBI: Necesidades Básicas Insatisfechas
NEA: Provincias del Nordeste
NOA: Provincias del Noroeste
ONCCA: Oficina Nacional de Control Comercial
    Agropecuario
ONG: Organización No Gubernamental
PAIPPA: Instituto Provincial de Acción Integral a
    Pequeños Productores Agropecuarios
PAPyMP: Programa de Apoyo a Pequeños y Medianos
    Productores
PDT: Plan de Desarrollo Territorial
PEDT: Plan Estratégico de Desarrollo Territorial
PEA: Plan Estratégico Agroalimentario
PISEA: Programa de Inclusión Social y Económica
    Agropecuaria
PNEA: Programa de Crédito y Apoyo Técnico para
    Pequeños Productores del NEA
PNOA: Programa de Crédito y Apoyo Técnico para
    Pequeños Productores del NOA
PNUMA: Programa de Naciones Unidas para el Medio
    Ambiente
POA: Planes Operativos Anuales
PPCPP: Plan Piloto de Capacitación
PRAT: Proyecto de Reconversión de las Áreas Tabacaleras
PRODEAR: Programas de Desarrollo de Áreas Rurales
PRODERPA: Programa de Desarrollo Rural de la Patagonia
PROFAM: Programa para Productores Familiares
PROFEDER: Programa Federal de Apoyo al Desarrollo
    Rural Sustentable
PROGANO: Proyecto Ganadero del Oeste Chaqueño

PROHUERTA: Producción para la Autoproducción de Alimentos

PROINDER: Proyecto de Desarrollo de Pequeños Productores Agropecuarios

PROPAE: Proyecto de Apoyo a Egresados del Centro Educativo de Nivel Medio Nº 2 para Comunidades Autóctonas y Sectores Marginales

PROSAP: Programa de Servicios Agrícolas Provinciales

PSEyGC: Planificación, Seguimiento, Evaluación y Gestión del Conocimiento

PyMES: Pequeñas y Medianas Empresas

REAF: Reunión Especializada de Agricultura Familiar del MERCOSUR

RENAF: Registro Nacional de la Agricultura Familiar

RIMS: Gestión por Resultados e Impacto

SAF: Secretaría de Agricultura Familiar

SAGPyA: Secretaría de Agricultura, Ganadería, Pesca y Alimentación

SENASA: Servicio Nacional de Sanidad Animal y Calidad Agroalimentaria

SFR: Servicios Financieros Rurales

SIIG: Sistema de Gestión, Monitoreo y Evaluación de Programas

SSAF: Subsecretaría de Agricultura Familiar y Desarrollo Rural

TA: Asalariados Agropecuarios

TT: Trabajadores Temporarios

TAA: Trabajadores Asalariados Agropecuarios

UCAR: Unidad para el Cambio Rural

UFI: Unidad de Financiamiento Internacional

UNC: Unidad Nacional de Coordinación

UNIFEM: Fondo de Naciones Unidas para la Mujer

UNIFEN: Fondo de Desarrollo de las Naciones Unidas
    para la Mujer
UPE: Unidad Provincial de Ejecución
VBP: Valor Bruto de la Producción

INTRODUCCIÓN

La problemática del desarrollo tiene una extensa trayectoria en su construcción como concepto y como estrategia de intervención en la sociedad. Los claustros universitarios anglosajones (pero también latinoamericanos) abonaron extensos y profundos debates académicos sobre esta cuestión y contribuyeron al diseño de las estrategias de intervención de gobiernos y de organismos de financiamiento internacional.

Fruto de esas reflexiones y de las experiencias concretas implementadas durante los últimos setenta años, una serie de conceptos e instrumentos han tenido permanencia en algunos casos, y transformaciones y desplazamientos en otros, de acuerdo con los diferentes contextos económicos y políticos, lo que ha modelado el objeto y las características de los programas de desarrollo rural implementados en la región.

El contenido de este libro[1] propone dar cuenta de la estrecha vinculación del proceso de construcción del concepto de desarrollo, de su evolución en diferentes contextos históricos y de las políticas de transformación de las comunidades rurales, con el modo en que esas

---

[1] La investigación realizada forma parte del proyecto "Políticas de desarrollo rural y asociaciones rurales en la Argentina 1990-2013" financiado por el Consejo Nacional de Investigaciones Científicas y Técnicas (CONICET) de Argentina mediante el otorgamiento de un subsidio PIP 2013-2015 por resolución n.° 4316 de 2013. Además, ha contado con el apoyo económico de la Fundación para el Desarrollo Regional en los Países del MERCOSUR Ampliado, Montevideo, R. O. del Uruguay, 2013.

corrientes de pensamiento influyeron en los programas de desarrollo rural implementados en Argentina entre 1984 y 2014. Un proceso de continuidades y rupturas, entendido como constituido por conceptos y características que en algunos aspectos perduran y en otros se discontinúan, se transforman o son reemplazados en la definición de sus objetivos, de los sujetos sociales destinatarios, de las estrategias de intervención y de los instrumentos empleados, y de la propia estructura institucional a cargo del desarrollo rural.

Para dar cuenta de ello, se adopta un abordaje diacrónico y comparativo que contempla una importante amplitud temporal y una diversidad de programas y experiencias atravesados por el predominio de diferentes corrientes de pensamiento, que procura contribuir desde una perspectiva original a un conocimiento de mayor profundidad sobre el desarrollo rural en el país. Una problemática que numerosos y destacados autores –identificados en la extensa bibliografía registrada al final del trabajo– han trabajado fundamentalmente centrados en el conocimiento de proyectos y de casos específicos. A diferencia de aquéllos, la propuesta de este libro se desplaza en un camino de ida y vuelta desde el plano de las ideas al de sus implementaciones y consecuencias, desde cuestiones abstractas y conceptuales a instrumentos y proyectos en el territorio tratados en detalle. El riesgo asumido es el de un recorte o sesgo en el que no todos los programas y actores son tratados con el mismo rigor, aunque el beneficio consiste en tener una visión más completa y compleja del proceso en su conjunto.

Por otra parte, éste es un libro sobre políticas de desarrollo rural. De allí que sea importante introducir, en primer lugar, qué se comprende por políticas públicas y, seguidamente, por desarrollo rural como una expresión de aquéllas. Asimismo, éste es un libro pensado y construido desde una perspectiva diacrónica. Se trata de un estudio a partir del cual se han podido reconstruir buena parte de las intervenciones vinculadas al desarrollo rural en Argentina, desde mediados de la década de 1980 hasta la actualidad.

La definición de política pública encierra tal variedad de posibilidades que, a los fines analíticos, resulta necesario indicar cuál es la que se adopta en este estudio. Una política pública, estatal, constituye una toma de decisión sobre un problema definido. Es esto, pero incluye otras cuestiones: se nutre del momento previo a la toma de esa decisión (la construcción del problema y su inclusión en la agenda), de los programas y las acciones que en su nombre se generan, de los vínculos que los actores construyen en su puesta, de los modos de implementar esas acciones y, finalmente, de las evaluaciones que existan respecto de ellas mismas.

En este libro, se parte del supuesto de que una política pública es una política de Estado. Independientemente de los diferentes gobiernos y más allá de las negociaciones en torno a la definición de esos gobiernos y el tipo de acciones, supone una articulación en el largo plazo que incorpora ciertas instituciones en la estructuración de la administración pública.

El periodo de análisis seleccionado (1984-2014) abarca la historia de los programas de desarrollo rural en la Argentina desde sus primeros antecedentes hasta la actualidad, entendidos como una política pública estatal, aunque buena parte del periodo deriva de acciones o de iniciativas autónomas de agencias y de organismos de financiamiento con escasa o nula reflexión, definición y elaboración de una política específica y explícita de desarrollo rural en el más alto nivel político del Estado. Esto, que desde la perspectiva de la administración pública puede considerarse una anomalía, constituye, como afirman Oszlak y O'Donnell (1981), un rasgo distintivo de las políticas públicas. Éstas son la suma de iniciativas y de respuestas en un momento histórico y en un contexto determinado en los que el Estado, a través de sus diferentes unidades o agencias y actores, va definiendo una posición u orientación predominante de sus acciones y de su intervención. Un proceso en el que estas unidades estatales con diferente grado de autonomía, control de recursos, intereses organizacionales y clientelas diversas, en diferentes momentos despliegan sus capacidades de intervenir e influir en instancias del proceso con orientaciones que pueden ser negociadas, contradictorias y aun conflictivas. El resultado suele ser una política pública en la cual se puede inferir una toma de posición predominante y temporal del Estado frente a determinada cuestión –en este caso el desarrollo rural–.

La política pública, desde esta perspectiva, es una acción colectiva ejecutada a través del Estado, que en el caso que nos compete incluye el nivel nacional (diferentes poderes y agencias o unidades administrativas estatales) pero también niveles subnacionales (provincias, municipios). Además, en este proceso intervienen actores no estatales, como las organizaciones de la sociedad civil y del sector privado: organizaciones no gubernamentales, movimientos de protesta, movimientos sociales, asociaciones civiles, cooperativas, empresas e incluso, y en otro plano, organismos internacionales diversos como aquellos que financian los programas de desarrollo.

Asimismo, las políticas públicas como proceso pueden ser comprendidas analíticamente a través de sus fases, aquello que algunos autores denominan el ciclo de la política pública. Lahera (2006) menciona cuatro etapas: origen, diseño, gestión y evaluación. Las dos primeras se vinculan con el ingreso en la agenda pública y el diagnóstico del problema, y las restantes con su elaboración, ejecución e implementación. Evidentemente, todas las fases no necesariamente se suceden en forma escalonada y se articulan entre sí pero, como se indicó previamente, tales etapas contribuyen a una adecuada configuración del objeto de estudio en cuestión.

Quiénes participan del proceso y el modo en que lo hacen forman parte de lo que actualmente se denomina "la gobernanza" de las políticas públicas.[2] Ésta consiste en el conjunto de mecanismos, de procesos y de instituciones promovidos desde el Estado a través de los cuales los ciudadanos y los grupos de interés participan del proceso de las políticas públicas.

---

[2]   El término "gobernanza" se utiliza en la actualidad con diversas connotaciones. Surge vinculado a los enfoques de la nueva gestión pública en la etapa del Consenso de Washington en contextos en los que los Estados nacionales descentralizaban y desplazaban sus funciones reguladoras tradicionales. Ese desplazamiento planteaba un problema político, un pasaje del sujeto de gobierno al proceso de gobernar (Aguilar Villanueva, 2007), es decir, al modo en el que se elaboran o se materializan políticas públicas –las reglas del juego–. La noción de "gobernanza" que se recupera aquí se circunscribe a un tipo de instrumento de gestión de las políticas públicas que evita el peligro de disolver la distinción entre gestión y política mencionada por Rosanvallon (2008). La gobernanza es una forma de acción colectiva compleja en la que participan múltiples actores en cuanto al diseño y a la realización pero que requiere de una o más agencias de gobierno que resuelvan dos problemas clave de esa acción colectiva: la cooperación y la eficacia (Aguilar Villanueva, 2007).

Esta participación puede entenderse como un proceso por el cual determinados actores de la sociedad civil –término aquí tomado en el sentido más amplio que nos podemos permitir– se organizan y se movilizan en la escena pública con el objeto de influir sobre las políticas estatales y el modo de organización de la sociedad que promueven. Esta participación puede manifestarse en los hechos en tres instancias o momentos: en el futuro, cuando se trata de la formulación o del diseño de la política; en el presente, cuando se ejecuta o implementa a través de las acciones; y en el pasado, al evaluar o controlar la rendición de cuentas de la política pública implementada (Oszlak, 2009: 24). No obstante, estos procesos poco o nada se han manifestado en los estilos en que se formulan y ejecutan políticas públicas, estilos que se han caracterizado históricamente por un estado de presente permanente y en los que la participación recorre un amplio arco de situaciones que va desde la lisa y llana exclusión hasta la colonización de las agencias estatales, dependiendo de los mayores o menores recursos y poderes de los actores sociales y de los contextos políticos y económicos.

En cuanto al concepto de desarrollo en general y a los programas de desarrollo rural como una de las manifestaciones concretas de su aplicación a través de las políticas públicas, su sentido no es unívoco y expresa significados relativos e históricos en cuanto a las transformaciones de un país, un territorio, un sector o un grupo social específico. No obstante, las distintas corrientes de pensamiento que han contribuido al debate –con excepción de las posiciones del posdesarrollo– han mantenido históricamente un núcleo irreductible de ideas orientadas a la transformación de las sociedades, comunidades o grupos cuyos valores, comportamientos sociales y actividades económicas difieran de las sociedades urbanas, industrializadas, tecnológicamente avanzadas y con sistemas políticos de participación democrática. Lo rural ha sido sistemáticamente identificado con una sociedad tradicional y atrasada que debe ser transformada.

En los contenidos de este libro, el trabajo de Valcárcel (2006) constituye una contribución central a partir de la cual se reconstruye la evolución de las ideas y de las corrientes de pensamiento sobre el concepto de desarrollo. Sobre esta estructura se han articulado los aportes de diferentes autores en relación con las características asumidas por las estrategias de intervención en el desarrollo rural de América Latina.

Estas corrientes de pensamiento han tenido una profunda influencia en el diseño y en la ejecución de los programas de desarrollo rural implementados en la Argentina, así como en las rupturas y en las continuidades de sus características. Contribuyen a la definición de los diferentes contextos, entendidos en el sentido que Oszlak y O'Donnell (1981) proponen: como el conjunto de factores extrínsecos que aportan a la comprensión de las políticas públicas.

La presencia del Fondo Internacional de Desarrollo Agrícola (FIDA) como organismo internacional de financiamiento de seis programas de desarrollo rural en la Argentina constituye una excelente plataforma de observación, desde sus primeras experiencias a fines de la década de 1980 hasta la actualidad atravesando diferentes contextos históricos.

La elaboración de un estudio sobre estos programas en 2013 nos posibilitó un acceso preferencial a numerosos y completos documentos de diseño, ejecución, seguimiento y evaluación, así como la posibilidad de realizar numerosas entrevistas a informantes calificados.[3] Los programas FIDA han coexistido con otros programas de desarrollo y fuentes de financiamiento que han sido consultados como fuentes complementarias de información para el contenido de este trabajo.

Este acceso diferencial a fuentes de información y de documentación imprime al estudio un sesgo que, en cierto modo, limita la extensión y la profundidad del análisis de otros programas, como PSA y PROINDER o Cambio Rural, los cuales han jugado un papel relevante en las estrategias de desarrollo rural de la Argentina en el periodo analizado. Es en este sentido que el recorrido propuesto resulta selectivo y, en cierto modo, podría considerarse incompleto para una historia de las políticas de desarrollo rural en la Argentina de las últimas tres décadas, si ese fuera el fin de este libro, pero esa no es su pretensión.

Los enfoques y las ideas sobre el desarrollo rural que se imponen en diferentes etapas históricas suelen impregnar al conjunto de los organismos de financiamiento que, con mayor o menor ortodoxia y diferente temporalidad, terminan incorporándolos en los diseños de los programas que financian. Las bases conceptuales sobre las que se construyeron los diseños de los programas FIDA tienen semejanzas con las de los programas financiados por el Banco Mundial –PROINDER– y

---

[3]   Lattuada, Mario; Nogueira, María Elena; Urcola, Marcos (2013). *El Fondo Internacional de Desarrollo Agrícola (FIDA) en los países de ingresos medios: el caso de argentino*, Fundación para el Desarrollo Regional en los Países del MERCOSUR Ampliado, Montevideo, R.O. del Uruguay.

el Banco Interamericano de Desarrollo –programas
FOMIN–; estas bases también se encuentran presentes en los programas financiados por los presupuestos
nacionales, como el Programa Social Agropecuario o
los programas del INTA. Esto no debe interpretarse
como la imposición de una plantilla o receta uniforme
que se replica automáticamente en todos los programas, sino como el predominio de una serie de ideas,
conceptos, instrumentos y expresiones comunes que
en determinados contextos históricos se encuentran
presentes como sustratos transversales en el diseño y
en las estrategias de intervención. Entre otros ejemplos
pueden mencionarse la progresiva ampliación de la población objetivo del pequeño productor agropecuario a
población rural no necesariamente agraria e integrantes
de grupos vulnerables –mujeres, población aborigen,
jóvenes, trabajadores–;[4] la inclusión de la problemática de los recursos naturales y el ambiente en un lugar
cada vez más destacado; el desplazamiento del crédito
por los aportes no reembolsables o subsidios; la asistencia técnica grupal que se amplía de lo productivo
a lo organizacional; y la importancia del capital social,
el territorio y sus instituciones que con variantes se expresan actualmente en el abordaje de microrregiones
de los programas FIDA, en la estrategia socioterritorial

---

[4]   Además de la experiencia de los programas FIDA que se detalla
      en extenso en este libro, pueden comprobarse con detalle en el
      trabajo de Román y Soverna (2004: 53-60) los esfuerzos del BM y
      la FAO-CI por imponer en las negociaciones con la SAGPyA para el
      diseño del PROINDER una serie de ideas y criterios –entre otros la
      ampliación de la población objetivo que incluye además de a pe-
      queños productores, a mujeres, a población aborigen, a asalariados
      transitorios– que eran promovidos también por otros organismos
      internacionales de financiamiento de los programas de desarrollo.

de la Secretaría de Agricultura Familiar y en el enfoque del Desarrollo Territorial Rural adoptado por el INTA.

Estos "parecidos de familia", sin embargo, no han sido suficientes para definir e integrar los diferentes programas y las fuentes de financiamiento en una política única y explícita de desarrollo rural, a pesar de los diferentes esfuerzos realizados en este sentido, y en la actualidad se mantienen al menos tres agencias principales, todas formalmente dependientes del Ministerio de Agricultura, Ganadería y Pesca de la Nación, con diferente grado de autonomía: la Unidad para el Cambio Rural (que concentra todos los programas con financiamiento internacional), la Secretaría de Agricultura Familiar y el Instituto Nacional de Tecnología Agropecuaria (con programas financiados por recursos del presupuesto nacional).

En este marco, la estrategia metodológica escogida para la realización de este trabajo emplea, fundamentalmente, técnicas de investigación de tipo cualitativo. Se han sistematizado y analizado en forma simultánea diferentes tipos de fuentes: i) fuentes primarias de los programas FIDA en Argentina (convenios de préstamo, documentos de diseño, reorientación y evaluación, informes de estado y de gestión); ii) documentos oficiales del gobierno de la Argentina como censos nacionales y documentos de distintos organismos, agencias gubernamentales y programas de desarrollo rural; iii) cuarenta entrevistas semiestructuradas realizadas durante el mes de junio de 2013 a informantes calificados de la coordinación y ejecución de los programas FIDA a nivel nacional y provincial, representantes de socios institucionales (INTA, gobiernos provinciales, técnicos) y beneficiarios de sus servicios (productores, mujeres, jóvenes, y miembros de comunidades aborígenes); iv) fuentes secundarias consistentes en las contribuciones realizadas por diferentes publicaciones académicas que aportan conocimiento sobre los diferentes programas de desarrollo rural y sistematizan experiencias concretas.

El resultado del análisis de esta información articulado con las transformaciones de los contextos políticos y económicos, y con la evolución y la influencia de las diferentes corrientes de pensamiento sobre el desarrollo, se expone en cuatro capítulos y en unas conclusiones finales, además de en esta introducción y en dos anexos.

El primer capítulo se propone dar cuenta del proceso de construcción del concepto de desarrollo y de su evolución en diferentes contextos históricos, de su estrecha vinculación con las políticas de transformación de las comunidades rurales y del modo en que esas corrientes de pensamiento influyeron en los programas de desarrollo rural llevados a cabo en la Argentina.[5]

El capítulo segundo describe esquemáticamente los contextos políticos y económicos que caracterizaron a la Argentina en las últimas tres décadas y las políticas de desarrollo rural que se llevaron adelante. Se distinguen tres etapas de acuerdo con las corrientes de pensamiento imperantes: a) modernización (1984 y 1990); b) ajuste estructural del Consenso de Washington (1991-2002); y c) Pos-Consenso de Washington (2003-2014). Algunos de los programas descriptos podrían no ser considerados estrictamente como de desarrollo rural por tener características predominantemente sectoriales o por producto, carácter asistencial, o por incluir beneficiarios que no constituyen tradicionalmente su población objetivo

---

[5]   Los contenidos de los capítulos 1 y 4 registran como antecedente un desarrollo provisional y parcial en Lattuada (2014a).

(urbanos, medianos y grandes productores y empresas). No obstante, todos los casos incluidos contemplan algún tipo de beneficio para los integrantes de la agricultura familiar y, por lo tanto, pueden ser considerados parte de las políticas de desarrollo rural desde una perspectiva de abordaje "relacional" sobre la pobreza rural (Lattuada, Márquez, Neme, 2012).

En el tercer capítulo se identifican los principales actores que participan de la definición, administración y gobernanza de los programas de desarrollo rural, y se describen sus relaciones y las características de la gestión de los programas desde el punto de vista de los actores (responsables, socios institucionales y destinatarios). Los organismos internacionales de crédito, los gobiernos nacionales y subnacionales, las diferentes agencias públicas y privadas, las organizaciones de la sociedad civil y la participación de los beneficiarios constituyen una red dinámica y cambiante, en la que puede observarse rupturas y continuidades en la gestión del desarrollo. En esta línea, se desarrollan particularmente las transformaciones institucionales surgidas con la creación del Ministerio de Agricultura, Ganadería y Pesca (ex Secretaría de Agricultura, Ganadería, Pesca y Alimentación) y los aportes que los programas de desarrollo rural han realizado para la organización y la participación de la agricultura familiar en las políticas públicas a nivel nacional y en algunas provincias.

El capítulo cuarto analiza la evolución de los programas de desarrollo rural en la Argentina a partir de los cambios producidos en los objetos del desarrollo, en la población objetivo, en los instrumentos priorizados y en las estructuras a cargo de la definición y la gestión de la política de desarrollo rural, producto de la influencia de las corrientes de pensamiento dominantes sobre el desarrollo, de la experiencia acumulada en el proceso histórico y de las transformaciones de las condiciones del contexto político y económico nacional. Finalmente, las conclusiones realizan un balance de los beneficios y de las dificultades de las políticas de desarrollo rural en la Argentina durante las últimas tres décadas y aportan algunas reflexiones sobre su profundización en el futuro.

Se incluyen dos anexos. El primero describe y sistematiza la información sobre ocho proyectos que han sido productos de la intervención de diferentes programas FIDA, con el objeto de observar en profundidad aquellas experiencias concretas consideradas relevantes desplegadas en diferentes regiones del país, con participación de distintos tipos de población objetivo (productores, mujeres, aborígenes) y realización de diversas actividades económicas (productivas, comerciales, servicios). Estas experiencias permiten observar las políticas de desarrollo rural en acción, en cuya dinámica los supuestos e instrumentos de los diseños son puestos a prueba a partir de la efectiva interacción de los diferentes actores que participan del proceso, y exponen con su devenir y resultados los aspectos positivos y negativos que pueden transformarse en lecciones aprendidas a partir de la experiencia. El segundo anexo incluye un listado de los informantes calificados y sus roles que han sido entrevistados para el desarrollo de este trabajo.

Por último, lo más importante, nuestro sincero agradecimiento a Clara Craviotti, Susana Márquez, Ana Reises y Susana Soverna, quienes han realizado una lectura crítica de los diferentes borradores del trabajo y han contribuido con numerosas sugerencias a partir de sus conocimientos y de sus experiencias como actores relevantes de esta historia. La mayoría de esos aportes han permitido salvar errores y mejorar el texto que a continuación presentamos, mientras que otros no han sido incorporados debido a nuestras limitaciones, en algunos casos, y a una decidida obstinación en otros, a sabiendas de la provisionalidad de todo conocimiento y con la expectativa de que futuros trabajos completen los vacíos y corrijan las deficiencias que puedan existir en la contribución que este libro intenta realizar sobre la problemática del desarrollo rural en la Argentina.

CAPÍTULO I: LOS MÚLTIPLES SIGNIFICADOS DEL DESARROLLO

1. Crecimiento económico y modernización

En los años posteriores a la Segunda Guerra Mundial, el desarrollo comienza a ser entendido como una política internacional y nacional de modernización de los países y de las comunidades rurales bajo una concepción evolucionista unilineal con pretensión universal, que plantea como modelo de llegada los países capitalistas dominantes de Occidente.[6]

En este modelo dicotómico existen sólo dos sectores: uno moderno –industrial y urbano– que cumple un rol dinámico en la transformación del otro sector, atrasado y pasivo –rural y agrario–, que requiere atravesar inexorablemente diferentes etapas para alcanzar ese ideal de desarrollo. En el debate académico, la expresión de esta corriente tuvo su más claro y difundido exponente económico en el trabajo de Rostow (1961) *Las etapas del crecimiento económico*. La incorporación de tecnología moderna, de los avances científicos y la inversión de capital e infraestructura que posibiliten el aumento de la producción, la productividad y los ingresos constituyen la base de la transformación estructural propuesta.

---

[6] En forma simultánea se promueve un modelo de economía centralmente planificada en los países del bloque socialista, caracterizado por la propiedad estatal de los medios de producción, incluida la tierra, y por formas colectivas de producción, como una estrategia, diferente a la del modelo capitalista, de promover el desarrollo rural, que encontrará su fin con la caída del bloque en 1989.

Esto implicaba modernizar la tecnología utilizada en el sector agropecuario, impulsar la agricultura comercial y promover una rápida industrialización y urbanización en reemplazo de un sector tradicional asentado en la agricultura de subsistencia, de baja productividad y con escasas articulaciones con el mercado comercial. Pero además el modelo requería transformaciones sociales y políticas, a partir de las cuales pautas y valores tradicionales y estructuras y procesos diferentes a un sistema político-democrático debían ser removidos. Las contribuciones de la sociología contribuyeron en este sentido a partir de las teorías del cambio social (Parsons, 1966; Hoselitz, 1962; Germani, 1965; 1969), en las cuales se destaca la importancia de la creciente diferenciación social y sus consecuencias en el cambio de valores, principios y conductas sociales. Las recomendaciones para la transición de una sociedad tradicional hacia una sociedad moderna incluían la necesidad de normas institucionalizadas, de alfabetización, de la consolidación de organizaciones burocráticas especializadas (públicas y privadas) y de sistemas de participación político-democráticos.

Desde la geopolítica, esta corriente tuvo su máxima expresión en la organización e intervención de la Cooperación Internacional para el Desarrollo, inaugurada por el presidente de Estados Unidos Harry Truman en 1949 (Valcárcel, 2006), y en las intervenciones en la región a partir de una serie de proyectos de desarrollo de comunidad en diferentes países. Estas ideas se mantenían una década después en la iniciativa hemisférica del programa denominado "Alianza para el Progreso", en 1961, y en los estudios y las propuestas de reformas agrarias en algunos países de Centro- y Sudamérica impulsados a partir de los estudios del Comité Interamericano de Desarrollo Agrícola (CIDA), integrado por representantes de FAO, BID, CEPAL, IICA y OEA, a partir de la segunda mitad de la década de 1960.[7]

A pesar del claro apoyo que brindó el gobierno norteamericano a estos procesos de reforma agraria, su naturaleza política tuvo una impronta nacional particular en cada país, con sus intereses locales afectados y diversos actores sociales involucrados.[8]

Hacia la segunda mitad de la década de 1960, los organismos multilaterales de crédito, como el Banco Mundial, el Banco Interamericano de Desarrollo y, en la década siguiente, el FIDA, comenzaron a involucrarse en forma creciente en proyectos de desarrollo rural orientados específicamente a paliar la situación de pobreza rural, en paralelo al retiro del Gobierno de Estados Unidos de su participación directa en este tipo de programas. Estas iniciativas se intensifican desplegando una diversidad de actividades cubiertas con ese objetivo y un aumento creciente en los fondos destinados para asistencia a la producción agropecuaria, a la realización de obras de infraestructura y a servicios que promueven

---

[7] Sobre las iniciativas de los programas de desarrollo de comunidad, la Alianza para el Progreso y los programas de reformas agrarias en América Latina véase Barsky (1990).

[8] En la Argentina, las políticas de congelamiento de los precios de los arrendamientos, la suspensión de los desalojos y los incentivos a la compraventa de los predios arrendados tuvieron un efecto relevante en la conversión de arrendatarios en propietarios y en la desconcentración de la propiedad fundiaria. Estas condiciones, iniciadas como respuesta a una situación coyuntural durante la Segunda Guerra Mundial, fueron consolidadas por políticas explícitas del Gobierno peronista (1946-1955) y, en menor medida, continuadas por los sucesivos planes de transformación agraria hasta el año 1967 con el objetivo de poner fin a la situación generada (Lattuada, 1988).

la producción, pero también al desarrollo social de las comunidades rurales –servicios de salud, capacitación o abastecimiento de agua–. Esta nueva estrategia de intervención, denominada "Programas de Desarrollo Rural Integrado" (DRI), reemplazaba a los programas de desarrollo de comunidad –aunque mantenía muchas de sus características– y se extendió hasta avanzada la década de 1980.

De acuerdo con Barsky (1990), la ejecución de estos programas en distintos países latinoamericanos presentó serias dificultades en la identificación de sus beneficiarios, así como en la integración de los objetivos productivos con los de índole social. La diversidad de proyectos y de aspectos de inversión económicos y sociales generaba una sumatoria confusa de componentes bajo la noción de integralidad. En términos metodológicos se atribuía gran importancia a la elaboración del documento del proyecto, y se invirtió en ello grandes esfuerzos técnicos en estudios de factibilidad que justificaran las inversiones y los créditos que se iban a conceder. Los largos periodos que suponían la realización y la aprobación de aquéllos se constituían en factores negativos, puesto que cuando se iniciaban efectivamente las acciones y se realizaba el desembolso de los recursos gestionados, el contexto social y político se había alterado significativamente. Por otro lado, era notable la rigidez en la formulación de los proyectos, lo que iba en desmedro de la comprensión de los procesos locales sobre los que se pretendía intervenir.

Con una lógica que priorizaba los objetivos planteados por la banca internacional y cuyas líneas de acción se construían en sentido unidireccional desde los organismos de planificación y crédito hacia las poblaciones rurales pobres, se fortalecieron relaciones de asistencialismo, de paternalismo y de asimetría en el interior de las comunidades. La sumatoria de actores internacionales, nacionales y locales intervinientes y la diversidad de aspectos productivos y sociales que pretendían abarcar los proyectos en cada región y país derivaron en una caótica ejecución diferenciada de proyectos. De este modo, en cada lugar se observaron marcadas diferencias de criterio en la definición de las poblaciones-objetivo y en la relación que se establecía con los denominados "sujetos del desarrollo" y sus situaciones específicas de atraso o pobreza. Estas cuestiones actuaron en desmedro del enfoque integral pretendido por los planificadores del DRI y llevaron a un progresivo debilitamiento de la propuesta en el transcurso de la década de 1980.

La problemática del desarrollo rural en la Argentina fue ajena hasta una época bastante reciente, velada por la preponderancia económica, social y simbólica de una región pampeana excedentaria en alimentos, con una estructura social de menor polarización relativa y con una producción extensiva con tecnología moderna, tempranamente articulada al mercado mundial.

La situación de las economías regionales, especialmente en el Noroeste, el Noreste y Cuyo, que poseían mayores similitudes con las realidades campesinas y con los territorios donde el tema del desarrollo rural ocuparía un lugar destacado –como en buena parte de los países latinoamericanos–, fue ignorada en el plano nacional por su escaso peso económico para el funcionamiento de la economía en su conjunto –asentada en el núcleo pampeano y rioplatense– y porque el bajo número de personas, el nivel de recursos movilizados, el grado de organización y activación social no fueron suficientes para que sus necesidades y sus reclamos alcanzaran un lugar en la agenda pública nacional, salvo en situaciones esporádicas de muy corta duración.

La Argentina, sin antecedentes previos en programas de desarrollo rural, con la recuperación democrática de 1983 inició las primeras experiencias y avanzó en negociaciones con el BID y el FIDA en la última etapa de un modelo de intervención –DRI– que pronto sería cuestionado (FIDA, 1995).

Entre 1984 y 1990 la Secretaría de Agricultura y Ganadería de la Nación con participación del INTA, varias ONG y la cooperación del IICA coordinó con los Gobiernos de las provincias del Noroeste argentino el primer antecedente de un programa de desarrollo rural en el país: Programa de Apoyo a Pequeños Productores del Noroeste Argentino, PNOA (PROINDER, 2003).

Esta iniciativa dio origen a la Unidad de Minifundio del INTA, que se formalizó en 1987 y continuó sus acciones hasta la actualidad. El programa tenía como objetivo reforzar el autoconsumo de las familias minifundistas, promover la incorporación de tecnologías apropiadas y la conformación de organizaciones locales con el fin de poner en marcha emprendimientos productivos comunitarios. Mediante su gestión y con la participación de otros actores locales se buscaba mejorar la competitividad productiva y promover la diversificación y la integración a procesos agroindustriales como medios para acceder a diferentes mercados con mayor probabilidad de éxito.

Paralelamente, con recursos del Fondo de las Naciones Unidas para la Mujer (UNIFEM) para el apoyo a las mujeres rurales en situación de pobreza y el aporte técnico del IICA se llevaron adelante entre 1987 y 1991 dos iniciativas: Proyecto de Integración de la Mujer Rural al Programa PNOA en el departamento de Cachi, Salta y Proyecto de Apoyo a la Incorporación de la Mujer al Programa NOA (PROINDER, 2003).

El primer programa con financiamiento internacional en la Argentina también se incorporó hacia finales del predominio de esta perspectiva sobre el desarrollo. El Fondo Interamericano de Desarrollo Agrícola (FIDA) inició sus actividades en el año 1983 y luego de varios años de negociaciones y preparativos posibilitó en 1991 la ejecución del Programa de Crédito y Apoyo Técnico para Pequeños Productores del Noreste Argentino (PNEA).

Los contenidos y las acciones de estas primeras experiencias remiten a los contextos en los que el desarrollo rural se conceptualiza como un punto de llegada bajo las indicaciones de las teorías de la modernización.

Como bien sintetiza Valcárcel (2006), el desarrollo desde la perspectiva de la modernización proponía sentar las bases para reproducir en todos los países las condiciones que caracterizaban la situación de las naciones económicamente más avanzadas: industrialización, alta tasa de urbanización y educación, tecnificación de la agricultura y adopción generalizada de los valores, principios y formas de organización de la modernidad: orden, racionalidad y actitud individual.

2. Dependencia y desarrollo

A partir de la década de 1960 y con mayor intensidad en la década de 1970, se produce una ruptura conceptual con la corriente de la modernización a partir de los aportes de destacados académicos latinoamericanos. La teoría de la dependencia, en cuya construcción contribuyen desde perspectivas diferentes Paul Baran (1969), Osvaldo Sunkel (1971), Pablo Gonzáles Casanova (1970), André Gunder Frank (1973), Theotonio Dos Santos (1970), Fernando Henrique Cardoso y Enzo Faletto (1971), y en cierto modo también los aportes de Raúl Prebisch (1950; 1967; 1974) y de la Comisión Económica para América Latina (CEPAL)[9] entre otros, sostiene que el problema del desarrollo y el subdesarrollo constituyen dos caras de una misma moneda en la fase imperialista del capitalismo mundial, dado que el subdesarrollo es consecuencia de las relaciones de clases internas y de la división internacional del trabajo.

La relación centro-periferia, a partir de la cual los países menos desarrollados se encuentran limitados a la producción de bienes de bajo valor agregado –extractivos o agropecuarios– mientras que los países centrales concentran la producción y el comercio de los bienes industriales y de alta tecnología, genera un intercambio económico asimétrico –deterioro de los términos del intercambio– que conlleva una transferencia de excedentes permanente que cristaliza esta situación de dependencia.

---

[9] El conjunto de ideas que a partir de los años sesenta comienza a perfilarse como "teoría de la dependencia" se desarrolla dentro y fuera de la CEPAL y aparece como una línea de interpretación alternativa. Estos estudios procuran "profundizar" aspectos contenidos en las explicaciones cepalinas, especialmente la cuestión del capital extranjero como la principal causa de la explotación de clases en el desarrollo capitalista. Es difícil trazar una línea divisoria en la relación del pensamiento de Prebisch y la CEPAL con la teoría de la dependencia: esta última recupera de la matriz cepalina ciertos elementos, pero bajo el tamiz de las relaciones políticas y de poder con una fuerte influencia del marxismo en sus diferentes vertientes que marcan su diferencia (Cardoso, 1977: 39).

Las alternativas de desarrollo en los países periféricos para algunos autores (Dos Santos, 1969; Gunder Frank, 1973) era la adopción de una vía socialista, mientras que para otros (Cardoso, 1974; Prebisch, 1974) existían caminos menos radicales a partir de un desarrollo capitalista dependiente en el que la industrialización podía integrarse y crecer a partir de un mayor protagonismo del Estado en la economía. La redistribución de la riqueza a favor de los sectores de menores recursos a través de los programas educativos y asistenciales, la promoción de la industria, la modernización del sector agropecuario y el acceso de los campesinos a la tierra a partir de los programas de reformas o de transformación agraria constituían las principales herramientas para la transformación de las situaciones de subdesarrollo.

A pesar de la ruptura conceptual sobre sus causas, esta corriente de pensamiento continuaba caracterizando el subdesarrollo-desarrollo al interior de los países con la misma polarización planteada por la corriente de la modernización: tradicional-moderno; rural-urbano; agro-industria.[10] Las vías de transformación estaban orientadas en el mismo sentido aunque cambiase el signo político: mayor tecnología, mayor productividad, urbanización, racionalización e institucionalización de las relaciones económicas, ruptura de los patrones

---

[10]   La crítica del enfoque de la dependencia a la teoría de la modernización se centraba, en términos generales, en dos temas: a) su carácter ahistórico, como consecuencia de importar teorías y modelos del norte en lugar de pensar y analizar las realidades latinoamericanas, y b) la evolución progresiva por etapas que la modernización postulaba, ya que para los dependentistas, aun con sus variaciones, el cambio se comprendía a partir de una concepción marxista de las relaciones sociales de producción.

tradicionales del sistema político y reemplazo por un Estado moderno, y participación política de las mayorías. Las ideas de Raúl Prebisch –director en esa época de la CEPAL– tuvieron su influencia en la Argentina al elaborar el plan económico del Gobierno de la Revolución Libertadora a fines de 1955 conocido como Plan Prebisch. Aunque muchas de sus iniciativas no se aplicaron, otras que apuntaban al fortalecimiento de la industria y la modernización del agro a través de la intervención del Estado llegaron a implementarse, como la creación del Instituto Nacional de Tecnología Agropecuaria (INTA), que ocuparía un rol central en la investigación, adaptación y transferencia de tecnología para la modernización del sector rural (Rouquié, 1983). Otras iniciativas en esta línea fueron llevadas adelante por el Gobierno desarrollista de Arturo Frondizi entre 1958 y 1962, en particular aquellas vinculadas a la industria siderúrgica y la inversión petrolera. En ese periodo también se crean el Consejo Federal de Inversiones (CFI) y la Comisión Nacional de Desarrollo (CONADE), entre otros organismos pensados para una planificación y unn financiamiento del desarrollo nacional.

En cuanto al desarrollo agrario, probablemente las iniciativas del gobernador bonaerense de la Unión Cívica Radical Intransigente Oscar Alende en 1959 –abortadas por la conducción nacional de su propio partido, Arturo Frondizi– y el proyecto de plan agrario promovido por el ingeniero Horacio Giberti, a cargo de la Secretaría de Agricultura durante el breve periodo del Gobierno peronista de 1973-1974, constituyen los proyectos políticos más cercanos a la corriente de pensamiento anti-dependentista. Iniciativas impositivas y desarrollo tecnológico para la región pampeana e intervenciones de mayor profundidad en la estructura agraria que incluían expropiaciones y redistribución de los recursos productivos, en aquellos casos en que los incentivos económicos no resultaran exitosos y en las restantes regiones del país, constituían los ejes centrales para la modernización del sector (Lattuada, 1986).

Las dictaduras militares y la doctrina de seguridad nacional impulsada a nivel hemisférico durante buena parte de la década de 1970 fueron acompañadas por un proceso de alto endeudamiento externo, por el inicio de un proceso de desmantelamiento del modelo sustitutivo de importaciones (ISI) y por una activa participación estatal en las economías nacionales impulsado por la CEPAL en varios países de la región. A ello se sumaron el crecimiento económico ocurrido en varios países y regiones considerados subdesarrollados en el sudeste asiático –Corea de Sur, Taiwán, Hong Kong y Singapur–, el debilitamiento del socialismo real que desembocaría en la caída del muro de Berlín a fin de la década de 1980 y el ascenso de China a partir de su mayor inserción en el mercado, la inversión extranjera y el comercio internacional. El paradigma centro-periferia ahora era cuestionado por la visión de un mundo multicéntrico, y las nuevas formas de dependencia pasaban del comercio a las finanzas de la mano de los organismos financieros internacionales, que impusieron políticas de ajuste y apertura de las economías nacionales como condición para renovar el financiamiento de las pesadas deudas externas (Valcárcel, 2006).

3. Consenso de Washington: neomodernismo y ajuste estructural

La corriente de la modernización retoma un renovado impulso partir del denominado "Consenso de Washington",[11] que promueve un único modelo de desarrollo a seguir: un capitalismo de fronteras abiertas basado en las fuerzas del mercado como principal institución que asigna y redistribuye los recursos y un Estado que se retrae a un rol subsidiario al del capitalismo. El crecimiento económico vuelve a ser instalado como el indicador exclusivo del desarrollo, y el ajuste estructural y la apertura unilateral al mercado externo, la estrategia para alcanzarlo.

Visto en retrospectiva, el tema del desarrollo rural, si bien tiene algún antecedente incipiente en la década de 1980 –a partir del retorno a la democracia–, se instala definitivamente en la Argentina en la década de 1990, cuando se diagnostica que la mitad de las explotaciones agropecuarias del país desaparecerían, incluyendo buena parte de los pequeños y medianos productores de la región pampeana, en las condiciones del nuevo modelo de paridad cambiaria, apertura y desregulación de la economía (INTA, 1992; 1993).

El desarrollo rural comienza a ocupar un lugar en la agenda pública nacional en el proceso de consolidación de un modelo que minimiza el rol del Estado en la

---

[11]   Expresión acuñada por John Williamson, catedrático de Princeton y funcionario del Banco Mundial, quien en 1989 elaboró un documento en el que indicaba diez reformas de política económica para aplicar en los países de América Latina que tenían problemas para el pago de su deuda externa –luego extendido a los países de Europa del Este– y que contaba con el respaldo del BM, el FMI, el BID y la Reserva Federal del Gobierno de los Estados Unidos.

sociedad, desplaza las decisiones al mercado, considera innecesarias y contraproducentes las políticas sectoriales y propone programas asistenciales y compensatorios para quienes se encuentran fatalmente condenados a la exclusión en el nuevo contexto de acumulación e integración a la economía mundial que las propuestas de ajuste estructural del Consenso de Washington imponían.

Desde entonces una variedad de iniciativas y de programas fueron puestos en marcha en distintas regiones, con diferentes beneficiarios, modelos de intervención, fuentes de financiamiento, agencias responsables y actores públicos y privados involucrados.

Entre 1990 y 2002 se pusieron en marcha en la Argentina una docena de programas de asistencia y de desarrollo para pequeños y medianos productores agropecuarios a cargo de diferentes agencias gubernamentales –INTA, SAGPyA– sostenidos por distintas fuentes de financiamiento –Presupuesto Nacional, BID, BM, FIDA–. A ellos se agregaron programas llevados adelante en forma directa entre organismos de financiamiento internacional y organizaciones gremiales empresarias y de la sociedad civil sin intervención de agencias públicas, como los impulsados por el BID con recursos del Fondo Multilateral de Inversiones –FOMIN–.[12]

Los Programas de Apoyos Integrados para Pequeños y Medianos Productores basados en la Demanda surgen

---

[12]   Pueden mencionarse entre sus ejemplos el programa Fortalecer con Federación Agraria Argentina y otros similares de menor envergadura con cooperativas y fundaciones en diferentes regiones del país. También en otros sectores de actividad se realizaron experiencias similares, en la industria con la Unión Industrial Argentina y en el comercio con la Confederación Argentina de la Mediana Empresa.

en este contexto como una variante mejorada de los programas DRI de la década anterior. A diferencia de aquellos, ahora era la demanda y no la oferta la que determinaba las necesidades por satisfacer de los beneficiarios. Estos programas proponían en sus diseños un conjunto de apoyos en los que la conformación de mercados de financiamiento y de asistencia técnica ocupaba un lugar central, y eran complementados por servicios de información y de capacitación. Las estrategias se proponían crear, organizar y fortalecer capacidades locales y brindar un menú acotado de opciones y de apoyos, a partir de los cuales los productores, a través de su interacción y del asesoramiento técnico con el respaldo de múltiples instituciones, buscaban el camino que consideraban más adecuado para su caso. Para algunos se esperaba que fuese suficiente con reordenar las actividades productivas, mejorar las condiciones de seguridad alimentaria, organizar su empresa o intensificar la producción; para otros, las transformaciones requeridas podían ser más profundas, como incorporar nuevas actividades productivas, adoptar formas organizativas diferentes a la empresa individual o abordar actividades o servicios que impliquen trascender los límites de la producción primaria.

Los instrumentos para hacer posible esas transformaciones consistieron en una asistencia técnica a los pequeños y medianos productores y el acceso al financiamiento con garantías solidarias, con una metodología de funcionamiento grupal brindada por técnicos multifunción cuyos honorarios eran subsidiados por los programas –con la expectativa de que progresivamente esos costos fueran trasladados a los beneficiarios– y respaldados por una vasta red de instituciones públicas y privadas.

Los programas de apoyo a los productores de menores recursos y a población rural vulnerable –mujeres, comunidades aborígenes– compartían muchos principios de los aquí mencionados, con la diferencia de que la asistencia financiera contaba en algunos programas con instrumentos de aportes no retornables –una subterfugio para evitar la palabra "subsidio" que había caído en desgracia para la época y había sido eliminada de los documentos que debían ser aprobados por los *boards* de los organismos internacionales de financiamiento–. En el caso de productores de mayores recursos productivos y económicos, el financiamiento podía acotarse al asesoramiento sobre fuentes y condiciones de acceso en el mercado.

En los sectores más vulnerables se otorgaba una mayor atención al problema de los sistemas de comercialización destacados como un factor crítico de su situación, así como al fortalecimiento de la producción para autoconsumo para garantizar su seguridad alimentaria. Otras problemáticas de similar importancia para esos sectores, como el acceso a un mayor control de recursos productivos –como la tierra– o la regularización de su situación de ocupación, sólo eran mencionados en pocos programas y ocupaban un lugar secundario en relación con otros objetivos.

Como lo reconocería años después John Williamson, principal mentor del Consenso de Washington, los resultados de la iniciativa liberal de ajuste estructural y crecimiento económico no fueron los esperados: "Entre 1994 y 1999, diez países en desarrollo de ingreso mediano experimentaron crisis financieras que deterioraron los niveles de vida y en algunos casos hicieron caer los Gobiernos y empobrecieron a millones de personas" (2003: 9). La historia recorrida por la Argentina como paradigma del ajuste estructural y sus resultados han sido tan conocidos como padecidos por sus ciudadanos y por el ámbito académico.

Los programas de desarrollo rural ejecutados en la Argentina durante la década de 1990 concebidos bajo este paradigma fueron insuficientes para compensar la magnitud de la crisis y la velocidad de concentración de la estructura agraria (que implicó la expulsión de pequeños y medianos productores). A pesar de los programas implementados y de la duplicación de los niveles de producción y de exportaciones agrarias de la Argentina a partir de una modernización tecnológica y organizacional de la producción, en sólo una década el 21% (INDEC, 1988; 2002) de los establecimientos agropecuarios existentes, en su mayoría, de dimensiones pequeñas y medianas, desaparecieron en un proceso de acelerada concentración económica y exclusión.

4. Pos-Consenso de Washington: el "otro" desarrollo

Paralelamente a las principales corrientes de pensamiento y de intervención sobre el desarrollo de países y de los territorios rurales, se fueron conformando distintas líneas de pensamiento y propuestas que, posteriormente, contribuirán a una concepción del desarrollo más compleja, incorporando a las variables económicas cuestiones ecológicas, sociales y culturales en reemplazo de la visión de la modernización y del Consenso de Washington.

4.1. Desarrollo sostenible: ambiente y recursos naturales

Ante la evidencia de los efectos negativos sobre los recursos naturales y el ambiente de los modelos de crecimiento económico basados en una sociedad de consumo, surgieron en los países nórdicos concepciones ambientalistas y propuestas sobre otro tipo de desarrollo que luego se consolidaron internacionalmente.

Las propuestas del ecodesarrollo o el otro desarrollo se han materializado en las distintas Cumbres de la Tierra (Estocolmo, 1972; Río de Janeiro, 1992), en la creación en 1973 del Programa de Naciones Unidas para el Medio Ambiente (PNUMA) y en el informe de la Comisión Brundtland (1987) que da origen al concepto de desarrollo sostenible (Valcárcel, 2006).

Estas propuestas advierten sobre los límites del desarrollo alentado por la sociedad de consumo y ponen énfasis en la necesidad de un desarrollo orientado a satisfacer las necesidades humanas con prioridad en la erradicación de la pobreza, movilizado en forma endógena y autónoma en armonía con el ambiente.

Si bien estas iniciativas no lograron cambiar estructuralmente la orientación de los programas de desarrollo, contribuyeron a la incorporación progresiva de referencias y de estrategias de intervención que, sin dejar de intensificar la producción o de transformar el ambiente, contemplaban condiciones para mitigar su impacto negativo o incentivar la recuperación de las aptitudes de los recursos naturales y del ambiente.

En la Argentina, esta problemática estuvo presente desde mediados de la década de 1990, pero se incorpora en forma explícita en los programas de desarrollo de última generación avanzada la primera década del siglo XXI.

4.2. La prioridad de las necesidades básicas, las capacidades humanas y libertades individuales, y el desarrollo humano

Aportes de diferentes vertientes con menor grado de difusión y penetración internacional fueron abonando la redefinición del concepto y las estrategias de desarrollo.

Por un lado, el enfoque de las necesidades básicas de Paul Streeten (1986) destacaba la importancia de satisfacer de las necesidades humanas básicas –alimentación, vivienda, salud– y complementariamente de disminuir la desigualdad a partir del acceso a la educación, al trabajo digno, a la participación en las decisiones y a las libertades individuales.

Por otro lado, el economista y filósofo hindú Amartya Sen (1983; 1985) desarrolló el enfoque de las capacidades humanas, según el cual el desarrollo no consiste en el aumento de la oferta de bienes materiales y de su disponibilidad, sino en el crecimiento de las capacidades de los individuos para poder decidir y conducir su existencia, una concepción que gira en torno a los derechos y a las libertades individuales.

Finalmente, y vinculado con los aportes de este último autor, pero también con los de John Williamson y Paul Streeten, entre otros, emerge el concepto de desarrollo humano que la organización de las Naciones Unidas adoptó para la elaboración del Índice de Desarrollo Humano que a partir de la década de 1990 aplica a los diferentes países. Esta concepción del desarrollo contempla, además del acceso a recursos económicos –a partir del PBI–, indicadores asociados a la calidad de vida de los individuos, expresados en la cobertura de servicios básicos en salud y educación –manifestados en la esperanza de vida, la matrícula y el grado de alfabetismo–, así como a la participación de la población en las decisiones políticas, a sostenibilidad de los recursos naturales y al ambiente, entre otros.

En esta corriente de pensamiento, la generación de oportunidades iguales y la ampliación de las capacidades y de los derechos de las personas constituye la esencia del desarrollo humano, entendido como un estado de bienestar de los individuos.

4.3. Instituciones y capital social

Las nuevas corrientes económicas del denominado "neoinstitucionalismo" sostienen la importancia de las instituciones y las organizaciones para resolver las imperfecciones del mercado en la asignación de recursos. La cultura, las normas y las reglas que rigen una sociedad, el Estado y el capital social construido a partir de las formas de asociación y de cooperación de sus miembros juegan un papel central en los procesos de desarrollo (North, 2003; Stiglitz, 2002).

De acuerdo con esta concepción, la sociedad regula los comportamientos y las relaciones humanas a partir de las instituciones, entendidas como las normas y las reglas restrictivas formales –leyes, reglamentos, programas– e informales –ideas, creencias, valores, actitudes– que integran su cultura y organizan la interacción de los actores sociales que se expresan a través de sus organizaciones. Las instituciones afectan a través de sus incentivos, sus oportunidades y sus restricciones las acciones de los agentes y, a largo plazo, el desarrollo de los territorios y de los países (North, 2003).

En este sentido, las asociaciones y las organizaciones de una sociedad basadas en actitudes de confianza y en comportamientos de reciprocidad y cooperación constituyen un capital social que es considerado un factor influyente en el desarrollo económico y el desempeño de las instituciones democráticas y, por lo tanto, relevante para diseñar programas orientados a promover la participación social y superar la pobreza (Putnam, 1993).

La noción de capital social no es nueva; comenzó a utilizarse a comienzos de 1980 (Bourdieu, 1980), pero una década después es cuando se produce un avance relevante en el debate académico de las ciencias sociales y su adopción e instrumentación por los principales organismos de financiamiento internacional en los programas de desarrollo rural.[13] En la Argentina los programas han promovido durante las últimas tres décadas en forma sistemática metodologías de intervención grupales para brindar asistencia técnica, capacitación y financiamiento con el objeto de construir proyectos asociativos de diferente tipo que integren a productores y a población rural vulnerable para mejorar sus condiciones de vida y sus capacidades de negociación y participación; pero es durante la presente década que la construcción de capital social se constituye en un objetivo y, a su vez, en un instrumento explícito de las intervenciones.

4.4. El posdesarrollo: diversidad y desarrollo local

La corriente de pensamiento denominada "posdesarrollo", promovida originalmente desde perspectivas

---

[13]   Véanse BID (2001) y BM (2001) entre numerosos documentos de estas instituciones que comenzaron a incorporar el tema del capital social y el desarrollo a partir del año 1998.

antropológicas (Ritz, 2002; Escobar, 2012), es crítica a todas las versiones de la modernización que conllevan una visión evolucionista y eurocéntrica.

Los autores y las perspectivas que constituyen esta corriente se presentan como la reflexión más crítica de la idea de desarrollo planteada en cualquiera de las versiones antes mencionadas. La mayor cantidad de estudios en esta línea provienen del campo de la antropología y focalizan especialmente sobre los discursos sobre el desarrollo, entendidos como prácticas concretas de dominación (Escobar, 1998; Esteva, 2000). El desarrollo implica un discurso históricamente situado con la pretensión de crear modernidad que impone determinadas condiciones de control de las personas y sus comunidades a partir de la transformación de las condiciones en las cuales viven en un ambiente social normalizado y productivo (Escobar, 1998: 266).

La obra de Escobar constituye la versión más acabada de la concepción sobre posdesarrollo y es particularmente crítica de las concepciones sobre el desarrollo sostenidas por los organismos internacionales. Los campesinos se constituyen así en agentes primeramente económicos, tratando de subsistir y no de mantener viable toda una forma de vida. Este discurso constituye una práctica generadora de nuevas reglas, condiciones y transformaciones históricas. La esencia misma del concepto de desarrollo contiene un discurso de poder y de control social de los pueblos.

En contraposición con la perspectiva dominante, Escobar reivindica una serie de prácticas democráticas sostenidas en los movimientos de base, el conocimiento local y el poder popular de la transformación del desarrollo, y genera así no una "alternativa de desarrollo" sino múltiples "alternativas al desarrollo". Esta corriente reivindica el derecho a la diferencia y otorga un lugar central a los actores locales y a la comunidad en la toma de decisiones y en la construcción de su destino en función de sus propios valores y de sus aspiraciones. Desde esta perspectiva, el discurso y la intervención de los programas de desarrollo rural y de los Estados nacionales y subnacionales es cuestionado (Manzanal, 2012).

En esta línea de pensamiento, Manzanal (2006) señala que una genuina política de desarrollo rural local debe generar y consolidar: i) una democracia local participativa; ii) una participación organizada en el territorio; y iii) la conformación de una nueva hegemonía de poder.

Desde esta perspectiva, hay poco lugar para el Estado y las políticas públicas tal como han sido planteadas por las restantes posiciones sobre el desarrollo. Sin embargo, esta corriente indica que se trata de una estrategia que no desconoce el rol del Estado en todos sus niveles, pero se trata de un Estado que necesita ser transformado a través de un nuevo contrato social, de una nueva hegemonía, que exigirá otra forma de diseño y de participación de los actores y de las organizaciones.

El equilibrio propuesto es un tanto delicado en la medida en que la siempre bienvenida vigencia de mecanismos plurales y democráticos en la concertación de políticas no des-politicen la potestad del Estado –en un régimen político representativo– de, precisamente, elaborarlas. Los modos de cooperación descentralizados y flexibles normalmente vinculados con opciones de gobernanza, tal como indica Rosanvallon (2008), suponen elementos democratizadores positivos para la elaboración de políticas públicas, pero éstos no se sostienen por sí mismos sino que requieren de las instituciones y organizaciones estatales con las que dialogan y gestionan.

4.5. El desarrollo territorial rural

La propuesta del Desarrollo Territorial Rural (DTR) se desarrolla hacia mediados de la década de 1990, pero en la Argentina su influencia se observa una década después.[14]

El DTR se inscribe en la transición de las propuestas del ajuste estructural y las corrientes de pensamiento del pos-Consenso de Washington. Concebido desde una visión en la que los Estados nacionales tenían una reducida intervención en el mercado y la sociedad y las políticas sectoriales eran inexistentes o al menos poco relevantes, enfatiza la necesidad de profundizar las reformas que posibiliten una consolidación de las instituciones y organizaciones de la sociedad civil de orden local o territorial en los procesos de desarrollo rural.

El nuevo discurso sobre el desarrollo rural sostiene que estas políticas deben trascender las "macro" reformas y abordar el desarrollo en el nivel "micro" para generar respuestas equitativas y sostenibles a las inversiones, dada la heterogeneidad de los espacios rurales en cuanto a disponibilidad de activos, productividad, costos de transacción, fallas y restricciones de mercado,

---

[14]   En 2004 la Secretaría de Agricultura, Ganadería, Pesca y Alimentación de la Nación (SAGPyA) encarga al BID y al FIDA el desarrollo de una estrategia de desarrollo rural para el país cuya coordinación se encomienda al RIMISP, reconocido por su autoridad en el desarrollo del paradigma del Desarrollo Territorial Rural. Los resultados de esa iniciativa se expresaron en una serie de documentos conceptuales y de relevamiento de experiencias en los territorios (Schejtman y Barsky, 2008).

vacíos institucionales, acceso a bienes públicos (De Janvry y Sadoulet, 2000). En esta línea, Schejtman y Ramírez han definido al DTR como

> un proceso de transformación productiva e institucional de un espacio rural determinado, cuyo fin es reducir la pobreza. La transformación productiva tiene el objetivo de articular competitiva y sustentable la economía del territorio a mercados dinámicos. El desarrollo institucional tiene los propósitos de estimular y facilitar la interacción de los actores locales entre sí, entre ellos y los agentes externos relevantes, y de incrementar las oportunidades para que la población participe del proceso y sus beneficios. Por otra parte, se ha señalado que para los programas de DTR, el territorio es una construcción social, es decir, un espacio de identidad y con un proyecto de desarrollo concertado socialmente (2004: 1-2).

Para ello se considera necesario estimular y facilitar: a) la vinculación competitiva de los territorios rurales a mercados más dinámicos a través de transformaciones productivas; b) la coordinación de las relaciones de cooperación entre los agentes económicos, sociales y gubernamentales mediante procesos de desarrollo institucional; c) la inclusión de los sectores pobres y socialmente excluidos, así como también de las micro y de las pequeñas empresas agro-rurales en los mencionados procesos de transformación productiva y de desarrollo institucional. Este último objetivo es de carácter transversal a los anteriores dado que la prioridad radica en los procesos de transformación productiva e institucional que incluyan a los pobres, a los excluidos y a micro y pequeños empresarios rurales.

La propuesta de un nuevo paradigma de desarrollo rural basado en un enfoque territorial se asienta en el supuesto de una multiplicidad de acciones de tipo económico-productivas e institucionales promovidas por actores públicos y privados con competencia sobre un territorio que cooperan y se articulan con actores de carácter regional y nacional, cuya sumatoria y sinergia confluyen en un proceso de desarrollo rural –en un todo de acuerdo con las concepciones neoinstitucionalistas que reivindican la importancia del capital social –.

En esta propuesta, el territorio sobre el que se despliegan las experiencias es delimitado por una construcción social. Por lo tanto, su frontera o competencia está determinada por los actores involucrados. No obstante, cuando se hace referencia a los actores que son los promotores de las acciones del desarrollo o a las experiencias concretas, el territorio es local –el municipio, un área que incluye algunos distritos o departamentos–; rara vez abarca una o varias provincias y menos aun el territorio nacional en su conjunto.

El desarrollo institucional suele tener un sentido vago y amplio que incluye los valores culturales que rigen comportamientos de los actores sociales en las definiciones teóricas del paradigma, pero su aplicación más frecuente y específica se reduce a acuerdos entre los actores locales, desde un contrato comercial, un convenio municipio-cooperativa o un acuerdo sobre un plan estratégico local entre varios actores públicos y privados.

Finalmente, la propuesta del DTR establece como prioridad la eliminación de las condiciones de pobreza rural e incluye no sólo a los productores agropecuarios y a sus familias sino también al conjunto de la población que reside y trabaja en el ámbito rural no agrario. Esta perspectiva otorga visibilidad y prioriza los lazos de la producción agropecuaria propiamente dicha y las actividades vinculadas –transformación, servicios y actividades no agropecuarias– que, en los procesos y en las tendencias hacia la modernización y urbanización, teóricamente, generan mayores oportunidades de trabajo e ingresos en las zonas rurales.

En este enfoque los programas de desarrollo rural requieren un grado de compromiso de los agentes territoriales –gobiernos locales, técnicos, productores y organizaciones de la sociedad civil, entre otros– que están directamente relacionados con los procesos de desarrollo. Por tanto, se considera que las iniciativas no funcionan de manera centralizada aun cuando sean los Ministerios de Agricultura los que tengan responsabilidad directiva sobre su ejecución e implementación. Schejtman y Berdegué (2004) indican que este hecho pone en evidencia una incorrecta identificación del desarrollo rural con el desarrollo de la agricultura y con los aumentos de la producción y la productividad agrícola.

La propuesta resulta valiosa en su rescate de la importancia del capital social local y regional, y de la necesidad de su fortalecimiento para cualquier iniciativa de desarrollo que se pretenda sostenible en el tiempo. No obstante, resulta sugerente el rol residual que las agencias estatales a nivel nacional poseen como agentes del desarrollo rural desde esta perspectiva. Es evidente la vinculación de este enfoque con una visión donde el Estado se retiraba de la agenda y de su rol como agente del desarrollo, es decir, cuando el Estado aparecía como problema y no como solución, característica de la etapa del ajuste estructural del Consenso de Washington. La importancia otorgada a los actores locales y la minimización del rol de los Estados nacionales sugieren afinidades con las posturas críticas de las corrientes denominadas "del posdesarrollo", pero, a diferencia de aquellas, el énfasis puesto en lo económico-productivo y la articulación con los mercados dinámicos lo inscriben en las posturas más cercanas a las corrientes neomodernizadoras y al de las capacidades individuales del Posconsenso de Washington.

Revisiones críticas han surgido en el último lustro sobre esta perspectiva, algunas profundizando la importancia de la sociedad civil y los procesos de gobernanza (PIADAL, 2013) y otras reivindicando el rol del Estado nacional y las políticas públicas en los procesos de desarrollo rural (Lattuada, Márquez, Neme, 2012).

Como indica Evans (1996: 51), el aumento de la capacidad del Estado sigue siendo un requisito de cualquier política económica eficaz. El Estado es un actor que el análisis de este tipo de políticas debe tener necesariamente en cuenta. A ello se debe agregar el peso relevante que tienen las políticas macroeconómicas y sectoriales en los niveles de bienestar y de competitividad de los territorios rurales, donde las actividades directa o indirectamente vinculadas con la producción agraria continúan siendo preponderantes, y también en territorios urbanos, donde la riqueza rural fluye como factor dinámico de sus economías. Estos factores fueron minimizados en los primeros esbozos del nuevo paradigma del DTR e incorporados tardíamente más como justificación ante las críticas que como parte constitutiva y funcional del modelo propuesto.[15]

---

[15]   Schejtman y Barsky sostienen que "El enfoque territorial del desarrollo rural no es excluyente de las políticas sectoriales agropecuarias: todo lo contrario, las requiere, pues éstas, si son eficaces, amplían transversalmente las oportunidades y el horizonte para los procesos

El paradigma del DTR se inscribe, con mayor o menor ortodoxia o énfasis en determinados aspectos, en la mayoría de los programas de desarrollo rural de la Argentina posteriores a 2004, tanto en aquellos llevados adelante por el INTA que lo adopta en forma explícita en su Plan Estratégico Institucional 2005-2015 (INTA, 2004: 43-44), como los que se implementan a través del Ministerio de Agricultura, Ganadería y Pesca de la Nación, especialmente en los programas con financiamiento internacional asentados en la UCAR que ponen mayor énfasis en la articulación de la agricultura familiar a mercados dinámicos. Por su parte, los programas promovidos desde la Subsecretaría de Agricultura Familiar (actual Secretaría) a partir del enfoque socioterritorial focalizan en mayor medida en las cuestiones organizativas, la seguridad alimentaria y los saberes locales (López *et al.*, 2013: 11-12) y adoptan aquellos aspectos del DTR más cercanos a las concepciones del posdesarrollo pero –a diferencia de aquél– con una clara y decisiva intervención del Estado en su promoción.

---

de desarrollo". Se refieren por ejemplo a las políticas de desarrollo tecnológico, promoción comercial y apertura de mercados, sanidad vegetal y animal, inocuidad de alimentos, desarrollo forestal, perfeccionamiento de mercados, irrigación, etcétera, (2008: 44).

CAPÍTULO II: LOS PROGRAMAS DE DESARROLLO RURAL EN LA ARGENTINA

1. Ruralidad y pobreza

Argentina es un país federal integrado por veintitrés provincias más el territorio de la ciudad autónoma de Buenos Aires, con una extensión de 2.780.403 km², con una baja densidad poblacional de 14,4 habitantes por km² y una reducida tasa de crecimiento de la población –1,1% anual– (INDEC, 2010b).

En la actualidad, el país es clasificado como de ingreso mediano-alto con un PBI de $ 446.044.143.596, una población de 40.117.096 personas y un ingreso medio per cápita de US$ 10.943 (INDEC, 2010b).

No obstante, la distribución del ingreso es desigual. En 2008 el 55% del ingreso estaba concentrado en el 20% más rico de la población y sólo el 3% del ingreso estaba en manos del 20% inferior (PNUD, 2008). En 2012 los datos oficiales indican que el 10% de la población con mejores remuneraciones concentró el 25,5% de los ingresos totales mientras que el 10% más pobre concentró el 1,6% (INDEC, 2012).

La población rural de la Argentina es de 3.599.764 personas y equivale al 9% de la población total del país. El 63,7% de esa población se encuentra en áreas dispersas y el 36,3% reside en centros poblados de menos de 2.000 habitantes –ver cuadro siguiente– (INDEC, 2010b). Se estima que cerca de un tercio del total (alrededor de un millón de personas) son pobres, entre los que prevalecen la población indígena, las mujeres, los jóvenes y los trabajadores no permanentes sin tierras (BM, 2007).

El nivel de pobreza en el país evolucionó de un 19,9% de su población en 1992 a un 38,8% en 2001. En 2002, luego de la devaluación de la moneda y la crisis política institucional, el porcentaje de población con ingresos por debajo de la línea de pobreza alcanzó un 51,7% del total de su población nacional, mientras que un 25,2% se encontraba en su grado extremo o indigencia (FIDA, 2010a).

Distribución porcentual de la población rural por tipo de asentamiento, según provincia
Total del país. Años 1991, 2001 y 2010

Provincia	Población rural									
	1991			2001			2010			
	Total rural	Dispersa	Agrupada	Total rural	Dispersa	Agrupada	Total rural	Dispersa	Agrupada	
Total del país	**4.179.418**	**72,9**	**27,1**	**3.828.180**	**68,0**	**32,0**	**3.599.764**	**63,7**	**36,3**	
Ciudad Autónoma de Buenos Aires	-	///	///	-	///	///	-	///	///	
Buenos Aires	608.265	70,3	29,7	502.962	59,7	40,3	434.644	48,1	51,9	
24 partidos del Gran Bs. Aires	20.881	97,7	2,3	23.140	93,9	6,1	12.116	100,0	0,0	
Interior provincia Bs. Aires	587.384	69,2	30,8	479.822	58,1	41,9	422.528	46,6	53,4	
Catamarca	79.751	34,0	66,0	86.829	31,1	68,9	84.122	29,1	70,9	
Chaco	263.764	88,1	11,9	199.751	82,2	17,8	162.571	79,1	20,9	
Chubut	43.497	51,2	48,8	43.427	45,1	54,9	44.840	41,4	58,6	
Córdoba	386.659	61,8	38,2	345.734	54,1	45,9	342.061	49,5	50,5	
Corrientes	205.741	84,7	15,3	191.951	83,7	16,3	170.371	79,0	21,0	
Entre Ríos	228.572	78,3	21,7	202.733	71,2	28,8	176.457	65,8	34,2	
Formosa	128.352	85,5	14,5	108.377	84,6	15,4	101.459	76,3	23,7	
Jujuy	94.176	67,3	32,7	91.815	59,7	40,3	84.737	53,3	46,7	
La Pampa	67.125	44,7	55,3	55.916	38,2	61,8	53.645	30,5	69,5	

| Provincia | Población rural | | | | | | | | | |
| | 1991 | | | 2001 | | | 2010 | | |
	Total rural	Dispersa	Agrupada	Total rural	Dispersa	Agrupada	Total rural	Dispersa	Agrupada
La Rioja	53.587	36,1	63,9	48.876	38,0	62,0	45.124	31,9	68,1
Mendoza	312.955	86,9	13,1	326.964	83,4	16,6	332.646	83,3	16,7
Misiones	295.498	85,0	15,0	285.474	85,0	15,0	289.039	81,2	18,8
Neuquén	53.280	70,0	30,0	54.172	66,6	33,4	46254	62,8	37,2
Río Negro	101.762	64,6	35,4	86.283	58,0	42,0	82.675	51,1	48,9
Salta	182.052	74,4	25,6	178.880	65,7	34,3	156.490	62,2	37,8
San Juan	104.299	65,0	35,0	87.001	64,8	35,2	87.672	57,1	42,9
San Luis	54.058	57,7	42,3	47.421	48,1	51,9	48.970	44,2	55,8
Santa Cruz	13.763	50,1	49,9	7.596	61,3	38,7	10.721	51,6	48,4
Santa Fe	369.131	59,3	40,7	325.309	52,9	47,1	292.292	47,5	52,5
Santiago del Estero	264.168	77,3	22,7	272.852	76,0	24,0	273.577	73,8	26,2
Tierra del Fuego	2.066	76,2	23,8	2.968	57,1	42,9	1.511	90,3	9,7
Tucumán	266.897	86,1	13,9	274.889	84,1	15,9	277.886	85,7	14,3

Nota: se clasifica como población rural a la que se encuentra agrupada en localidades de menos de 2.000 habitantes y a la que se encuentra dispersa en campo abierto.

Los nombres de provincias y límites político-administrativos anteriores al Censo Nacional de Población, Hogares y Viviendas 2010 pueden consultarse en el documento: Notas aclaratorias referidas a la división político-territorial y político-administrativa en las publicaciones censales.

Fuente: INDEC. Censo Nacional de Población y Viviendas 1991. Censo Nacional de Población, Hogares y Viviendas 2001 y 2010.

El porcentaje de la población con niveles de pobreza e indigencia en la Argentina es, en la actualidad,
un tema de debate debido a las distintas fuentes para
registrar los niveles de inflación contra los que se miden
los índices de pobreza e indigencia. La información
oficial proporcionada por el INDEC (2010a) a partir
de la Encuesta Permanente de Hogares sostiene que la
pobreza en el país alcanza al 9,9% de la población (alrededor de cuatro millones de personas), de los cuales
el 2,5% (casi un millón de personas) se encuentra en
condición de indigencia. Por su parte, la Universidad
Católica Argentina a través de su Encuesta de la Deuda
Social Argentina eleva ese número a prácticamente el
doble: 8,5 millones de pobres y 2 millones de indigentes
para la misma época. No obstante en ambos casos las
fuentes oficiales y privadas coinciden en un proceso de
mejora progresiva de los indicadores, más intenso en el
periodo 2003-2007 y más lento a partir de 2007, debido
al aumento de los programas asistenciales y del gasto
social en general, a la recuperación del empleo y a los
incrementos salariales que acompañaron la inflación
(UCA, 2011; Observatorio Social, 2012). El nivel de pobreza en las regiones del norte del país continúa siendo
más elevado que en el resto del país: llega a casi 26% en
el noreste y 21% en el noroeste, con niveles de indigencia del 7,11% y el 5,3% respectivamente (FIDA, 2010a).

Una tercera fuente (CIFRA, 2014) confirma estas
tendencias y coincide con las mediciones no oficiales.
La evolución de la tasa de pobreza muestra una fuerte
y sistemática tendencia decreciente en los últimos diez
años, de manera que pasó de afectar al 49,7% de las
personas en 2003 al 27,2% en 2007, y en 2013 descendió

nuevamente al 17,8% de la población, 1 punto porcentual inferior al registro de 2012 (18,8%).

Lo propio cabe para el análisis de las tasas de indigencia. La proporción de personas cuyos ingresos no alcanzaron para adquirir la Canasta Alimentaria Básica era el 22,8% en 2003 y pasó a ser el 8,4% en 2007. A su vez, la reducción de la tasa de indigencia ha sido muy importante a partir de 2008: alcanzó el 4,2% de la población en 2013. Se trata de una reducción de 0,3 puntos porcentuales respecto al año anterior (4,5%).

En el último trimestre de 2013 la pobreza alcanzó aproximadamente a 7.681 millones de personas, mientras que la población indigente fue de 1.815 millones. Probablemente la aceleración de los precios tras la devaluación de enero de 2014 y el estado de recesión en que ha entrado la economía tenga consecuencias en un incremento en las tasas de pobreza e indigencia.

El sector agropecuario es muy importante ya que convierte al país en uno de los principales productores mundiales de alimentos, con un sector agrícolo-ganadero y agroindustrial moderno con explotaciones empresariales muy capitalizadas y una agricultura familiar relevante en términos económicos y sociales. Agricultura y ganadería representan el 6% del PIB y con la agroindustria superan el 20%. Entre 2005 y 2012 las exportaciones de bienes argentinos crecieron desde US$ 40.013 millones hasta US$ 83.950 millones de dólares, es decir que experimentaron un alza del 103%. Las exportaciones de origen agropecuario (bienes primarios US$ 20.212 millones y manufacturas de origen agropecuario US$ 28.192 millones) representan cerca del 60% del total de las exportaciones de bienes y servicios, el 18% del PIB y el 22% del valor agregado. La agricultura es una importante fuente de puestos de trabajo que genera alrededor del 20% del total si se incluyen el transporte y el comercio relacionados con el sector (Bolsa de Comercio de Rosario, 2013; Ministerio de Economía, 2013).

La superficie sembrada en la campaña 2012/2013 ha sido de 27,2 millones de ha con los tres principales cultivos (soja, maíz y trigo), de las cuales el cultivo de soja ocupó 19,5 millones de ha. La producción total de granos estimada para la campaña 2012/2013 asciende a 102,6 millones de toneladas, la segunda más importante de la historia Argentina, de las cuales el cultivo de soja aporta 50,6 millones de toneladas. Los restantes granos en importancia han sido: trigo, maíz, cebada, sorgo y maní. El *stock* ganadero para 2012 rondaba los 51 millones de cabezas y cubre la elevada demanda interna de 59 Kg/año por habitante (IPCVA, 2012) y una cuota importante de exportaciones en materia de carne y leche de alrededor del 3% del valor de las exportaciones argentinas (Bolsa de Comercio de Rosario, 2013; Ministerio de Agricultura, Ganadería, Pesca y Alimentación, consultado: 28.05.13).

La agricultura familiar (AF) en paralelo a una agricultura y ganadería fuertemente capitalizada mantiene un papel importante en la producción y en la estructura socioeconómica del medio rural. Para el año 2002 fueron identificados 251.116 establecimientos agropecuarios como "agricultura familiar", los cuales representan el 75% del total de los establecimientos agropecuarios del país, controlan 30,9 millones de hectáreas equivalentes al 17,7% de la superficie total y generan el 19% del valor total de la producción agropecuaria nacional. Estos establecimientos tienen como residentes a 823.235 personas y aportan el 64% del total del empleo agropecuario nacional. Su presencia es mayoritaria en el noroeste y noreste del país –entre 78% y 92% del total–, y disminuyen en importancia en las regiones de Cuyo, Pampeana y Patagonia –representan entre el 60 y el 69% de los establecimientos–. En cuanto a los productos, representan el 85% del total de establecimientos dedicados a la producción hortícola –papa, cebolla, acelga, tomate–, el 94% de los cultivos industriales o regionales –tabaco, algodón, yerba mate, caña de azúcar– y más del 50% en la producción de granos –maíz, soja, trigo, girasol– (Obstchatko, 2009).

El contexto político y económico de la Argentina se ha caracterizado por cambios drásticos en las últimas tres décadas enmarcados por profundas crisis económicas y políticas. La década de 1990 se inició en el marco de procesos hiperinflacionarios y se caracterizó por una serie de reformas estructurales orientadas a la apertura de la economía, por un sistema de cambio fijo, por la privatización de empresas públicas –transporte, comunicaciones, petróleo, electricidad y gas–, por la reducción del aparato estatal y sus mecanismos de intervención, y por un endeudamiento internacional creciente. Con tasas anuales promedio de crecimiento del PIB del 5,7%, la combinación de varios factores políticos y macroeconómicos, y el crecimiento de la deuda pública, se llegó en 2001-2002 a una profunda crisis económica y financiera con repercusiones sociales y políticas graves y el incumplimiento del pago de la deuda externa. El desempleo alcanzó un índice cercano al 25% y más de la mitad de la población (58%) cayó en situación de pobreza.

La recuperación de la actividad económica se inició en 2003, en el marco de un cambio de políticas macroeconómicas, y desde entonces se registra un sostenido crecimiento del orden del 8% anual promedio, con alguna excepción a partir de la crisis internacional en 2009 y un menor ritmo en los años posteriores (en torno al 2% promedio). La deuda externa ha sido renegociada casi en su totalidad entre 2005 y 2010, aunque todavía quedan pendientes algunos problemas judiciales con fondos y bonistas que no han aceptado el canje oportunamente ofrecido. Las políticas económicas del Gobierno se apoyaron hasta 2009 en: a) mantenimiento de un tipo de cambio competitivo; b) prudencia fiscal; c) políticas de incremento de ingreso; d) superávit gemelo (fiscal y comercial); e) estímulo al consumo y subsidios a la población muy pobre; f) aumento del empleo formal y recomposición salarial. Estas políticas permitieron reducir la pobreza a casi un tercio (del 58% en 2002 al 20% en 2010) y el desempleo cayó del 21,5% al 8% en el mismo periodo. No obstante, a partir de la crisis económica internacional de 2009 la mayoría de estos indicadores sufrieron primero un estancamiento y a partir de 2011, una sensible reversión debido a un creciente proceso inflacionario que se ha ubicado en un porcentaje superior al 30% anual para 2014.

2. Los contextos del desarrollo rural

La problemática del desarrollo rural no se instala en la agenda pública nacional desde un Estado de bienestar preocupado por la búsqueda de equidad. Ésta surge en el proceso de consolidación de un modelo que minimiza el rol del Estado en la sociedad, desplaza las decisiones al mercado, considera innecesarias y contraproducentes las políticas sectoriales y propone programas asistenciales y compensatorios para quienes se encuentran fatalmente condenados a la exclusión en el nuevo contexto de acumulación e integración a la economía mundial. De acuerdo con el diagnóstico realizado por el INTA en esa época, el 50% de las explotaciones agropecuarias del país (alrededor de 200.000), incluida buena parte de los pequeños y medianos productores de la región pampeana, se encontraban en riesgo de abandonar la actividad productiva en las condiciones del nuevo modelo de paridad cambiaria, apertura y desregulación de la economía (INTA, 1992; 1993).

Las transformaciones propuestas fueron promovidas y respaldadas por los organismos de crédito internacional que requerían implementar medidas tendientes a un saneamiento fiscal con su consecuente cuota de reducción de agencias y personal estatal, restricción de inversiones del sector público, venta de activos y privatización de empresas públicas. El correlato de este proceso fue el permanente ajuste presupuestario, la astringencia financiera y el aumento de la presión fiscal sobre los contribuyentes. En la misma dirección apuntaron los esfuerzos para una desregulación de la economía con el objeto de liberar la iniciativa de las fuerzas del mercado y la apertura externa, como instrumento polivalente para posibilitar una renovada inserción en el mercado mundial, generar un mayor ingreso de capitales y divisas, y contener los niveles de inflación interna.

Estas nuevas condiciones para el desempeño del Estado dejaron libradas al mercado y a las organizaciones de la sociedad muchas de las decisiones y de los mecanismos que antes le correspondían, y así al Estado le quedo reservado un rol subsidiario, de promotor y asesor de negocios privados y de asistencialismo hacia quienes quedan fuera del modelo.

La estructura y la función del Estado condicionaban severamente la definición del modelo de desarrollo y las estrategias de intervención posibles. En este escenario predominaba la idea de un Estado neutro o ausente que no interviene en el sector productivo y en la reglamentación de la actividad económica, y que se dedica a la tarea de promover las condiciones sistémicas de la competitividad internacional de las empresas y a garantizar las metas mínimas de bienestar social.

Durante la primera mitad de la década de 1990 existieron advertencias de que el proceso de transformación de la estructura económica no resultaría neutral respecto de las posibilidades de inclusión social y de distribución de la riqueza. La naturaleza de apertura y desregulación del modelo, tal como se implementara en muchos países de la región, tendería al aumento de la escala empresarial y de la concentración del poder económico, lo que profundizaría los problemas de equidad estructurales de las sociedades latinoamericanas (Murmis, 1993).

Desde entonces numerosos programas comenzaron a ejecutarse en distintas regiones del país. Diversos paradigmas del desarrollo han sido puestos en discusión, cientos de consultores han realizado sus evaluaciones y recomendaciones y numerosos debates han sido abiertos en la búsqueda de mejorar los mecanismos de intervención y, fundamentalmente, los resultados esperados. En este proceso, se integra progresivamente una red de miles de técnicos y profesionales formados en el terreno sobre cuestiones atinentes al desarrollo rural, profesionales que han generado una activa articulación con los productores "beneficiarios" de los programas, así como con las asociaciones públicas y privadas locales en el ámbito de sus áreas de actuación. En otras palabras, se ha creado un capital social en el nivel territorial vinculado con el desarrollo rural hasta ese momento inexistente. En ese escenario, el Estado respaldaba el fortalecimiento de la sociedad civil a través de programas de intervención segmentados, procurando la participación de los interesados a través de formas asociativas y promoviendo la construcción de redes institucionales de apoyo. Dado este marco, las iniciativas de la sociedad civil adoptaban formas de organización diversas y funciones heterogéneas para producir, comerciar, capacitarse o adoptar tecnología a partir de un esfuerzo conjunto con el objetivo de adaptarse de algún modo a las nuevas reglas de juego y sobrevivir.

Como se ha mencionado, los esfuerzos realizados y el aumento de la producción y las exportaciones agrarias no fueron suficientes para que, en sólo una década, el 21% de los establecimientos agropecuarios existentes, en su mayoría de dimensiones pequeñas y medianas, fueran excluidos en un proceso de concentración económica que profundizaba la tendencia observada desde la década de 1970. El número de EAP con límites definidos menores a 500 ha disminuyó en 82.854 unidades y 5.715.547 ha, y en el otro extremo las de más de 10.000 ha tuvieron una reducción de 75 unidades con 623.442 ha. Por el contrario, la franja de EAP que va de las 500 a 10.000 ha aumentó su número en 1.922 unidades y la cantidad de tierra en explotación en 3.719.011 ha (INDEC, 1988; 2002).

Las condiciones del contexto cambiaron drásticamente a partir de la crisis del 2001-2002. Desde 2003 se ha recuperado una mayor presencia e intervención del Estado tanto en el discurso como en la praxis, y en esta dirección han existido una serie de iniciativas y voluntades gubernamentales incrementales para revertir la situación.

En este sentido, el Gobierno inició en 2003 un proceso para incrementar y consolidar las condiciones y las capacidades presupuestarias, organizativas, reglamentarias y humanas para llevar efectivamente adelante políticas sectoriales y de desarrollo rural explícitas, activas e inclusivas. Esta tendencia se vio reforzada a partir de la creación de estructuras responsables del desarrollo rural y de la agricultura familiar en 2008, y su posterior jerarquización ante la elevación de la Secretaría de Agricultura, Ganadería y Pesca de la Nación al rango de Ministerio en 2009, así como en el fortalecimiento del Instituto Nacional de Tecnología Agropecuaria.[16]

El cambio de paradigma político y económico resulta clave para entender el rumbo de las políticas de desarrollo rural en la Argentina pero, como siempre, la historia previa y sus consecuencias acotan los elementos disponibles para esa construcción. Los procesos de desarrollo y los programas que los promueven en consecuencia expresan en el mediano plazo estas continuidades y rupturas en los objetos, sujetos y modelos de intervención en el marco de escenarios diferentes.

---

[16]   El estudio de Pellegrini (2013) sobre las etapas institucionales de investigación agropecuaria en Argentina muestra cómo el periodo de mayor dificultad para el INTA fue la década de 1990, en la que se redujo drásticamente su cantidad de personal y hasta hubo un intento de privatización de la institución, y cómo el auge de recursos, tanto humanos como presupuestarios, con que se dotó a la institución desde 2004, y fundamentalmente en 2007 y 2008, marca una etapa de gran crecimiento para la institución. En 2012, recibió un presupuesto de más de 1.600 millones de pesos corrientes, el segundo presupuesto más alto de los organismos de ciencia y tecnología de la Argentina, sólo por debajo del CONICET.

Por estos motivos no resulta posible en la Argentina referirse al desarrollo rural en singular.

3. Programas de desarrollo rural

Los programas de desarrollo rural en la Argentina como política pública son relativamente recientes, cuyos primeros antecedentes se registran a mediados de la década de 1980 a partir del retorno de la democracia. Estos programas se pusieron en ejecución e incrementaron su número durante la década de 1990 apoyados por diferentes fuentes de financiamiento internacional con seis préstamos externos (BID, BIRF, FIDA) por un monto de US$ 382,73 millones, con estructuras relativamente autónomas dentro de diferentes agencias estatales (Secretaría de Agricultura, Ganadería y Pesca de la Nación, INTA) y reducida coordinación entre ellos, como políticas compensatorias que contribuyeran a la reconversión productiva y la reducción de los efectos excluyentes de las nuevas reglas de juego establecidas por un modelo de economía abierta y retracción estatal.

Los programas de desarrollo rural negociados durante la década de 1990 arrastraban un historial de prórrogas y atrasos en la ejecución, que se implementaban en forma desarticulada coordinados por unidades especiales que se encontraban aisladas tanto desde las estructuras organizativas como políticas.

El debate abierto sobre los alcances y los beneficios de los programas de desarrollo rural y el impacto real de su ejecución instaló la necesidad de coordinar acciones entre los programas frente a la heterogeneidad y la insuficiencia de los resultados alcanzados.

Las distintas autoridades a cargo de la ex SAGPyA manifestaron preferencias diferentes a la hora de evaluar la supuesta "superposición" de las acciones que se originaba tanto en focalizaciones imperfectas como en la impronta de las diversas agencias financiadoras. Hubo defensores a ultranza de la concentración que delimitaba con exactitud los ámbitos monopólicos de acción de cada programa y, también, quienes apreciaron la redundancia que trae consigo la competencia dejando en manos del usuario la elección.

En ese marco, los programas llenaron un espacio que no les estaba destinado: en los hechos, fueron la política y la estrategia, como cada uno de ellos las entendía. Fue ésta la principal razón de que las acciones aparecieran como fragmentadas, esporádicas y hasta superfluas, y de que se discutiera una y otra vez sobre "la desarticulación de los programas". La fragmentación existió, y si bien se ha avanzado en una mayor coordinación, continúa en la actualidad.

Las iniciativas de reunir la coordinación y la administración de los programas con financiamiento internacional se consolida en forma progresiva, primero con la creación de la Unidad de Financiamiento Internacional (UFI) en 2002 y luego a partir del año 2009 con la creación del Ministerio de Agricultura, Ganadería y Pesca de la Nación y la Unidad para el Cambio Rural (UCAR) que depende directamente de la unidad ministro (ver capítulo IV.4).

Los esfuerzos por reorientar y coordinar las acciones iniciados hacia comienzos del nuevo siglo se reforzaron cuantitativa y cualitativamente. A partir de ese momento se puede apreciar la reconstrucción de la cartera de préstamos, una mayor agilidad en la gestión y el desempeño de los programas, una renovación de los instrumentos, la ampliación de sus montos y la diversificación de sus fuentes de financiamiento. La ejecución financiera de 2012 duplicó la de 2009 en dólares (104%) y la cartera total vigente es de nueve préstamos y dos donaciones por un monto total de US$ 1.014,24 millones.

La cartera se integró con tres nuevos préstamos del BID y uno del BIRF que fueron asignados al PROSAP –con catorce provincias en su ejecución en lugar de las cuatro participantes en la década anterior–; dos préstamos del BIRF (PROINDER adicional y el componente dos del Proyecto Forestal); y tres préstamos del FIDA (PRODERPA, PRODEAR y PRODERI) que fueron aprobados para apoyar al desarrollo rural. También se aprobaron dos nuevos préstamos destinados al INTA y al SENASA, el primero de los cuales tiene componentes destinados al desarrollo rural.

Por otra parte, tanto la Subsecretaría de Agricultura Familiar como el INTA continuaron manteniendo autonomía en las estrategias y la administración de los programas a su cargo y en las fuentes de financiamiento dependientes del presupuesto nacional.

De este modo se conforma la cartera de inversión pública en política agropecuaria y desarrollo rural más importante de la historia argentina hasta la actualidad.

A continuación se realiza una descripción de las diferentes iniciativas que se llevaron a cabo en las últimas tres décadas en la Argentina, en base al trabajo "Los programas de desarrollo rural ejecutados en el ámbito de la SAGPYA" (PROINDER, 2003), a numerosos documentos de los programas FIDA y a otras fuentes complementarias que han posibilitado una actualización de los datos en la mayoría de los casos.

3.1. Los primeros antecedentes en el marco de la teoría de la modernización (1984-1990)

Entre los años 1984 y 1990, la Secretaría de Agricultura y Ganadería de la Nación llevó a cabo a través de la Unidad Técnica de Desarrollo Rural un conjunto de acciones en coordinación con las provincias del NOA (Jujuy, Salta, Catamarca, La Rioja, Tucumán y Santiago del Estero) a través de una estrategia de "proyectos locales" con pequeños productores que contó con la cooperación técnica del IICA, la participación del INTA y el apoyo financiero de diversas instituciones. Se denominó "Programa de Apoyo a Pequeños Productores del Noroeste Argentino, PNOA" (PROINDER, 2003).

En el marco de ese programa se obtuvo financiamiento del Fondo de las Naciones Unidas para la Mujer (UNIFEM) para realizar las primeras acciones en el país de apoyo a las mujeres rurales en situación de pobreza. Con esos recursos y el aporte técnico del IICA se ejecutaron el "Proyecto de Integración de la Mujer Rural al Programa PNOA en el departamento de Cachi, Salta" entre los años 1987 y 1989 y el "Proyecto de Apoyo a la Incorporación de la Mujer al Programa NOA" que incluyó proyectos piloto ejecutados entre 1989 y 1991 en las seis provincias del NOA.

Unidad de Minifundio del INTA (Programa Minifundio) (1985-continúa)

Este programa es uno de los primeros antecedentes en materia de desarrollo rural en la Argentina. Tiene su origen en cinco proyectos de extensión para pequeños productores implementados a partir del año 1985 por el INTA con la participación del Instituto Interamericano de Cooperación Agrícola (IICA), de organizaciones no gubernamentales como INDES, INCUPO y FUNDAPAZ, y de entidades que integraban la iniciativa PNOA mencionada coordinada por la Unidad Técnica de Desarrollo Rural de la Secretaría de Agricultura y Ganadería de la Nación.

En 1987 se formalizó la creación de la Unidad de Minifundio dentro de la organización del INTA y ha continuado sus actividades hasta la actualidad como "Programa Minifundio".

El programa tiene como objetivo reforzar el autoconsumo de las familias minifundistas y promover la incorporación de tecnologías apropiadas y la conformación de organizaciones locales con el fin de poner en marcha emprendimientos productivos comunitarios. Mediante su gestión y con la participación de otros actores locales, se busca mejorar la competitividad productiva y promover la diversificación y la integración a procesos agroindustriales como medios para acceder a diferentes mercados con mayor probabilidad de éxito.

Los proyectos se ejecutan a partir de tres líneas de acción: tecnología, capacitación y organización, con el objeto de dar respuesta a las necesidades derivadas del autoconsumo, de las producciones vinculadas al mercado, de las actividades alternativas o de diversificación, y de los procesos agroindustriales, de acuerdo con las características en cada caso de la población atendida.

Para el año 2000 el programa había brindado su asistencia a 23.000 productores minifundistas. Dos años después mantenía servicios activos para 11.614 productores en cuarenta y tres proyectos, trescientos veinticuatro grupos, cuarenta y nueve cooperativas y ocho asociaciones (PROINDER, 2003). De acuerdo con estimaciones posteriores, el número de grupos atendidos por el programa habría crecido en forma exponencial en la última década hasta alcanzar los 1.200 grupos de productores minifundistas atendidos (INTA, 2010).

Programa de Reordenamiento de las Áreas Tabacaleras (PRAT) (1989-continúa)

El PRAT se implementa desde el año 1989, aunque se oficializa su creación en 1996, y continúa sus actividades hasta la actualidad. El programa constituye la forma institucional mediante la cual se ejecuta el Fondo Especial del Tabaco (FET) que financia los proyectos de reconversión y de asistencia de los productores tabacaleros.

Con algunas variantes según las provincias, el PRAT establece los siguientes componentes para llevar adelante su misión:

a) Retribución al productor tabacalero, que financia el complemento de precio por tipo y clase de tabaco comercializado.

b) Tecnificación, reconversión y diversificación de la producción tabacalera, que asiste al pequeño productor en la aplicación de la tecnología adecuada para el redimensionamiento de los establecimientos a una escala operativa rentable.

c) Asistencia técnica, administración y capacitación de productores.

d) Apoyo a emprendimientos agroindustriales, destinado al apoyo y mejoramiento de la infraestructura comercial y de procesamiento de cooperativas y grupos organizados de productores.

e) Apoyo para el mejoramiento de la infraestructura social y económica de los pequeños productores en los procesos de reconversión productiva.

e) Saneamiento patrimonial de productores a través del pago de deudas informales y con instituciones vinculadas al sector tabacalero.

f) Apoyo financiero que fomenta la tecnificación de los productores a través de un fondo rotatorio de crédito con fondos para el financiamiento de capital de inversión y de evolución.

El PRAT lleva adelante acciones focalizadas destinadas a los pequeños productores y otras más generales, que también los incluyen. Entre las primeras se encuentran: i) apoyo económico a pequeños productores y desarrollo de zonas piloto con actividades de diversificación y reconversión productiva, financiando insumos, contratando personal técnico y bienes de consumo; y ii) servicios asistenciales con financiamiento parcial de la cobertura médica y farmacéutica de las familias de productores minifundistas.

Entre las actividades generales se pueden mencionar el financiamiento de proyectos productivos y de inversión o saneamiento financiero, emprendimientos agroindustriales (maquinaria y obras civiles), investigaciones en nuevos cultivos, capacitación del productor y los trabajadores rurales, implementación de programas de control fitosanitario.

Los fondos distribuidos por el PRAT a las provincias en concepto de proyectos son no reintegrables (subsidios). En relación con los productores, la asistencia financiera puede ser a modo de subsidio o de créditos, según los tipos de actividades apoyadas. Los apoyos no reintegrables están destinados fundamentalmente a proyectos de reconversión productiva, financiamiento de proyectos de instalación de agroindustrias, obras de infraestructura extraprediales y pagos de deudas.

Desde 1994 hasta fines del año 2002 se realizaron 250 proyectos y se registraron como beneficiaros 16.752 productores minifundistas con una erogación de $ 17.370.542 (PROINDER, 2003). En noviembre de 2013, el Ministerio de Agricultura, Ganadería y Pesca de la Nación estableció por resolución n.º 1162 los manuales operativos y de procedimiento para el ordenamiento y la ejecución del programa. El Fondo alcanzó un presupuesto anual ejecutado en 2013 equivalente a 75 millones de dólares, pero no se ha podido acceder a información agregada y actualizada en relación con el número de beneficiarios que se encontraban registrados para esa fecha (http://64.76.123.202/site/agricultura/tabaco/03=informes/01-recursos/index.php, consultado el 08.12.14).

3.2. Los programas del ajuste estructural del Consenso de Washington (1991-2002)

Promoción para la Autoproducción de Alimentos (PROHUERTA) (1990-continúa)

El PROHUERTA se inició a partir de una directiva del Poder Ejecutivo Nacional que encomendaba a la SAGPyA y al INTA la elaboración de un programa dirigido a mejorar la situación alimentaria de la población pobre (urbana y rural) a través de la autoproducción de alimentos. El programa comenzó a ejecutarse en agosto del año 1990 en cinco provincias para luego extenderse a todo el territorio nacional creciendo en forma constante hasta la actualidad. Ha sido institucionalizado como un programa permanente en la estructura del INTA con presupuesto proveniente del Ministerio de Desarrollo Social de la Nación.

El programa tiene dos componentes: a) autoproducción de hortalizas frescas; b) granja y otros alimentos obtenidos vía autoproducción. El primero fue el componente inicial y el de mayor envergadura, mientras que el segundo fue desarrollado a partir de 1994 respondiendo a la demanda de los beneficiarios, incorporando aves de corral, piscicultura, frutales, aromáticas y producción de conservas de alimentos.

La asistencia que brinda el programa consiste en la entrega sin costo de insumos biológicos necesarios para iniciar la producción familiar o comunitaria –semillas, plantines, reproductores– y la asistencia necesaria para la capacitación en las tareas que hay que realizar.

Los beneficiarios declarados para el año 2011 eran 3.400.000 personas radicadas en ámbitos urbanos y rurales de 1.920 municipios de todo el país, que producían alimentos para autoconsumo en 624.000 huertas y 125.000 granjas, con la participación de 700 técnicos del INTA y 19.000 promotores (www.INTA.gov.ar/extensión/ PROHUERTA, consultado el 20.09.11).

Programa de Crédito y Apoyo Técnico para Pequeños Productores del Noreste Argentino (PNEA) (1991-1996)

El PNEA constituyó formalmente el primer programa de desarrollo rural con financiamiento internacional llevado adelante por el Estado nacional. La negociación se inició entre el Gobierno argentino y el FIDA en 1984, pero el programa comenzó a ejecutarse recién en diciembre de 1991 y culminó en junio de 1996.

El presupuesto original de US$ 21.800.000 se constituyó con el 50% de aportes del FIDA, 25% del BID y 25% de los Gobiernos provinciales intervinientes. El costo final ascendió a los US$ 23,2 millones de los cuales FIDA aportó US$ 10,6 millones.

Su duración se estimó originalmente en 4 años y su población objetivo en 15.200 pequeños productores de las provincias de Corrientes, Misiones y Formosa, en las cuales se proponía asistir con servicios a unos 4.800 beneficiarios directos. Estos productores reunían la condición de pobres sin capacidad de acumulación, pero se consideraba que con los incentivos necesarios tenían potencialidad para crecer e insertarse en mercados dinámicos a partir de la conformación de consorcios productivos integrados por un número variable de 4 a 12 integrantes, y la conformación en un segundo nivel de agregación de sociedades de hecho que integraran comités por producto.

Posteriormente, con recursos de UNIFEM y asistencia técnica del IICA se incorporó el trabajo con mujeres rurales, una problemática que no estaban incluidas en el diseño original del programa. Las acciones de asistencia a mujeres rurales del NEA continuaron luego a través del PRODERNEA con recursos del FIDA y con el Proyecto Mujer Campesina a nivel nacional (PROINDER 2003).

El objetivo del PNEA consistía en contribuir al mejoramiento de los ingresos y las condiciones de vida de los pequeños productores agropecuarios de las provincias seleccionadas, a partir de apoyos integrales a su actividad productiva y procesos organizativos.

El principal instrumento de esos apoyos integrados eran el crédito (al que se destinaba el 50% del total del presupuesto) para superar la tradicional restricción que sufre este sector, incorporarlos a los sistemas institucionalizados de financiamiento y fortalecer las organizaciones de campesinos y comunidades aborígenes. Se establecieron dos líneas principales de créditos: para inversiones y para capital de trabajo (por ejemplo para las campañas de algodón entre otros), a tasas de interés del 10% anual y plazos de reintegro entre 2 y 10 años según el destino de los créditos. Las garantías eran prendarias sobre los bienes en el caso de las inversiones de capital, y con garantías solidarias a través de pagarés cruzados entre los miembros de los grupos para los créditos de capital de trabajo.

El crédito era contemplado como un instrumento que debía emplearse en forma conjunta y complementaria con las acciones destinadas a brindar asistencia técnica a la producción, diversificar actividades productivas, buscar nuevos mercados y transformar la producción, así como contribuir a la regularización de la tenencia de la tierra para brindar mayor seguridad jurídica a los productores.

La promoción y la capacitación para la organización de los productores fueron consideradas como uno de los ejes estratégicos del programa. A dieciocho meses de su inicio, se sostenía que el PNEA había brindado servicios por US$2,5 millones a 3.300 productores organizados en 470 grupos distribuidos en las tres provincias de su competencia (Baudrón, 1993: 78).

Para asegurar que los fondos fueran destinados a la población objetivo definida y promover los procesos organizativos, el reglamento de crédito estableció una serie de requisitos que había que cumplir: a) tener ingreso principal proveniente del establecimiento agropecuario; b) no disponer de una superficie mayor a 25 ha; c) formar parte de un grupo organizado de productores preexistente o constituido *ad hoc* para el programa. Estos criterios fueron puestos en debate al poco tiempo de haber comenzado su ejecución. Las presiones del BID para dotar de mayor agilidad a la ejecución del programa exigió una mayor flexibilidad en los requisitos para facilitar la colocación de los créditos, lo que puse en evidencia las tensiones entre concepciones financieras de crédito tradicional y las necesidades financieras de poblaciones pobres y vulnerables que pretendían atender los programas de desarrollo rural (Baudrón, 1993: 79).

La organización que tenía a cargo la implementación del programa contaba con: i) una coordinación a nivel nacional con una estructura permanente de apoyo a las áreas de género, capacitación, y seguimiento y evaluación, pero llamativamente no contaba con un área de apoyo sistemático en materia de crédito y asistencia técnica que constituían los dos componentes estratégicos de la intervención; y ii) una coordinación provincial en cada una de las provincias.

La evaluación intermedia de la ejecución del PNEA realizada por el FIDA estableció una serie de lecciones aprendidas y recomendaciones que había que tener en cuenta en futuras acciones, considerando que el programa era una primera experiencia en el país y que había sido diseñado en la década de 1980 bajo un paradigma que se consideraba superado y no contemplaba adecuadamente cuestiones relacionadas con comercialización, género y crédito, y mecanismos de seguimiento y de evaluación apropiados (FIDA, 1995).

Los aspectos negativos identificados en la mencionada evaluación fueron los siguientes: i) el sistema financiero creado reservaba un rol marginal a los intermediarios financieros; ii) no planteaba mecanismos para generar ahorro en los territorios; iii) no se establecía un mecanismo claro para la recuperación de los préstamos, ni incentivos para el pago oportuno de las deudas, o provisiones por incobrabilidad siendo la cartera en mora del 27%; iv) el sistema crediticio impulsado por el programa resultaba insostenible debido a la fuerte presión para la ejecución de los préstamos que luego resultaban en mora o irrecuperables, y porque los bancos provinciales no asumían riesgos ni costos y tampoco desarrollaban capacidades para el manejo de estos programas; v) diferentes lógicas predominantes en los socios que cofinanciaban el proyecto en relación con la concepción de los programas del desarrollo rural;[17] vi) una fuerte tradición en la población de no repago de los préstamos otorgados por la banca pública; vii) carencia de un enfoque unificado para la extensión y la asistencia técnica dependiendo de las iniciativas y capacidades personales de los técnicos en los territorios cuyos roles eran multifunción; viii) sólo en forma excepcional en algunas provincias se generaron espacios para la participación de los eventuales beneficiarios.

Otros factores fueron rescatados como positivos por la evaluación de cierre del PNEA, por ejemplo: i) la flexibilidad adoptada con el objeto de intentar superar las limitaciones encontradas por el contexto económico de la época y las debilidades del diseño original; ii) la contribución a la diversificación de actividades económicas agrícolas y no agrícolas; iii) el desarrollo organizativo que incluía la creación de nuevas organizaciones; iv) los encadenamientos productivos con actividades no agropecuarias (carpintería rural conectada con apicultura, pequeños equipos industriales, procesamiento de producción hortícola) y el establecimiento de vínculos

---

[17]   El BID con una posición financiera tradicional terminó retirándose antes de la culminación del programa.

de los productores con mercados de insumos y productos; v) el desarrollo de capacidades locales de los productores y de los técnicos previamente inexistentes; y vi) la innovación que significó la informatización de operaciones crediticias en algunos bancos provinciales.

Programa de Servicios Agropecuarios
Provinciales (PROSAP) (1992-continúa)

El PROSAP se inició en el año 1992 en el ámbito de la SAGPyA con el objetivo de contribuir con las provincias en la mejora de la infraestructura y los servicios para el productor rural, atendiendo en particular –pero no exclusivamente– las inversiones de infraestructura como un medio para la acumulación de capital a largo plazo (http://www.prosap.gob.ar, consultado el 08.12.14).

El financiamiento original del programa fue realizado a través de préstamos del BIRF y del BID por un monto total de US$ 467.000.000. Su continuidad fue asegurada por el denominado PROSAP II con financiamiento BID por US$ 200.000.000 a partir del año 2008 y del Banco Mundial por US$ 300.000.000 a partir de 2009. Los refinanciamientos realizados con éxito sumaron en conjunto con la contraparte de fuentes presupuestarias nacionales un monto total de US$ 1.101 millones.

Las negociaciones para una tercera etapa, PROSAP III y IV con fondos BIRF, tuvo sucesivas demoras desde el año 2011 debido a la decisión del Banco Mundial de suspender las operaciones con la Argentina hasta la regularización de la situación con los acreedores externos.

El PROSAP implementa a nivel provincial y nacional proyectos de inversión pública social y ambientalmente sustentables, lo que incrementa la cobertura y la calidad de la infraestructura rural y de los servicios agroalimentarios.

Además, en el ámbito de la inversión privada, el PROSAP financia iniciativas que impulsan la competitividad de los pequeños y medianos productores agropecuarios y de las micro, pequeñas y medianas empresas (MIPyMEs) agroindustriales y de servicios. El objetivo del PROSAP en este componente consiste en desarrollar las economías regionales con foco en el sector agroindustrial y con especial atención a los medianos y pequeños productores, emprendedores y empresarios rurales, mediante el aumento de la productividad, de los volúmenes de venta y de la competencia en el comercio nacional e internacional.

En virtud de la clara impronta federal del programa, las estrategias diseñadas por los Gobiernos provinciales constituyen la base para la definición de los proyectos de inversión. En ese marco y junto con las provincias, el PROSAP lleva a cabo proyectos de infraestructura rural (rehabilitación de sistemas de riego, mejoramiento de caminos terciarios y electrificación rural, entre otros), proyectos que facilitan la adecuación de la producción agropecuaria a las demandas del mercado (tanto en la cantidad como en calidad e inocuidad) y proyectos que propician el incremento del valor agregado de las cadenas productivas del sector.

De los diferentes proyectos que tienen con las provincias para el desarrollo de pequeños productores, merece destacarse el proyecto de Apoyo a la Modernización Tecnológica de Microproductores Rurales, que se ejecutó en la Provincia de Río Negro.

El proyecto tenía un costo total de US$ 4.353.597, con destino a 500 microproductores agropecuarios y agroindustriales. El financiamiento del BID fue US$ 3.744.174 y el aporte local de US$ 609.423. El objetivo planteado consistía en contribuir al fortalecimiento de la capacidad productiva, la inserción en los mercados y la modernización tecnológica de microproductores rurales de la provincia de Río Negro, en un contexto de promoción y de mejoramiento de formas asociativas y de consolidación del desarrollo de las familias rurales en su ámbito.

Los beneficiarios eran microproductores rurales que disponían de una unidad productiva cuya principal actividad económica era la producción primaria de bienes agropecuarios o sus derivados, con posibilidades de avanzar al procesamiento y comercialización de dichos bienes o de desarrollar otras actividades, como por ejemplo las artesanías. Estos productores se caracterizaban por carecer de capital propio, no tener capacidad de ahorro y encontrar serias dificultades para acceder al crédito formal. Aunque poseían experiencia en la actividad productiva desarrollada, ésta tenía bajo valor agregado y contaba con escaso nivel tecnológico, por lo que en general presentaba deficiencias de organización y dificultades para la comercialización. La falta de oportunidades provocaba el éxodo rural hacia las ciudades y generaba serias consecuencias sociales, económicas y ambientales.

El proyecto se propuso atender cuarenta y cinco grupos productivos de microproductores (promedio de 8 integrantes en cada uno) y siete grupos de acopio o comercialización (hasta un máximo de 25 productores por grupo). Entre las actividades productivas promovidas se encontraban las siguientes: apicultura, cunicultura, nogal, hortícola, entre otras. Se financiaron insumos, bienes de capital e infraestructura.

De la ejecución de este proyecto se pretendía obtener los siguientes resultados: i) asociaciones formales de microproductores que posibilitaran el fortalecimiento de sus unidades productivas mejorando las condiciones de competitividad; ii) innovación tecnológica en la producción, en la gestión y en la administración; iii) mejoramiento de los canales de comercialización y de acceso a los mercados; iv) acceso a información competitiva para la toma de decisiones, articulando su participación con *clusters* y organizaciones sectoriales.

A mediados de julio de 2011 el proyecto registraba como resultado de su intervención: cincuenta y un grupos con doscientos sesenta y tres integrantes organizados y financiados, de los cuales se formaron dos cooperativas, una Sociedad Colectiva, una SRL, mientras que los cuarenta y siete grupos restantes se constituyeron como sociedades de hecho.

En otras provincias, como Chaco y La Rioja, el PROSAP llevaba adelante distintos proyectos para pequeños productores de la agricultura familiar; por ejemplo, el proyecto de gestión comercial de las empresas de producción y transformación de los recursos maderables del monte nativo bajo criterios de sustentabilidad del recurso y aumento del valor agregado o el proyecto de desarrollo del sector productivo de cinturones verdes de grandes urbes.

Además, en los últimos años, el PROSAP ha intensificado un programa de jóvenes emprendedores rurales, a partir de la creación de numerosos centros de emprendedores en localidades de distintas provincias con el objeto de contribuir a la formulación y al respaldo de proyectos y de emprendimientos de jóvenes en consonancia con la definición de población objetivo que ha adquirido en otros programas de desarrollo rural.

El Programa Federal para la Reconversión Productiva de la Pequeña y Mediana Empresa Agropecuaria (Cambio Rural) (1993-continúa)

Este programa se origina a partir de una serie de estudios diagnósticos solicitados al INTA por las asociaciones gremiales patronales del agro, preocupadas por la crisis que atravesaba el sector hacia 1992. Su ejecución se inició en mayo de 1993 con una duración prevista de cuatro años, con financiamiento del presupuesto nacional, pero tuvo sucesivas prórrogas y continúa en la actualidad.

Cambio Rural brinda asistencia técnica integral a los productores a partir de una metodología grupal de acuerdo con cuatro componentes, financiando en forma decreciente el costo del asesor técnico:

a) Asistencia técnica: principal instrumento que atiende especialmente los aspectos de mejoramiento de la capacidad empresarial, diseño de alternativas de reconversión, planificación y seguimiento de actividades, información de mercados y comercialización, organización de productores y experimentación adaptativa.

b) Capacitación y entrenamiento, tanto a los profesionales involucrados como a los productores agrupados, con una propuesta de capacitación permanente.

c) Promoción y motivación, buscando la concientización de la población objetivo a partir de actividades de comunicación, difusión y participación.

d) Apoyo en áreas específicas: análisis económico financiero, formas asociativas, diversificación, información, comercialización y mercados, desarrollo local.

El objetivo planteado por Cambio Rural en su origen era el de promover una mejora en la competitividad de las empresas de los pequeños y medianos productores que permitiera aumentar el ingreso neto en el corto plazo y crear las bases para una evolución favorable en el largo plazo. Con este fin brinda asistencia técnica directa a los productores a través de una metodología grupal, promoviendo mejoras en la organización productiva y capacidad empresarial, así como una más fluida vinculación con fuentes de financiamiento, procesos agroindustriales y agronegocios (Lattuada, 2000).

A fines del año 2002, de acuerdo con fuentes oficiales (PROINDER, 2003), se identificaban como beneficiarios de una década de ejecución del programa a 30.000 productores, de los cuales 8.102 eran beneficiarios activos al momento del registro. Estos beneficiarios integraban 610 grupos sin subsidio (5.490 productores); 102 grupos con subsidio (1.122 productores); 7 grupos grandes (220 productores); 49 cooperativas formadas por el programa (4.000 productores); 4 uniones y federaciones de cooperativas; y 31 proyectos de apoyo al desarrollo local con la participación de más de 1.000 productores agropecuarios.

Para el año 2010 se registraban en funcionamiento 1.300 grupos activos integrados por 14.000 productores agropecuarios (INTA, 2010). A partir de 2014 ha comenzado a ejecutarse el Programa Cambio Rural II. En el momento de su lanzamiento el coordinador nacional de Transferencia y Extensión del INTA señalaba que este programa:

constituye para el INTA una impostergable oportunidad de dar respuesta a las demandas territoriales, con el fin de aportar al desarrollo local [...] [que] priorizado hoy entre la política del Ministerio de Agricultura de la Nación, fortalecido en su presupuesto y rediseñado con una visión innovadora, inclusiva y federal, permite a nuestra institución poner a disposición del programa todas sus capacidades y fortalezas presentes a lo largo de todo el país para la transformación efectiva de la realidad de miles de familias vinculadas al sector agropecuario y agroalimentario, en comunas y municipios rurales del país (http://intainforma.inta.gov.ar/?p=22740, consultado el 30.11.14).

El Programa Social Agropecuario (PSA) (1993-2013)

El PSA fue creado en abril de 1993 con financiamiento del presupuesto nacional. Su población objetivo fue identificada en 160.000 productores minifundistas, el 40% del total de los productores agropecuarios argentinos en ese momento.

El total de apoyo financiero distribuido en los dos primeros años de funcionamiento del PSA fue US$ 12 millones para atender a 17.260 familias de productores minifundistas integrados en 1.774 grupos. Esto representaba un promedio de US$ 352 anuales por familia o US$ 3.426 anuales por grupo. Los beneficiarios registrados a diciembre del año 2002, luego de una década de ejecución, fueron 58.027 productores, con una asistencia financiera total de US$ 33.413.911 (PROINDER, 2003).

La definición de la población objetivo –los productores minifundista– contemplaba a aquellos que residían en la explotación, que percibían de ella su ingreso principal –que no podía exceder 2,5 veces el salario establecido para el peón rural–, que no contaban con elevado capital de explotación –sumando el valor de los animales y otros bienes inferior a US$ 20.000– y que no empleaban mano de obra asalariada de carácter permanente, ya que las actividades eran realizadas por la mano de obra familiar.

Además, para participar del programa, los interesados debían reunirse en grupos de al menos cuatro familias en Patagonia y seis en el resto del país. Los criterios adoptados por el PSA procuraban delimitar una población objetivo que excluyera a aquellos grupos que basaban su estrategia de reproducción en el trabajo extrapredial o que eran productores familiares capitalizados (PSA, 1993).

Los objetivos específicos del PSA estaban orientados a:

a) Mejorar las condiciones de trabajo y de vida de los productores minifundistas.

b) Aumentar la eficiencia productiva de sus explotaciones, mejorando los conocimientos y prácticas tecnológicas del producto, e incorporando nuevas actividades a partir de la diversificación.

c) Incrementar los ingresos y disminuir los gastos familiares a partir de cuatro vías: mayor eficiencia productiva, aumento del autoconsumo, mejoramiento de las condiciones de comercialización y desarrollo de actividades poscosecha a fin de incorporar valor agregado a sus productos y de avanzar en alternativas comerciales y en nuevos productos.

d) Fomentar y afianzar la organización de los productores en asociaciones para que sus demandas y acciones organizadas puedan generar mejoras a nivel sanitario, educacional, habitacional y económico-productivas.

El PSA fue el primer programa de desarrollo rural de alcance nacional para pequeños productores minifundistas y sus familias en el que se combinaba ayuda financiera (créditos y aportes no reembolsables) con asistencia técnica y capacitación. Promovió el agrupamiento de productores para desarrollar acciones comunitarias y solidarias con el objeto de superar sus limitaciones de tierra, capital y capacidad de negociación como base para promover un proceso de desarrollo que los incluyera.

Los aspectos referidos a una mejor organización y capacidad de negociación en la comercialización, el apoyo crediticio a proyectos grupales y la integración a las agroindustrias bajo sistemas de contratos eran considerados factores relevantes en las posibilidades de desarrollo de este tipo de productores (Pereira, 1996: 192).

Esta estrategia coincidía con la modalidad operativa del desarrollo rural de la época en brindar capacitación en gestión asociativa y asistencia técnica, articulada a créditos de consorcio o grupos de minifundistas que desarrollen emprendimientos productivos. Las razones de promover las asociaciones, además de ganar escala, eran las de constituir garantías de crédito de devolución solidaria y abaratar sus costos de administración.

Las modalidades de asistencia financiera variaban según el tipo de emprendimientos. Los proyectos de autoconsumo contaban con hasta $ 500 por familia o $ 5.000 por grupo para financiar insumos, equipos e inversiones en producción de granja y huerta, y para industrialización de productos. Estos créditos podían ser devueltos con productos a las organizaciones de la comunidad (escuelas, hospitales, asilos, etc.). En otros proyectos, el financiamiento alcanzaba hasta $ 3.000 por familia y un máximo de hasta $ 100.000 por grupo, destinados a inversiones prediales, herramientas e in-sumos para la producción, y contratación de mano de obra familiar y ajena para actividades estacionales que no pueden cubrirse con mano de obra familiar. La tasa de interés de estos créditos era del 6% anual sobre sal-do y para actividades innovadoras se reducía al 4%. Los plazos de devolución dependían del tipo de rubros financiados, pero en ningún caso superaban los 7 años incluido el periodo de gracia. Los montos de devolución de los créditos integraban un fondo rotatorio a nivel de cada provincia. Los préstamos de uso individual eran compromisos asumidos por cada una de las familias, mientras que en el caso de aquellos contraídos para adquirir bienes de propiedad común el compromiso de devolución asumido era solidario. Cada proyecto aproba-do era acompañado de asistencia técnica financiada por el PSA, y los técnicos eran contratados en acuerdo con cada uno de los grupos entre proveedores que podían ser técnicos independientes o instituciones públicas o privadas dedicados a la promoción y el desarrollo ru-ral. El programa contaba con 500 técnicos contratados (PROINDER, 2003).

Su estructura operativa también incorporaba una coordinación nacional y ejecución descentralizada a nivel provincial a partir de un coordinador provincial designado por la Nación y mesas consultivas provin-ciales integradas por socios institucionales (gobierno provincial, INTA, destinatarios, etc.). A diferencia de los programas FIDA, existía una descentralización operativa relativa y mantenía una centralidad política con escasa participación de los Gobiernos provinciales.

La distribución histórica de los proyectos a diciem-bre de 2002 era: proyectos tradicionales destinados a la mejora de las actividades que ya desarrollaban 51,4%; proyectos de autoconsumo 38%; proyectos innovadores para la incorporación de nuevas producciones o actividades 3,4%; otros proyectos 7,2%, incluyendo los proyectos de emergencia, en especial las acciones realizadas en la Patagonia entre los años 1997 y 1998, los proyectos de infraestructura comunitaria que corresponden a una operatoria especial con recursos del Fondo Especial del Tabaco (FET) localizada en Quebrada y Puna en 1996, y las ferias francas de Misiones (PROINDER, 2003).

A partir del año 2000 se ejecutó con la misma estructura del PSA el PROINDER con financiamiento del Banco Mundial, que contaba con un componente de fortalecimiento institucional y una estructura integrada con 1.200 técnicos distribuidos en todo el territorio nacional, incorporados posteriormente como personal de la Subsecretaría de Agricultura Familiar en el momento de su creación en 2008. El PSA ejecutado por el PROINDER atendió hasta el año 2007 un total de 51.000 familias y adjudicó aproximadamente 75.000 subsidios (López *et al.*, 2013).

Componente de Apoyo a los Pequeños Productores para la Conservación Ambiental (CAPPCA) del Proyecto Forestal de Desarrollo (1997-2003)

Este programa comenzó a ejecutarse en el año 1997 y se extendió hasta el año 2003 con fondos BIRF y de la Secretaría de Agricultura, Ganadería y Pesca de la Nación.

Como componente del Proyecto Forestal, el CAPPCA planteaba cuatro subcomponentes:

a) Apoyo financiero no reintegrable para sostener la extensión y facilitar la adopción por parte de productores de tecnologías o de prácticas nuevas.

b) Extensión y transferencia de tecnología.

c) Proyectos de experimentación adaptativa, principalmente investigación agroforestal.
d) Campañas de educación ambiental dirigidas a pequeños productores, población escolar y población en general.

El CAPPCA financiaba insumos y herramientas destinadas a proyectos agroforestales y forestales, en un promedio de $ 770 por beneficiario, pero no lo hacía en forma directa a los productores, sino a través de entidades que brindaban el asesoramiento técnico. Por este sistema se registraron hacia diciembre del año 2002 un total de 1.054 productores beneficiarios con una erogación de $ 743.427 (PROINDER, 2003).

Ley de Inversiones para Bosques Cultivados
N.º 25.080 (1998-continúa)

Esta ley, sancionada el 16 de diciembre de 1998 y actualmente en vigencia, tiene como su antecedente inmediato el Régimen de Promoción de Plantaciones Forestales puesto en marcha a partir del año 1992. La ley contempla como beneficio un apoyo económico no reintegrable a la implantación de bosques e incorpora un régimen de promoción con beneficios impositivos.

En su reglamentación se prevén condiciones especiales para pequeños productores –hasta 5 ha forestadas–. Éstos pueden acceder al beneficio en forma individual o agrupada (Resolución N.º 168 del 12 de abril de 2000).

En todos los casos se otorga apoyo económico no reintegrable entre los 12 y 18 meses de realizada la forestación, que varía de acuerdo a las regiones, valor de la plantación y tareas –plantación, raleo, poda–. A fines de 2002, se declararon 2.378 productores beneficiarios de los proyectos agrupados, con una inversión equivalente a $ 1.469.388 (PROINDER, 2003).

Una década después, a fines de 2012, se declararon 35.253 beneficiarios, de los cuales 20.162 son pequeños productores forestales agrupados, 5.771 son productores considerados grandes con más de 10 ha de forestación y más de 50 ha de tarea, y 9.320 son pequeños productores forestales con menos de 10 ha de forestación y de 50 ha de tarea. La actividad contó con una inversión de $ 576.793.392,96 (http://www.minagri.gob.ar/new/0-0/forestacion, consultado el 10.12.12).

Proyecto de Desarrollo de Pequeños Productores Agropecuarios (PROINDER) (1998-2011)

Este programa fue puesto en ejecución el 20 de agosto de 1998 con una duración prevista de cinco años y financiamiento del BIRF (BM). Posteriormente contó con prórrogas hasta su culminación el 30 junio de 2011 (Préstamo 4212-AR y Préstamo de financiamiento adicional 7478-AR).

Originalmente concebido como una continuación y ampliación de la operatoria del PSA, se consolidó –sin reemplazar a aquél– fortaleciendo a nivel nacional y provincial la presencia y capacidad institucional de la SAGPyA en relación con las políticas de desarrollo rural.

De acuerdo con el Banco Mundial (BM), en la década de 1990 la reestructuración generalizada de la agricultura, a fin de explotar las ventajas comparativas del país y promover la producción y las exportaciones por medio de la diversificación y una mayor productividad, no posibilitaba el acceso a los pequeños agricultores a los recursos necesarios –financiamiento, infraestructura productiva y asistencia técnica– para adaptar sus sistemas productivos a la nueva estructura de incentivos.

Por otro lado, los Gobiernos provinciales y el Gobierno nacional carecían de políticas y de estrategias rurales adecuadas así como de la capacidad necesaria para apoyar a los campesinos (http://web.worldbank.org/ WBSITE/EXTERNAL/BANCOMUNDIAL/NEWSSPAN ISH/0,,contentMDK:23207950~menuPK:3327642~pa gePK:34370~piPK:34424~theSitePK:1074568,00.html, consultado el 09.12.14).

El objetivo del BM consistió en apoyar la estrategia de la Nación y las provincias para el desarrollo rural, fortaleciendo la colaboración entre los productores y las instituciones. El Proyecto de Desarrollo de Pequeños Productores Agropecuarios (PROINDER) fue diseñado para fortalecer el desarrollo rural y reducir la pobreza mediante la entrega de asistencia focalizada a pequeños productores y trabajadores agropecuarios transitorios, y el fortalecimiento de la capacidad de las autoridades e instituciones sectoriales nacionales y provinciales.

El PROINDER otorgaba financiamiento no reembolsable para iniciativas de inversión en bienes y obras de infraestructura grupal y comunitaria. Financiaba infraestructura y mejoras fijas, adquisición de ganado mayor y menor, compra de herramientas y equipo menor, implantación de plantaciones y pasturas permanentes, costos de mano de obra, insumos y servicios necesarios para la realización de las inversiones. El programa establecía una lista de actividades y rubros de inversión no financiables, los proyectos debían demostrar impacto ambiental positivo o neutro, y aquellos que eran calificados "con impacto ambiental negativo" debían incluir en sus actividades medidas sencillas y económicamente viables para mitigarlos (PROINDER, 2003).

El PROINDER resultó un programa pionero en la incorporación de los trabajadores transitorios en forma explícita como población objetivo, en la utilización de los "aportes no retornables" (subsidios) como principal instrumento de financiamiento, y en la introducción de las cuestiones de protección o recuperación de recursos naturales y el ambiente.

El PROINDER utilizó un mecanismo descentralizado de donaciones impulsado por la demanda para financiar infraestructura e inversiones productivas, junto con apoyo técnico. El proyecto también contempló la inclusión de grupos vulnerables, como las mujeres, los jóvenes y los pueblos indígenas, aunque la prioridad continuó focalizada en los pequeños productores rurales pobres del PSA. Además, ofreció donaciones competitivas para financiar la investigación sobre tecnologías apropiadas para pequeños sistemas de explotación agrícola. Al mismo tiempo, se diseñó asistencia técnica e instrucción para autoridades nacionales y provinciales a fin de fortalecer su capacidad para la formulación de una estrategia rural y la creación de un compromiso político e institucional sostenible y de largo plazo con el sector agropecuario.

Los límites de financiamiento originalmente alcanzaban los $ 500 por familia y $ 10.000 por grupo para proyectos de autoconsumo; $ 3.500 por familia y $ 52.500 por grupo para proyectos destinados a bienes de uso comunitario o prediales; $ 3.500 por familia y $ 100.000 por grupo para proyectos de inversión destinados a infraestructura de uso comunitario; y $ 8.400 para proyectos de asistencia técnica y apoyo a la comercialización. Cada proyecto debía estar acompañado de un plan de asistencia técnica que no podían superar los dos años de duración, con la excepción de los proyectos de infraestructura comunales que podían alcanzar hasta tres años. El asesoramiento era brindado por técnicos contratados por el programa con el acuerdo del grupo a partir de la crea creación en cada unidad provincial de un registro de proveedores de asistencia técnica organizado por instituciones y por técnicos independientes. Además, el programa brindaba capacitación tanto a beneficiarios como a técnicos (PROINDER, 2003).

El costo total agregado del proyecto fue de US$139,4 millones, de los cuales el BIRF aportó US$119,8 millones. El aporte fue mayor que el planificado originalmente debido a las circunstancias fiscales excepcionales que afectaron a la Argentina entre 2000 y 2004. Alrededor del 85% de los recursos crediticios fueron destinados a la financiación de los proyectos de infraestructura y producción dirigidos a pequeños agricultores. El 15% restante se invirtió en asistencia técnica y capacitación, así como en los costos de administración, supervisión y evaluación del proyecto. Cabe destacar que de los US$ 40 millones reasignados para financiar las actividades de recuperación del Programa de Emergencia por Inundaciones, alrededor de US$ 30 millones fueron destinados a este fin durante el inicio del proyecto entre los años 1998 a 1999.

El programa ha tenido cobertura nacional a partir de una ejecución centralizada con representantes en cada una de las provincias y de experiencias piloto en unidades locales bajo la coordinación general de la Unidad Nacional de Coordinación, de la que dependían en relación con sus respectivos componentes el Programa Social Agropecuario y la Dirección de Desarrollo Agropecuario (UCAR, 2012a).

En zonas rurales muy pobres, el programa contribuyó a la organización de los productores, los asistió económicamente, contribuyó a la retención de las familias en el medio rural y, en particular, aportó mejoras para resolver necesidades básicas insatisfechas de la población rural pobre –agua, vivienda, infraestructura– así como contribuyó al incremento de la producción de subsistencia mejorando las condiciones de seguridad alimentaria y facilitó iniciativas de acceso a mercados con los excedentes obtenidos.

La estrategia del PROINDER ha sido la de trabajar con los grupos preexistentes constituidos con apoyo del PSA, pero también promover la conformación de nuevos grupos con resultados heterogéneos en diferentes provincias.

Los tipos de actividades que financiaba el programa eran: a) autoconsumo para beneficiarios sin experiencia previa de trabajo en forma grupal cubriendo inversiones de capital operativo; b) producción de bienes y servicios incluyendo poscosecha, destinados a beneficiarios con experiencia o sin ella anterior de trabajo grupal; c) infraestructura de uso comunitario vinculada en forma directa o indirecta a la producción; y d) asistencia técnica para la comercialización. En los casos b) y c) se buscaba una complementación con el programa el PSA preexistente, de manera que el Fondo de Apoyo a Iniciativas Rurales financiara inversiones y, en caso de ser necesario, el PSA aportara los gastos operativos a través de créditos.

El total de beneficiarios del PROINDER identificados a diciembre del año 2002 eran 16.938 productores. En la segunda etapa, iniciada a partir de 2007, se ampliaron los criterios para definir la población objetivo. A los pequeños productores y trabajadores rurales transitorios se sumó la población rural no agropecuaria pobre, incluidos los productores de subsistencia, los indígenas rurales y la población no agraria con NBI.

En consecuencia, la asistencia se amplió al financiamiento de inversiones no agropecuarias en servicios y en proyectos. Las metas de esta etapa contemplaban incorporar 22.000 nuevos beneficiarios al programa –el 50% correspondiente a población de grupos vulnerables– a partir de la ejecución de 3.000 proyectos prediales y de 3.250 proyectos comunitarios (www.PROINDER.gov.ar, consultado el 08.12.14).

De acuerdo con el BM,[18] el PROINDER alcanzó sus objetivos, si bien en un periodo más largo que el esperado (su finalización se extendió de agosto de 1998 a septiembre de 2011). Esto se debió al apoyo que brindó al Programa Nacional de Emergencia por Inundaciones en los primeros dos años, seguido de una profunda crisis económica nacional a principios de la década de 2000 que limitó las actividades del programa.

Los resultados de la intervención del PROINDER que el organismo financiero destaca son los siguientes:

- 12.000 proyectos de inversión en infraestructura y producción que beneficiaron a unas 74.000 familias de pequeños agricultores en 23 provincias. En total, ayudó a más de 355.000 personas, de las cuales el 65% de los beneficiarios fueron mujeres, jóvenes y aborígenes.

---

[18]   http://web.worldbank.org/WBSITE/EXTERNAL/BANCOMUNDIAL/
       NEWSSPANISH/0,,contentMDK:23207950~menuPK:3327642~pag
       ePK:34370~piPK:34424~theSitePK:1074568,00.html (consultado el
       09.12.14).

- El ingreso neto de las familias beneficiarias aumentó en un 20% promedio, mientras que para unas 39.000 de ellas, alrededor del 53% del total, el incremento alcanzó un 40% debido al estímulo a la productividad generada por las inversiones del proyecto.
- La proporción de agricultores con el ingreso más bajo antes del proyecto disminuyó del 15% al 5%, lo que refleja el impacto del programa en la reducción de la pobreza.
- Los beneficiarios se organizaron en 1.550 asociaciones, incluso en provincias donde no había tradición de actividad colectiva.
- En 1990, el PROINDER otorgó US$ 40 millones en financiamiento al programa gubernamental de emergencia por inundaciones, el cual benefició a 39.000 familias.
- Se consiguió integrar con éxito los planes de desarrollo rural y de reducción de la pobreza en las estrategias y políticas sectoriales nacionales y provinciales.
- El Gobierno nacional y diecinueve Gobiernos provinciales elaboraron y adoptaron estrategias de desarrollo rural.
- Se crearon el Foro Nacional de Agricultura Familiar y el Registro Nacional de Agricultura Familiar, lo que facilitó espacios de interlocución entre el Gobierno y los productores, y la elaboración de una base de datos para el desarrollo rural.

En síntesis, se sostiene que el programa mejoró el bienestar y la calidad de vida de muchas familias rurales al aumentar el suministro de alimentos. Las mujeres destacaron los beneficios del acceso a letrinas, las instalaciones de almacenamiento de agua, la energía solar y las mejoras en sus viviendas. En las comunidades aborígenes los beneficiarios apreciaron la asistencia técnica y la capacitación que les brindó el programa, así como la mayor capacidad de organización para reivindicar sus derechos e interactuar con las instituciones. Los esfuerzos para promover la sostenibilidad a largo plazo de los pequeños agricultores se manifestaron de acuerdo con el BM en instituciones nuevas y reestructuradas, en estrategias y bases de datos modernizadas, en una mejor coordinación, en un mayor presupuesto y capacidad de recursos humanos y en una focalización más intensa en los más vulnerables.

Las negociaciones del Gobierno argentino con el BM para la continuidad de las acciones iniciadas por el PROINDER culminaron en 2011 con el diseño del Programa de Inclusión Social y Económica Agropecuaria (PISEA). Debido a las dificultades en las negociaciones del país con los acreedores externos, el trámite de su aprobación fue demorado en el organismo internacional y existen expectativas de que la resolución de este tema posibilite el comienzo de su ejecución para 2015.

Programa de Desarrollo Rural del Noreste Argentino (PRODERNEA) (1999-2007)

El PRODERNEA inició su ejecución en enero de 1999 en la provincia de Misiones y, posteriormente, se incorporaron las provincias de Chaco, Formosa y Corrientes. El programa fue financiado con fondos FIDA y contraparte del presupuesto nacional y de las provincias intervinientes. Tuvo una reformulación en su diseño a partir del año 2003 y su actividad se prorrogó hasta junio de 2007.

Este programa, con un costo total de US$ 36,4 millones, de los cuales US$ 16,5 fueron aportados por FIDA, se instaló como la continuación –y ampliación a partir de las lecciones aprendidas– de uno de los primeros proyectos de desarrollo rural de la Argentina con financiamiento externo: el PNEA.

La experiencia de ese antecedente, en el que se atendió con crédito a población que no estaba en condiciones de devolverlo, y la existencia del PSA y el PROINDER para la atención de los pequeños productores más pobres, orientaron el PRODERNEA hacia aquellos pequeños productores en condiciones de evolucionar económicamente e insertarse competitivamente en los mercados.

De este modo, el PRODERNEA se focalizó en un universo de productores más capitalizados y por lo tanto con necesidades de financiamiento más importantes. Mientras el promedio del crédito otorgado a los productores por el PSA era de $2.600 –mayoritariamente orientado a procesos productivos–, en el PRODERNEA ascendía a $5.600, con destino principal las inversiones de capital.

Además, como resultado de su reformulación, la definición de la población objetivo y de los beneficiarios del proyecto fue ampliada a todos los pobladores rurales pobres del área del proyecto y no exclusivamente a productores agropecuarios.

El principal objetivo del proyecto fue el mejoramiento de la productividad, de los ingresos, de las condiciones de vida y de la capacidad de autogestión de los pequeños productores agropecuarios y de la población aborigen en el área determinada para la ejecución del mismo. El PRODERNEA estimaba brindar servicios financieros y técnicos a unas 10.500 familias de pequeños productores y a 3.500 familias de comunidades aborígenes para fortalecer las organizaciones económicas de los denominados "clientes". El tema "mujer rural" sólo fue mencionado al establecer las recomendaciones de ejecución a los organismos responsables, proponiendo otorgar un acceso preferencial de los fondos del proyecto a la mujer rural (FIDA, 1997).

Los componentes a partir de los cuales intervenía el programa eran los siguientes:

a) Servicios Técnicos de Apoyo a la Producción, con tres subcomponentes: promoción y asistencia técnica; capacitación y comunicación; y desarrollo comercial y agroindustrial.

b) Servicios Financieros: i) Fondo de Crédito; ii) Fondo de Apoyo a las Comunidades Aborígenes (FACA). Los proyectos podían ser productivos, comerciales, de servicios, de gestión administrativa, agroindustriales y de producción de bienes y servicios rurales no agropecuarios.

Los beneficiarios, para acceder a los créditos, además de recibir asistencia técnica debían estar organizados en grupos. El endeudamiento máximo fijado era de US$ 50.000 por grupo y US$ 5.000 por beneficiario. Entre las líneas de financiamiento se destacaba la línea de inversión para la compra de bienes de capital de pequeños productores organizados y para pequeñas plantas agroindustriales y de servicios agropecuarios.

El PRODERNEA se destacó por ser el primer proyecto de desarrollo rural que tuvo un componente, estrategias y presupuesto orientados a la atención de las comunidades aborígenes.

La organización y la administración del proyecto contaban con una estructura integrada por: i) un Comité Federal que se encargaba de la coordinación del programa, integrado por el secretario de Agricultura de la Nación y los ministros provinciales del sector.; ii) un Consejo Coordinador (CC) del programa responsable de su gestión e integrado por los responsables de la Unidad Nacional de Coordinación (UNC) y de las cuatro Unidades Provinciales de Ejecución (UPE); iii) una Unidad Nacional de Coordinación (UNC) a cargo de la coordinación y la administración del programa; iv) un Comité de Coordinación Provincial (CCP) en cada provincia, en el que participaba un representante de los "clientes" [sic] del proyecto y de las instituciones locales participantes; v) las UPE, entidades ejecutoras del programa en cada provincia; y vi) los Foros de Productores que reunían los delegados de las organizaciones de "clientes" [sic] participantes del programa.

La experiencia del PRODERNEA puede considerarse un ejemplo representativo de los programas de desarrollo rural implementados durante la década de 1990 en la Argentina.

Formulado bajo el paradigma de desarrollo rural reinante y concebido como una política compensatoria, el PRODERNEA fue diseñado para atender las necesidades de esa población que resultaba relegada por su "falta de competitividad" en el área rural del NEA, situación que se pretendía remediar con base en tres supuestos: a) el aumento de ingresos, como estrategia pertinente para la superación de la pobreza, se obtendría a través de la diversificación de productos orientados hacia la satisfacción de las demandas del mercado; b) la existencia de un camino por el cual, al menos una parte más o menos significativa del campesinado y la producción familiar en pequeña escala, se transformaría en empresarios articulados con el mercado, con el consiguiente aumento de ingresos, y c) el convencimiento de que todo esto se lograría a través de la aplicación de tres componentes fundamentales: capacitación, asistencia técnica y crédito. Estos supuestos se complementaban con el enfoque de género y la focalización de algunos colectivos vulnerables –jóvenes y comunidades aborígenes– (Márquez, 2005).

Al igual que lo ocurrido en el PNEA, el PRODERNEA necesitó ser reorientado para reinventarse a sí mismo luego de cuatro años de ejecución con una baja incorporación de beneficiarios al proyecto, un lento desarrollo de los componentes, la incorporación formal de sólo dos de las cuatro provincias en las que se desarrollaba el proyecto y el incumplimiento del Gobierno argentino de los compromisos de contraparte asumidos, primero por el PROSAP y luego por las provincias (FIDA, 2002).

A los problemas mencionados se agregaban una serie de deficiencias administrativas en la ejecución identificadas en: i) la falta de coordinación; ii) la falta de descentralización; iii) el ingreso retrasado de las provincias al proyecto; iv) la falta de comunicación fluida entre las UPE y la UNC y de claridad en sus respectivos roles; v) la falta de participación de los beneficiarios en los proyectos; vi) la unificación de la estrategia de intervención; vii) la débil participación del FIDA en la supervisión del proyecto.

En cambio, se destacaba como positivo el alto nivel profesional del personal directivo del programa y sus capacidades políticas, lo cual facilitó los acuerdos con la misión FIDA para una reorientación exitosa del PRODERNEA si se tiene en cuenta los resultados favorables obtenidos al final de la intervención.

El programa tomó un gran impulso a partir de su reformulación, poniendo énfasis en la participación de los beneficiarios, en la mayor participación de las provincias, en una mejora de la estrategia de los servicios de asistencia técnica y financieros, en una atención especial a la población aborigen, en la inclusión de los jóvenes en los objetivos del programa y en una estrategia institucional para mejorar la relación y las articulaciones entre el Gobierno nacional y las provincias en materia de políticas de desarrollo (FIDA, 2008b).

El 83% de los beneficiarios totales del crédito y la asistencia técnica, y el 87% de los beneficiarios de las capacitaciones corresponden a las acciones realizadas a partir de la reorientación de 2003 (CEDES, 2007: 30-31).

De acuerdo con el informe de terminación del programa (FIDA, 2008), el costo total final del PRODERNEA fue de US$ 20,4 millones, con 11.072 familias beneficiarias directas integradas por alrededor de 46.500 personas. De estos beneficiarios, 3.456 recibieron servicios de asistencia técnica y financiera por parte de 150 técnicos, 8.455 servicios de capacitación y 5.890 familias aborígenes recibieron capacitación, asistencia técnica y financiera, integrados en alrededor de 500 grupos y proyectos. El componente de servicios financieros benefició a 3.370 familias con un promedio de US$1.300 por operación.

Entre las deficiencias observadas por la evaluación de fin de programa se destacan las siguientes: i) la atención de un número menor de familias beneficiadas a las metas establecidas originalmente, con excepción de las familias aborígenes que fue superior; ii) la utilización de sólo dos de las numerosas líneas de créditos diseñadas –capital de trabajo e inversión–; iii) una cartera con niveles de mora del 18% considerados altos; iv) la tardía incorporación de los jóvenes como población objetivo y el bajo grado (11%) de participación como beneficiarios; v) costos de administración del programa sustancialmente más alto que en otros países –en torno al 29% del monto total en comparación con un promedio del 11% originalmente planteado–.

El impacto positivo de la intervención del programa ha sido registrado en una serie de indicadores: i) incrementos en la productividad de las actividades de hasta un 45% en tomate, fresa, pimiento, miel y lácteos; ii) incorporación de innovaciones en insumos críticos como los plantines de ananá clonado de alto rendimiento en Misiones; iii) aumento del 35% de los ingresos familiares netos de los beneficiarios (prediales y extra prediales) en relación con el grupo de comparación; iv) aumento del 75% de los activos productivos en los grupos beneficiarios mientras que han disminuido en los grupos testigos; v) aumento de la seguridad alimentaria de los grupos aborígenes (Neiman, 2007; Novacovsky, 2007a; 2007b; FIDA, 2010a).

El PRODERNEA, además, posibilitó en su segunda etapa el fortalecimiento de la organización de los beneficiarios y la institucionalización de políticas para la agricultura familiar contribuyendo decididamente a la organización y al funcionamiento del Foro Nacional de la Agricultura Familiar; a la Sección Nacional de la Reunión Especializada de la Agricultura Familiar del MERCOSUR (REAF); a la creación de la Subsecretaría de Agricultura Familiar y Desarrollo Rural; y a la institucionalización en las provincias de estructuras y presupuestos propios para el desarrollo rural. Las cuatro provincias terminaron incorporándose en forma efectiva e institucionalizando con distinto grado de efectividad los fondos de crédito recuperados para continuar operando al culminar el programa.

El PRODERNEA ha sido tomado como referencia central para evaluar el accionar del FIDA en la Argentina y ha dejado numerosas lecciones, algunas de las cuales han sido ampliamente analizadas y debatidas internamente por los cuerpos de gestión, como lo expresa el documento *Estrategia de salida del PRODERNEA* (Márquez, 2005), con el objeto de mejorar la institucionalidad y los procesos de posteriores políticas de desarrollo rural. Las recomendaciones más importantes de aquel documento consistieron en reformular el objetivo de los programas de desarrollo y las estrategias e instrumentos para alcanzarlos: la pobreza era entendida como un fenómeno relacional y, por lo tanto, el objeto de los programas debía trascender la población definida como pobre. Para ello, se sostuvo la necesidad de avanzar en la intervención y en el fortalecimiento de los lazos de articulación de los pequeños productores con productores de otros estratos y la negociación de aquellos con los agentes y sistemas de comercialización existentes. En ese enfoque, el accionar estatal debía estar dirigido a jugar un rol de promotor, regulador y articulador de esas relaciones.

Tanto el nuevo enfoque sobre el desarrollo rural generado a partir de la experiencia como la consolidación de las organizaciones de los productores, la efectiva participación y el fortalecimiento de los Gobiernos provinciales en sus estructuras de desarrollo rural, y el moderadamente insatisfactorio comportamiento del componente crédito (con antecedentes en el PNEA y que se repetiría en el PRODERNOA) fueron lecciones aprendidas retomadas en las negociaciones del diseño de los programas FIDA que le sucederían (PRODEAR y PRODERI).

En síntesis, el PRODERNEA tuvo dos importantes puntos de inflexión: la ya mencionada reorientación y el proceso de diseño de una Estrategia de Salida. El primer punto de inflexión removió obstáculos y amplió los márgenes para la ejecución; el segundo, implicó un momento de profunda reflexión conjunta con los distintos actores involucrados: coordinación nacional, unidades provinciales y productores usuarios de los servicios del programa, además de consultas con organizaciones de agricultura familiar no beneficiadas de su ejecución. En el proceso de debate participaron más de 400 productores de ambos sexos y 70 técnicos y técnicas de las Provincias de Chaco, Corrientes, Formosa y Misiones. En base a documentos redactados por la UNC, la reflexión tuvo un horizonte más amplio que la ejecución del PRODERNEA y su estrategia de cierre, ya que comprendió las concepciones del desarrollo rural y sus principales temas de debate: la participación de los actores y, sobre todo, la inclusión de las organizaciones de la sociedad civil en el diseño de políticas diferenciales para el sector de la agricultura familiar. Esta discusión aportó significativamente a la generación e institucionalización de espacios participativos en las provincias y al diálogo sobre políticas que a nivel nacional se había iniciado a partir de la Reunión Especializada sobre Agricultura Familiar (REAF) y el Foro Nacional de la Agricultura Familiar (FoNAF).

Programa de Desarrollo Rural del Noroeste Argentino (PRODERNOA) (1999/2003-2012)

El PRODERNOA fue diseñado y aprobado por la Junta Ejecutiva del FIDA en 1999. El proyecto quedó bajo la responsabilidad de la Secretaría de Agricultura, Ganadería, Pesca y Alimentos de la Nación según Convenio de Préstamo N.° 514-AR entre el Gobierno de Argentina y el FIDA el 21 de noviembre del año 2000, y fue declarado efectivo el 4 de marzo de 2003. Su terminación se estableció originalmente para el 30 de septiembre de 2008. No obstante, el programa sufrió atrasos, requirió una reorientación en 2006 y, luego de dos prórrogas, culminó su actividad en diciembre de 2012.

El PRODERNOA tuvo un recorrido similar al PRODERNEA. El programa fue capitalizando las lecciones aprendidas a partir de las reflexiones que arrojaba el PRODERNEA, tanto en las formas de enfocar el desarrollo rural como en las experiencias extraídas a partir de la ejecución concreta de sus componentes.

De las tres provincias contempladas en el diseño original –Catamarca, Salta y Jujuy–, sólo la primera se incorporó efectivamente en 2003. Salta no ratificó su interés y Jujuy se sumó en el último año (2011) ejecutando actividades previstas por el componente de asistencia técnica a partir de un convenio con el INTA. Posteriormente, se incorporaron con autorización del FIDA otras provincias no contempladas en el diseño original: Tucumán en el año 2005 y La Rioja en 2009, mientras que la provincia de Santiago del Estero finalmente no participó.

De acuerdo con la evaluación *ex-ante*, el costo total del programa fue estimado en US$ 25 millones, de los cuales el FIDA aportaba US$ 17,5 millones, la SAGPyA US$ 0,7 millones y las provincias US$ 6,8 millones, y además participaba como institución cooperante la Corporación Andina de Fomento (CAF).

El grupo objetivo de PRODERNOA estaba formado inicialmente por 6.000 familias rurales y estaba caracterizado como pequeños productores minifundistas con ingresos anuales inferiores a los $ 6.800. Este grupo estaba integrado por 1.600 familias rurales de las regiones más pobres (Puna, Chaco salteño) y 4.400 familias de pequeños productores minifundistas con potencialidad de desarrollo productivo y empresarial, con niveles de ingreso inferiores a los niveles de pobreza absoluta, que no disponían de acceso a sistemas financieros formales y a programas de asistencia técnica. Entre los beneficiarios también se incluían poblaciones aborígenes de las minorías étnicas wichi, guaraní, quechua y aimará, radicadas en las provincias de intervención del programa.

Tanto el tipo de producciones como la composición de los beneficiarios variaban de acuerdo con las provincias. Las áreas de intervención incluían zonas de plantaciones de caña de azúcar y tabaco –especialmente en Salta y en Jujuy– y zonas de producción de frutas, hortalizas, nueces, tabaco, ganado y lácteos. No obstante, la caracterización de los potenciales beneficiarios de la provincia de Tucumán brindaba una imagen de la diversidad de situaciones que pretendía abordar el programa:

a) Un primer grupo poblacional –el de más bajos recursos– que producía predominantemente para el autoconsumo y que destinaba al mercado los excedentes eventuales. El objetivo principal en este caso era garantizar la seguridad alimentaria de las familias, y su participación en la economía de mercado era escasa y parcial. Estos grupos no tenían capacidad de ahorro –más allá de algunas cabezas de ganado– y requerían complementar ingresos con empleos extraprediales, temporarios o no. La

estrategia de este estrato socioeconómico consistía en la maximización de los ingresos totales y su
lógica económica no se guiaba por los parámetros
de maximización de utilidades.

b) El segundo grupo de beneficiarios estaba conformado por productores algo más capitalizados, aunque
con nula o escasa capacidad de reproducción ampliada; sus relaciones con la economía eran regu-
lares y su estrategia privilegiaba la producción para
el mercado de un producto principal, sin por ello
dejar de producir una variada gama de otros para
su autoconsumo.

c) Un tercer grupo estaba constituido por productores
con alguna capacidad de reproducción ampliada,
con cierto *stock* de bienes de capital que le permitía
algún grado de competitividad en su producción
para el mercado; sin embargo, su grado de vulnerabilidad era alto debido a dificultades de acceso a
distintos tipos de bienes y servicios, como financiamiento, información y capacitación para la gestión,
entre otros (PRODERNOA, 2009).

El objetivo central del programa consistía en contribuir a la reducción de la pobreza a partir del aumento de
los ingresos de los pequeños productores beneficiados
por una mejora en el manejo de los sistemas productivos
y en la inserción en el mercado.

Para lograr ese objetivo, el PRODERNOA propuso
tres grupos de acciones o componentes:

a) Servicios de asistencia técnica: apoyos para la
creación y el acceso a servicios de información,
capacitación e implementación de servicios de asistencia técnica demandados y contratados por los

beneficiarios, incluidos el saneamiento de títulos legales sobre tierras mediante asesoramiento jurídico o asistencia financiera y el fortalecimiento de las organizaciones de productores.

b) Servicios de asistencia financiera: para la gestión y la ejecución de un programa de crédito en cada provincia a través de un fondo de crédito para inversiones y actividades productivas.

c) Programas focalizados en grupos vulnerables: a partir de los cuales se presta asistencia financiera y técnica a los grupos de pobres rurales más carenciados con escasa o nula capacidad de endeudamiento por medio de: i) donaciones para producción de autoconsumo, inversiones productivas y fondos rotatorios asociativos; y ii) donaciones para inversiones colectivas de organizaciones productivas.

La estructura de la organización y administración del PRODERNOA fue diseñada con mayor detalle que en programas anteriores, procurando habilitar numerosos espacios y niveles de diálogo y coordinación de las acciones. La SAGPyA era el organismo responsable del proyecto y dispuso la siguiente estructura para la ejecución del programa: i) Consejo de supervisión del Proyecto (CSP), integrado por el Consejo Federal Agropecuario (en el que participaban los secretarios y los ministros de agricultura provinciales y que era presidido por el máximo responsable de la SAGPyA de la Nación); ii) Consejo de Coordinación del Proyecto (CCP), integrado por el coordinador nacional, los coordinadores provinciales y tres representantes de los beneficiarios, a cargo de evaluar y asesorar sobre las acciones y la evolución del proyecto; iii) Unidad Nacional de Coordinación encargada de articular y coordinar con otros proyectos FIDA vigentes, como PRODERNEA; iv) Agencia Ejecutora Provincial, a cargo de cada Gobierno de cada provincia; v) Comité Coordinador Provincial, integrado por el coordinador provincial del proyecto, el director del consejo regional del INTA, los responsables provinciales del PSA y del PROINDER, un integrante de la comunidad académica, representantes de los productores beneficiarios, representantes de las mujeres beneficiarias, un representantes técnico y representantes de otras instituciones que la provincia considerara pertinentes; vi) Unidad Provincial Ejecutora, responsable de la ejecución del proyecto en cada provincia; vii) Comité de Acción Provincial, integrado por el coordinador de la asistencia técnica, el director de la Estación Experimental del INTA, un representante de los beneficiarios y un representante del PSA y del PROINDER, a cargo del análisis de las solicitudes de prestación de asistencia técnica y donaciones en los proyectos focalizados en grupos vulnerables; viii) Comité de Crédito, conformado por la coordinadora de los sistemas de asistencia financiera, el responsable de crédito de la UPE y un representante del banco administrador; ix) Banco Administrador, encargado de gerenciar el fondo rotatorio y de abrir las cuentas para otorgar los préstamos a los beneficiarios: personas físicas o jurídicas hasta un máximo de US$ 7.500 por persona o de US$ 75.000 por grupo, previa evaluación de proyectos técnicamente factibles y comercialmente viables.

Las cuestiones relacionadas con el "ambiente" sólo fueron mencionadas como una referencia secundaria y orientada a que los proyectos adoptaran métodos apropiados de lucha contra las plagas, asegurándose de que los plaguicidas adquiridos en el marco del programa no integraran el listado de productos prohibidos por el Código Internacional de Conducta para la Distribución y Utilización de Plaguicidas de la FAO o considerados peligrosos en la clasificación de plaguicidas de la Organización Mundial de la Salud.

Hacia fines de 2005, el PRODERNOA había logrado una muy baja ejecución y habían quedado disponibles recursos del FIDA por desembolsar del orden del 90% de los fondos asignados. Ante esta situación, el Gobierno argentino solicitó al organismo internacional una Misión de Revisión de Medio Término cuyo objetivo fue elaborar y acordar con las autoridades de la SAGPyA una propuesta de reorientación del proyecto para mejorar su ejecución. Como resultado de la misión, se modificaron los montos asignados para cada componente y las estrategias a seguir en tres áreas principales: i) los aspectos fiduciarios; ii) los aspectos institucionales y de políticas; y iii) el análisis del enfoque y de contenido del proyecto (FIDA, 2012).

Entre los principales problemas observados en la ejecución del PRODERNOA se destacaron: i) la deuda de contrapartida que mantenían las provincias; ii) el control centralizado de la implementación del programa; iii) la debilidad de la propuesta de servicios financieros rurales que no se ajustaba a la realidad institucional de las provincias, ni a las capacidades del sistema financiero para implementarlas, así como tampoco respondían a las necesidades de los beneficiarios; iv) la no viabilidad de la creación de un mercado local de Servicios de Asistencia Técnica al no existir suficientes capacidades instaladas a nivel de técnicos como para generar un mercado y los productores no contar con la capacidad económica para afrontar el gasto y mantenerlo en funcionamiento (FIDA, 2006b; 2010; 2012).

De acuerdo con el Informe de Terminación de Programa (FIDA, 2012), los principales resultados alcanzados fueron los siguientes:

a) El nivel de ejecución global del financiamiento fue del 98,2% a fines de marzo de 2012, con algunas actividades en curso que garantizaban la utilización plena de los recursos asignados. La ejecución financiera por componente puso en evidencia que los servicios financieros eran subejecutados, mientras que los destinados a población aborigen y gastos de administración superaron en forman significativa las estimaciones iniciales: i) servicios de asistencia técnica 92%; ii) servicios de asistencia financiera 60%; iii) asistencia a grupos vulnerables 143,9%; y iv) dirección, seguimiento y evaluación 135,9%.

b) El número de beneficiarios de los servicios de asistencia técnica llegó a un total de 13.241 familias, lo que superó la meta de las 12.700 programadas, mientras que la asistencia financiera benefició a 4.529 familias en 180 proyectos, alrededor del 50% de la meta originalmente establecida que alcanzaba a 8.700 familias de productores que recibirían crédito a través de 540 proyectos. La diferencia entre las metas originales y las alcanzadas fue atribuida a una prudente política de crédito aplicada por el PRODERNOA en un contexto de inestabilidad económica y a la sobreestimación inicial de las necesidades de financiamiento que permitieran lograr un cambio significativo en las actividades de los beneficiarios. El crédito fue aplicado sólo a proyectos que tenían una sólida viabilidad técnica, económica y financiera, así como a grupos con un inferior número de integrantes a los originalmente planteados –un promedio de 11 integrantes en lugar de los 15 a 20 previstos– (FIDA, 2012).

c) La asistencia a grupos vulnerables fue considerada exitosa en la medida en que las metas establecidas originalmente fueron ampliamente superadas, tanto en la cantidad de proyectos ejecutados como en el número de familias finalmente asistidas. El número de mujeres asistidas fue de 1.994, lo que corresponde al 36% de los emprendimientos apoyados.

d) La ejecución por provincia fue heterogénea debido a los diferentes momentos en que se fueron integrando al programa. De acuerdo con el Informe de Terminación del PRODERNOA (FIDA, 2012), los resultados del sistema de seguimiento y de evaluación, así como también aquellos reflejados en el análisis económico financiero de los modelos de finca asistidos, demostraron incrementos en la producción, en la productividad, en la generación de empleo, y una mejora en el acceso a los mercados. En la provincia de Catamarca 332 familias recibieron asistencia técnica (lo que equivale a 1.328 personas beneficiadas) y en Tucumán, 3.304 familias (13.216 personas beneficiadas), mientras que en la provincia de La Rioja se capacitó a 693 familias (2.772 personas).

e) En cuanto al impacto que el PRODERNOA ha generado en la productividad agrícola de los establecimientos, se considera que ha sido moderadamente satisfactorio, dado que la tendencia de los rendimientos ha sido positiva pero sin alcanzar su potencial y los niveles críticos necesarios para asegurar la rentabilidad y la sostenibilidad de los negocios. El porcentaje de proyectos y beneficiarios que incorporaron innovaciones tecnológicas ha sido superior al 50%, mientras que el 55% de los proyectos evidenciaron mejoras en sus procesos de comercialización.

f) La seguridad alimentaria también tuvo un impacto considerado moderadamente satisfactorio en las zonas de intervención que, al iniciarse el proyecto, presentaban graves problemas. Las inversiones en pozos de agua e infraestructura comunitaria, acompañados por apoyo a la producción de alimentos para autoconsumo, sumado a la generación de ingresos por actividades productivas como la producción de miel y las artesanías, han permitido alcanzar la seguridad alimentaria en la gran mayoría de las familias atendidas, de acuerdo con los estudios de casos realizados y con los comentarios de los beneficiarios en las evaluaciones participativas. En su conjunto, el PRODERNOA ha contribuido al aumento de la seguridad alimentaria en el 75% de los proyectos financiados para mejoras en los sistemas productivos agrícola-ganaderos (70%) y para obras en el sistema hídrico (5%), (PRODERNOA, 2012).

g) En relación con el ambiente y los recursos naturales, el impacto del programa fue considerado moderadamente satisfactorio. El diseño del proyecto no contemplaba acciones específicas en el tema ambiental, pero su reorientación incluyó acciones específicas para la protección del ambiente y los recursos naturales. Los técnicos han orientado a los productores en la formulación de proyectos que no tuviesen impactos negativos sobre el ambiente, desestimando a aquellos que hubieran podido generar efectos adversos severos o incentivando acciones de mitigación. Se promovió una mejora en las prácticas de manejo de los recursos naturales y de utilización de insumos externos, como fertilizantes químicos, productos agroquímicos (insecticidas, herbicidas e insecticidas) y el manejo de agua. En los proyectos ganaderos se introdujo la práctica de manejo de pastizales para disminuir la erosión del suelo en amplias áreas de las provincias involucradas; para proyectos de agricultura y agricultura intensiva, bajo cubierta o en invernáculos, se fomentó un adecuado manejo de los insumos, como fertilizantes y agroquímicos, a través de la utilización de dosis adecuadas; en los proyectos de apicultura orgánica en el impenetrable chaqueño se aseguró la aplicación de normas que permitieran la exportación de miel a la Unión Europea.

h) La capacitación y la formación de recursos humanos fue considerada satisfactoria a partir de un proceso que fue intensivo y sistemático en todos los niveles: beneficiarios, jóvenes, mujeres, integrantes de organizaciones de productores, técnicos de campo y funcionarios de las UPE en cada una de las provincias.

i) Finalmente, la formación de capital social y el empoderamiento de los beneficiarios expresado en la integración y la consolidación de organizaciones ha sido parcial y su impacto considerado moderadamente satisfactorio. En algunas provincias, el corto periodo de implementación no ha permitido contar con el tiempo suficiente para el crecimiento del capital social. La incorporación de atención focalizada en la población vulnerable (jóvenes, población aborigen y mujeres) ha significado un gran avance en los proyectos implementados desde la reorientación de PRODERNOA en adelante. El apoyo a organizaciones cooperativas y asociaciones ha generado sinergias positivas en la población rural. Sin embargo, se observó que el eslabón de vinculación con los mercados mantuvo su condición de debilidad debido a la atomización de los pequeños productores y la insuficiente capacitación en comercialización.

Un factor adicional que debe destacarse del PRODERNOA ha sido la cooperación con otros socios en el territorio, en especial con el INTA. Lamentablemente las acciones se iniciaron el último año de funcionamiento y estuvieron acotadas a la provincia de Jujuy, pero en el marco del convenio firmado entre ambas instituciones se asistieron treinta proyectos de desarrollo productivo, lo que comenzó a revertir una historia de reducida cooperación interinstitucional. También en Tucumán se firmó un convenio con el INTA para el apoyo del sector apícola.

A pesar de no haber podido realizar estudios de impacto (excepto en Catamarca), el PRODERNOA ha cumplido la mayoría de sus objetivos y ha sido calificado como parcialmente eficaz y parcialmente satisfactorio en la evaluación de final del programa. La mayor parte de las múltiples intervenciones han sido consideradas razonablemente eficaces en la prestación de los servicios y en los resultados alcanzados tras un prolongado periodo de implementación. Teniendo en cuenta que la mayoría de las actividades sustantivas del PRODERNOA se llevaron a cabo en los últimos años, se consideró que los proyectos ejecutados se encontraban en etapa de consolidación y no habían alcanzado aún niveles de plena sostenibilidad (FIDA, 2012).

Con este argumento, el Gobierno argentino y el FIDA consideraron la necesidad de asegurar una consolidación de las iniciativas llevadas adelante durante la ejecución del PRODERNOA, incorporando las lecciones aprendidas en un nuevo proyecto que les diera continuidad: el Programa de Desarrollo Rural Incluyente (PRODERI) que se implementará a partir de 2012.

Ley Ovina N.° 25.080 (2001-continúa)

Esta ley estableció a partir del año 2001 un régimen para la recuperación de la ganadería ovina, con un presupuesto de alrededor de 20 millones de pesos anuales aportados por el presupuesto del Estado nacional y bajo responsabilidad de la SAGPyA.

La norma en vigencia establece un fondo fiduciario para el financiamiento a través de crédito y subsidios, asistencia técnica y capacitaciones con destino a productores de ovinos que presenten un plan de trabajo o un proyecto de inversión, y que se encuentran radicados en las provincias que adhieren y designan sus organismos de aplicación.

Desde el inicio de su ejecución, en noviembre de 2003, hasta la actualidad se han ejecutado $ 143.789.072, de los cuales el 62% corresponde a créditos, el 36% a aportes no reintegrables y el 2,4% a gastos operativos. El 80% de los aportes no reintegrables fueron utilizados para la obtención, el procesamiento y la difusión de información relevante para el sector, el apoyo a damnificados por emergencias, la ejecución del Programa de asistencia para el mejoramiento de la calidad de la lana (PROLANA) y diversos programas sanitarios para la ganadería ovina. El 90% de los créditos se utilizó a través del Banco de Ovejas y Retención de Vientres, en proyectos productivos prediales y en prefinanciación de la comercialización (MAGyP, 2009).

Durante la zafra 2008-2009 el PROLANA, financiado con el 20% de los aportes no reintegrables, contó con la participación de 1.585 productores ovinos adheridos, 165 empresas de esquila habilitadas y 19.000 toneladas de lana identificada como PROLANA en todo el país. Se dictaron, en las distintas provincias adheridas, más de veinte cursos de acondicionamiento de lanas y de técnica de esquila Tally Hi, con los que se capacitó alrededor de 400 personas (MAGyP, 2009).

3.3. Los programas del pos-Consenso de Washington (2003-2014)

Programa Federal de Apoyo al Desarrollo Rural Sustentable (PROFEDER) (2003-continúa)

Este programa se crea en el año 2003 en el marco de un proceso de transformación y fortalecimiento del Sistema de Extensión y Transferencia del INTA. Tiene por objetivo contribuir a la promoción de la innovación tecnológica y organizacional, al desarrollo de las capacidades de los actores del sistema y al fortalecimiento de la competitividad sistémica regional y nacional en un ámbito de equidad social y sustentabilidad. Se ejecuta mediante proyectos y planes de trabajos grupales y participativos destinados a satisfacer las demandas y las oportunidades que surgen del territorio mediante los diferentes programas operativos del INTA.

El PROFEDER constituye el eje coordinador del conjunto de los programas de extensión y desarrollo rural que integran las estrategias de intervención de ese organismo. De este modo, el PROFEDER incorporó los programas preexistentes: Cambio Rural, PROHUERTA, Minifundio y PROFAM, y generó dos nuevas iniciativas: Proyectos Integrados, que articula a diversos actores y sus capacidades a nivel de las regiones y las cadenas de valor agroalimentarias, y Proyectos de Apoyo al Desarrollo Local, que contribuye a la generación de procesos de desarrollo a nivel local, fomentando la participación y la cooperación con el fin de fortalecer la organización y estimular el desarrollo social y económico de un territorio (Gargicevich *et al.*, 2010).

Las tareas en los proyectos PROFEDER se relacionan con una amplia diversidad de actividades productivas y de servicios en todo el territorio nacional, tareas que varían de acuerdo con las características de sus regiones y actores.

En la realización de estas actividades se promueve la articulación de esfuerzos con una multiplicidad de actores presentes en los territorios, como municipios, agencias gubernamentales provinciales, universidades e institutos de enseñanza, organismos públicos nacionales, asociaciones civiles, asociaciones de productores, cooperativas, fundaciones, ONG, empresas y entidades comerciales, instituciones religiosas, federaciones gremiales, organizaciones para el desarrollo, instituciones de ciencia y técnica, organismos y asociaciones de cooperación internacional y medios de comunicación.

El trabajo realizado por la Coordinación Nacional de Transferencia y Extensión del INTA (Gargicevich, 2011) señala que los resultados del programa han sido positivos en una serie de cuestiones que se detallan a continuación:

a) El fortalecimiento de la organización de los productores y de la población económica vulnerable
en diversas regiones, a partir de un importante crecimiento del número de grupos y organizaciones
(cooperativas, asociaciones de productores, ferias
francas, emprendimientos asociativos de compra
y venta conjunta de insumos y productos) y de la
consolidación de las organizaciones existentes.

b) Una mayor articulación entre distintos grupos y
proyectos de una misma actividad. En general se
observa un sostenido crecimiento de los grupos de
turismo rural.

c) El despliegue, en el noroeste del país, de estrategias
de intervención en zonas de menor densidad poblacional. Se observa un fuerte impulso a la organización de la población económica más vulnerable,
incluidos los pueblos originarios, a fin de satisfacer
necesidades básicas, como el acceso a la tierra y al
agua.

d) Se han incrementado las acciones relacionadas con
la formación y el fortalecimiento de redes de aprendizaje tecnológico y de difusión de conocimientos
e innovaciones en colaboración con diferentes actores institucionales de los territorios. Se apoyó la
creciente creación o consolidación de Agencias
de Desarrollo Local como parte de la estrategia de
extensión del INTA en el territorio. En algunas regiones, la articulación de los actores llevó a proponer
nuevos marcos legales y a la elaboración conjunta
de Planes Estratégicos Provinciales por sector o
actividad.

e) Se han fortalecido los sistemas locales de dina-
mización técnica (transferencia de tecnología,

asesoramiento, experimentación adaptativa, gestión de empresas, emprendimientos, comercialización) con el predominio en la difusión de tecnologías de insumo/producto, y de innovaciones de gestión y organización asociadas a procesos de desarrollo local.

f) En general, para todos los sistemas productivos, se observa una mayor adopción de tecnología, principalmente de producto. La diversificación se hace evidente en la integración vertical (tanto a nivel de los medianos productores como de los minifundistas o de los familiares) a partir de la diferenciación por calidad, aprovechamiento de subproductos, producciones alternativas y turismo rural. Se puede verificar en distintas regiones la adopción de mejoras ambientales en la actividad agrícola (utilización de insumos orgánicos, manejo integrado de plagas, rotaciones adecuadas), el tratamiento de residuos de agroindustrias y su reutilización, el uso de energías alternativas y la implantación de montes energéticos, entre otros.

g) En materia de equidad social, se verifica un avance en la adaptación o la generación de tecnología para sectores minifundistas o de agricultura familiar. Esta temática motivó el crecimiento de las acciones de PROHUERTA, de los proyectos de Minifundio y del PROFAM.

h) Existen numerosas experiencias que comenzaron a estructurar mercados alternativos (venta en la huerta, venta a domicilio, ferias semanales), afianzando la generación de circuitos de producción y comercialización propios de la economía social y de la agricultura urbana.

i) En relación con el financiamiento de los productores y sus proyectos, las acciones se concentraron en el acompañamiento a los productores y sus asociaciones en la formulación y gestión de proyectos para aplicar a subsidios de otros programas nacionales o provinciales. Además, algunos grupos de productores constituyeron fondos rotatorios o bancos de insumos.

j) Hacia el interior del INTA se observa una creciente interacción de los proyectos PROFEDER con los proyectos regionales y nacionales, así como una mayor articulación entre promotores y agentes de proyecto de los grupos de Cambio Rural cuando las actividades productivas que abordan son similares.

No obstante los logros que han sido destacados, el PROFEDER inició un proceso de revisión y reorientación a partir de 2008 con el fin de adecuarlo a los objetivos institucionales planteados por el Plan Estratégico Institucional 2005-2015 (PEI) del INTA (Gargicevich *et al.*, 2010).

Programa para Productores Familiares (PROFAM) (2003-continúa)

Este programa del INTA se inició en el año 2003 y continúa activo hasta la actualidad con fondos de la institución y aportes regionales originados en articulaciones interinstitucionales.

El PROFAM está dirigido a productores familiares que trabajan en forma directa en su establecimiento agropecuario con la colaboración principal de mano de obra familiar. Por sus condiciones estructurales y sus características socioculturales, sus beneficiarios se ubican en un estrato intermedio entre los productores minifundistas y los medianos productores agropecuarios. Los objetivos del programa consisten en optimizar el empleo de técnicas productivas apropiadas; reforzar el autoconsumo; incrementar los ingresos de sus explotaciones; favorecer la vinculación con la agroindustria y mejorar la habilidad de organización hacia formas autogestionarias para acceder con éxito a los mercados.

El programa tiene un fuerte componente organizativo con el fin de poner en marcha emprendimientos productivos comunitarios que permitan mejorar la competitividad de estas unidades productivas. Se implementa por medio de proyectos integrados por un número variable de productores (de 25 a 60 por proyecto).

El programa destina asistencia técnica y experimentación adaptativa para productores familiares, con un presupuesto anual –que incluye el Programa Minifundio– que en el año 2007 alcanzaba los $ 6 millones de pesos. Para el año 2010 se registraron alrededor de 700 grupos de productores que recibieron hasta ese momento su asistencia (INTA, 2010).

Ley Caprina N.° 26.141 (2006-continúa)

A partir de la sanción de esta norma, en el año 2006, se estableció un régimen para la recuperación, el fomento y el desarrollo de la actividad caprina que aún se encuentra en vigencia.

El programa cuenta con un presupuesto de alrededor de 10 millones de pesos anuales provistos por el Estado nacional y se ejecuta bajo responsabilidad de la SAGPyA –actual Ministerio– a través de fondos reintegrables y no reintegrables, de asistencia técnica y de capacitaciones con destino a los productores caprinos. Contempla un tratamiento diferencial para los pequeños productores caprinos en situación vulnerable.

A tres años de su puesta en marcha, en noviembre de 2009, se habían ejecutado $ 2.165.436, de los cuales el 8% correspondía a créditos, el 68% a aportes no reintegrables y el 24% a gastos operativos. El 49% de los aportes no reintegrables fueron utilizados para proyectos y planes productivos para pequeños productores, el 36% para apoyo a las situaciones de emergencias y el 13% en capacitación y desarrollo de las organizaciones de productores. El 100% de los créditos se aplicaron en proyectos productivos y planes de trabajo y posibilitaron la adquisición de insumos, mejoras genéticas, compra de animales y aplicaciones en sanidad animal (MAGyP, 2009).

Programa de Desarrollo Rural de la Patagonia (PRODERPA) (2007-2014)

El programa se inició en el año 2007 bajo responsabilidad y financiamiento de la SAGPyA y los ministerios sectoriales de las provincias patagónicas, con un fondo de US$ 29 millones de los cuales US$ 20 millones fueron aportados por el FIDA y el resto por los presupuestos del Estado nacional y de las provincias participantes –Chubut, Río Negro, Santa Cruz y Neuquén–, con una duración prevista de 6 años (FIDA, 2010b).

La población rural pobre mayor de 14 años radicada en las provincias mencionadas, estimada en 43.900 personas, fue identificada como su población objetivo. Esta población se distribuía en cuatro tipos de usuarios o beneficiarios: a) pequeños productores agropecuarios; b) comunidades aborígenes; c) población rural no agropecuaria; d) jóvenes rurales.

El objetivo del programa consistía en la reducción de las condiciones de vulnerabilidad económica y ambiental de la población rural pobre de la Patagonia, mediante un proceso de construcción de activos, entendidos como las capacidades para aumentar sus ingresos, mejorar sus condiciones de vida y de participación a través de sus organizaciones económicas, con equidad de género y uso sostenible de los recursos naturales. Los instrumentos previstos para promover el fortalecimiento de sus organizaciones y el desarrollo de negocios rurales eran el financiamiento, la asistencia técnica y la capacitación.

El PRODERPA se propuso las siguientes acciones: i) desarrollar y fortalecer las capacidades organizativas de los beneficiarios en torno a actividades innovadoras sustentables orientadas al mercado; ii) transformar las actividades económicas agropecuarias y no agrope-cuarias de subsistencia en actividades económicas de mercado; y iii) fortalecer la articulación interinstitucional para potenciar el desarrollo del territorio.

Los tres componentes diseñados para la intervención del programa eran: i) fortalecimiento de las capacidades organizativas; ii) desarrollo productivo y acceso a mercados; y iii) fondo de promoción y contingencias. El PRODERPA no se planteaba una intervención de carácter asistencialista; por el contrario incluía ciertos atributos que podrían asociarse con instrumentos de política económico-productiva y de integración social y fortalecimiento institucional (MAGyP, 2011).

La intervención programada por componentes contemplaba dos campos principales de acción:
a) Fortalecimiento de las capacidades organizativas a partir de: i) consolidar las organizaciones económi-cas; ii) crear espacios de coordinación y articulación

entre instituciones de desarrollo rural; e iii) incrementar oportunidades de desarrollo económico para jóvenes rurales. La estrategia de intervención planteaba un trabajo en microrregiones de desarrollo productivo en las que se identificaban las organizaciones económicas y los grupos de interés productivos que serían fortalecidos con el objeto de generar las capacidades necesarias para gestionar sus negocios y articularse con los mercados en forma sostenible. Adicionalmente, se planteaba la consolidación de los espacios de análisis, discusión y coordinación de los programas de desarrollo rural en las provincias patagónicas.

b) Desarrollo de negocios rurales a través de: i) facilitar los vínculos comerciales y las capacidades de gestión empresarial y productiva de las microempresas rurales; ii) financiar mediante créditos y aportes no reembolsable los planes de negocio para facilitar su implementación en el corto plazo; iii) facilitar el acceso a servicios financieros integrales de mediano y largo plazo fortaleciendo las instituciones microfinancieras locales, así como el acceso al crédito para capital de trabajo en los programas nacionales y provinciales como complemento de los subsidios para inversiones. El componente dispuso fondos para capitalización productiva y ambiental, apoyando la capitalización de las organizaciones más débiles con recursos no reembolsables brindados por única vez, con el objetivo de generar las capacidades para acceder en forma sostenible a los servicios financieros existentes en otros programas o en el mercado.

En el esquema operacional del PRODERPA se incorporó, por primera vez, el requisito de que las provincias participantes elaboraran un plan estratégico provincial en el marco del cual se seleccionarían las microrregiones en donde se ejecutaría la intervención.

El rol de ente ejecutor del programa fue asumido por la Subsecretaría de Agricultura, Ganadería y Forestación de la Nación con una Unidad de Coordinación Nacional del programa diferente a la que habían llevado adelante hasta ese momento los anteriores programas FIDA. La estructura adoptada en el territorio contemplaba: i) un Comité Asesor del Proyecto (CAP) integrado por el Subsecretario, el presidente del INTA y los ministros o secretarios de agricultura provinciales, a cargo de la responsabilidad política del proyecto.; ii) el Consejo de Coordinación del Proyecto (CC) con participación del Subsecretario, el coordinador técnico del proyecto y los responsables de PRODERNOA y PRODERNEA (los otros programas con financiamiento FIDA vigentes); y iii) una serie de coordinadores técnicos y ejecutivos provinciales responsables de las acciones que había que desplegar en el territorio.

La participación de los beneficiarios quedó sólo mencionada como una de las tareas a cargo de los consejos provinciales, pero no se incluyó en la estructura propuesta a pesar de las diferentes recomendaciones realizadas por los informes finales de los proyectos previos que destacaban esta debilidad.

No obstante, para 2011, sólo en la provincia de Río Negro se crearon y fortalecieron diecinueve Mesas de Desarrollo Territorial conformadas por organizaciones de pobladores rurales, comunidades aborígenes e instituciones públicas (SENASA, INTA, Subsecretaría de Desarrollo

Rural de la Nación, municipios) en las cuales se discutían en forma participativa las estrategias de desarrollo del territorio y el uso de los recursos. Experiencias similares se fueron consolidando en otras provincias, como Neuquén, en las que los Comités Locales de Emergencia Rural posibilitaron la participación y la cooperación de los agentes locales en estrategias y acciones comunes. Estas iniciativas fueron respaldadas con la presencia de supervisores territoriales (técnicos de campo) que participaban de estos espacios y difundían los instrumentos disponibles de apoyo a los proyectos.

Para el año 2011, el 70% de los 57 proyectos financiados por el PRODERPA se realizaron a través del apoyo a organizaciones formales de pequeños productores en actividades tan diversas como horticultura, ganadería (en su mayoría ovina y caprina), artesanías (tejidos), forestación, turismo rural y cultural, elaboración de alimentos (quesos, dulces, hongos, etc.), y producción de alfalfa.

Además, el PRODERPA posibilitó atender la emergencia agropecuaria de las localidades rurales afectadas por las cenizas de la erupción del volcán Puyehue, al financiar el suministro de agua y alimentos para el ganado de los pequeños productores (UCAR, 2012a).

Transcurridas las dos terceras partes del periodo previsto para su vigencia, el programa llevaba ejecutados US$ 4.774.131 –el 15% del presupuesto asignado– y contaba con 7.652 beneficiarios –alrededor del 17% de la población objetivo– (UCAR 2012a). Dada su lenta ejecución se requirió una reorientación por parte del FIDA y del Gobierno argentino a partir de 2009 (FIDA 2008a). La reorientación incluyó un desplazamiento de su Unidad de Coordinación Nacional, que fue derivado bajo responsabilidad de la UCAR a cargo de los funcionarios que habían coordinado los anteriores programas FIDA (PRODERNEA y PRODERNOA). Esta situación posibilitó una recuperación de la dinámica del programa y la ejecución de proyectos por $ 12 millones entre 2011 y mediados de 2013.

En el año previsto para su culminación (2013), el programa se encontraba en plena ejecución en tres de las cuatro provincias que lo integraron originalmente –Chubut, Neuquén y Río Negro–, pero no había logrado ponerse en marcha en la provincia de Santa Cruz, provincia que finalmente se sumó con cinco proyectos hortícolas en el periodo de prórroga.

Finalmente, el PRODERPA culminó sus actividades un año después –octubre 2014– con los siguientes logros: 210 proyectos ejecutados, de los cuales 170 fueron proyectos productivos y de acceso a mercados y 40 proyectos para cubrir contingencias y reducción de riesgo climático y naturales. En dichos proyectos participaron 11.250 familias rurales reunidas en 100 organizaciones y 50 comunidades.[19]

Los proyectos productivos y de acceso a mercados contemplaron actividades como horticultura, forraje, frutas finas, ganadería de carne y lana, pesca artesanal, agroturismo, manufacturas y artesanías.

Además, se constituyeron con aportes no reembolsables 28 fondos rotatorios en organizaciones del territorio, con el objeto de financiar infraestructura de agua y comunicaciones, producción y manejo forrajero,

---

[19]   Presentación realizada por la Coordinación Nacional del programa en la I Jornada Regional UCAR 2014, Políticas Públicas. Impactos en el Territorio, 24 de setiembre de 2014, Neuquén.

agregado de valor a la fibra de mohair y abastecimiento local de hortalizas. La evaluación de cierre del programa destacó una mejora en la situación económica de la población beneficiada a partir de los siguientes indicadores: i) el 80% mejoró la producción y la calidad de sus productos; ii) el 66% mejoró sus condiciones de comercialización; iii) el 23% incorporó algún proceso de transformación y agregado de valor en su producción primaria; iv) el 63% aumentó la rentabilidad media de su actividad; y v) el 90% de las organizaciones consideró que los fondos rotatorios administrados eran sostenibles en el tiempo.

La continuidad de este programa se encuentra prevista parcialmente, con un financiamiento menor, a partir de la puesta en marcha del Programa de Post-emergencia Agropecuaria. Con esta iniciativa se promueve la reactivación de diferentes actividades productivas en las provincias patagónicas afectadas por circunstancias meteorológicas graves, como por ejemplo el efecto de las cenizas producto de la erupción de volcanes.

Programa de Apoyo a Pequeños y Medianos Productores (PAPyMPP) (2008-continúa)

El programa inició sus actividades en el año 2008 y fue administrado por la Subsecretaría de Agricultura Familiar y Desarrollo Rural con un presupuesto que, para el año 2010, ascendía a $ 60 millones de pesos aportados por el Estado nacional.

El programa otorga ayuda financiera para inversiones prediales, además de asistencia técnica y capacitación a agricultores familiares de diferentes estratos, a través de gobiernos municipales y asociaciones de productores.

El PAPyMPP, sumado al PROINDER y al PSA, ejecutaron en el periodo comprendido entre los años 2009 y 2011 la suma de $ 68.456.000, atendiendo con asistencia técnica y financiamiento a más de 50.000 familias rurales (López *et al.*, 2013: 11).

Programa Regional de Fortalecimiento Institucional de Políticas de Igualdad de Género en la Agricultura Familiar del MERCOSUR (GÉNERO) (2008-2013)

Este programa ha sido producto de la gestión realizada por el Grupo de Trabajo de Género de la Red Especializada de Agricultura Familiar del MERCOSUR (REAF) con la Agencia Española de Cooperación Internacional para el Desarrollo (AECID). En junio de 2008, en la Ciudad de Buenos Aires, la AECID firmó un Memorando de Entendimiento con el MERCOSUR. Una de las primeras acciones fue la formulación del Programa Regional de Fortalecimiento Institucional de Políticas de Igualdad de Género en la Agricultura Familiar del MERCOSUR, cuya ejecución estuvo a cargo de los responsables del Grupo de Trabajo de cada sección nacional en cada país interviniente.

El programa contó con un financiamiento de la AECID para la región de 550.000 euros, de los cuales 95.000 corresponden a su ejecución en la Argentina en dos etapas. El soporte técnico y de infraestructura del programa dependía del MAGyP a través de la UCAR.

El objetivo del programa en la región consistía en fortalecer las instituciones y las políticas de género para la agricultura familiar y generar una estrategia orientada a la inserción efectiva de las mujeres en las políticas públicas a favor del desarrollo rural y la agricultura familiar en la región.

Para ello, el programa se propuso: i) capacitar sobre género y políticas públicas a gestores públicos, técnicos de campo, miembros de las organizaciones de la agricultura familiar y agricultores familiares en general; ii) realizar estudios y sistematizaciones sobre enfoque de género en las políticas públicas de servicios rurales; iii) promover intercambios entre las organizaciones de la agricultura familiar y los organismos públicos para dar a conocer la implementación de marcos normativos y de políticas dirigidas al sector con perspectiva de género; iv) elaborar una propuesta de política pública con perspectiva de género para ser implementadas por los ministerios de agricultura y de desarrollo de la región.

Programa de Integración de Pequeños Productores Vitivinícolas (PROVIAR) (2009-2014)

El proyecto comenzó en 2009 con financiamiento del MAGyP y del BID. Para su financiamiento, el Gobierno de la Nación Argentina tomó un crédito US$ 50 millones del Banco Interamericano de Desarrollo (BID) y los transfirió a los pequeños viñateros en forma de Aportes No Reembolsables (ANR). La Unidad para el Cambio Rural (UCAR) participó en el proyecto como responsable de la coordinación de programas con financiamiento externo del MAGyP, y la Corporación Vitivinícola Argentina (COVIAR) se constituyó en organización subejecutora. El programa contó finalmente con un presupuesto total ejecutado de US$ 100 millones. La posible continuidad del programa en una segunda etapa se encuentra actualmente en negociaciones por un monto de financiamiento que duplicaría su antecedente (http://www.ucar.gob.ar/project/proviar, consultado el 10.12.13).

El PROVIAR estuvo orientado al fortalecimiento de la articulación de estos productores con pequeños bodegueros y establecimientos concentradores y empacadores, buscando una integración que garantice un destino seguro de la producción. El programa se destinó a pequeños productores que necesitaban mejorar sus fincas y quisieran asociarse a bodegueros a partir de la fijación de acuerdos de precios y planes de renovación vitícola. Para las bodegas y los establecimientos concentradores y empacadores en fresco que querían integrar a sus viñateros por contratos, el programa ayudaba a asegurar la provisión y la calidad de las uvas que necesitaban y otorgaba asistencia técnica y financiera para mejorar sus establecimientos.

El programa representó un logro importante en cuanto a la articulación entre el MAGyP y la organización subejecutora, la COVIAR. La Corporación Vitivinícola Argentina es la entidad encargada de gestionar y de coordinar la implementación del Plan Estratégico Vitivinícola Argentina 2020 (PEVI), el cual se sustenta en tres pilares fundamentales: 1) el posicionamiento de los vinos argentinos en los mercados externos; 2) el fortalecimiento del mercado interno; y 3) el desarrollo de los pequeños productores de uva para integrarlos al negocio vitivinícola. Orientada al tercer eje, se creó una asociación *ad hoc* de pequeños productores para implementar acciones dirigidas a mejorar su estabilidad y rentabilidad, fortaleciendo así las cadenas productivas. En ese marco, surge el PROVIAR y se establece la Unidad Ejecutora del Proyecto encargada de su coordinación e implementación.

El programa contaba con los siguientes componentes para su ejecución:

- Promoción de esquemas asociativos: mediante la conformación de grupos de pequeños productores vitivinícolas primarios y establecimientos industriales o comerciales, con contratos por un plazo de 10 años.

- Apoyo a la implementación de planes integrados de negocios vitivinícolas: destinados a mejorar la rentabilidad de los viñateros, propiciar la modernización tecnológica y así lograr una cadena productiva integrada.
- Asistencia Técnica Gratuita: de ingenieros agrónomos, con el fin de producir mejoras sustentables en el tiempo y capacitación de productores.
- Aportes No reembolsables: para llevar a cabo el plan de mejoras, los productores reciben subsidios de US$ 4.000 por hectárea para realizar las inversiones necesarias.
- Fortalecimiento y articulación de la institucionalidad: consolidación de instituciones y de mecanismos que apoyen y promuevan la integración de los pequeños productores vitícolas.
- Aseguramiento de provisión y calidad de la uva: las bodegas que integren a sus viñateros por contratos se asegurarán la provisión y la calidad de las uvas por el plazo de 10 años y recibirán asistencia técnica y financiera (US$ 2.000 por productor asociado) para mejorar sus establecimientos.

El PROVIAR diseñó un Plan Piloto de Capitalización (PPCPP) que tuvo como principal objetivo el crecimiento económico de los productores a través de su integración a la renta de las cadenas agroindustriales. En las cadenas de valor agregado agroindustriales, la renta está polarizada y se concentra en los eslabones más cercanos al mercado en desmedro de los eslabones que generan la materia primaria: los pequeños productores vitivinícolas. Una forma de reducir esa brecha consistía en generar la posibilidad de que los productores primarios integraran un capital en los eslabones que están vinculados a la cadena de comercialización o del mercado. En otras palabras, que los productores primarios pudieran participar en el negocio del vino como propietarios de capital.

El PPCPP ofrecía al pequeño productor vitivinícola la opción de invertir en los eslabones de la cadena que tienen mayor crecimiento y rentabilidad. Del total de Aportes No Reintegrables (ANR) que recibía el Proyecto de Integración, el productor destinaba un porcentaje al PPCPP –administrado por un fideicomiso constituido a tal efecto– a fin de constituir un fondo de inversiones. De esta manera, colocaba sus ahorros en un fideicomiso administrado bajo estricto control del programa, lo que posibilitaba la capitalización de sus aportes y, al mismo tiempo, contribuía al financiamiento de los establecimientos elaboradores y comercializadores. Con esta opción, los establecimientos elaboradores efectuaban la capitalización de intereses durante el periodo de capitalización o el tiempo que durara el Plan Integrado de Negocios (10 años). Transcurrido dicho plazo, el depósito inicial se duplicaba en litros de vino.

Los montos aportados por el productor eran US$ 5.000, y el programa, a su vez, realizaba un aporte no reembolsable equivalente, sumando en total US$ 10.000 equivalentes en litros de vino blanco escurrido. Al final del periodo, el productor recibe el equivalente al doble de litros de vino blanco escurrido. Es importante destacar que en el proceso de integración en la cadena del vino, la empresa comercializadora realizaba un Plan de Reconversión Productiva y que, al mismo tiempo, aportaba las garantías necesarias para el financiamiento del pequeño productor.

Los pequeños productores beneficiarios de este programa debían reunir las siguientes características: a) poseer hasta 20 ha de cultivos permanentes (vid, frutales, etc.); b) no tener mayores ingresos por fuera de la actividad vitivinícola; c) ser menor de 70 años o iniciar donación por anticipo de herencia a favor de sus hijos; d) ser titular de la finca que trabaja o demostrar ser poseedor de buena fe al menos por los últimos 5 años; e) presentarse junto a otros productores y la bodega a la que usualmente vende su uva o con la que deseara sumarse al proyecto. Además, se admitían grupos de productores dedicados a la producción de uva en fresco y uva para pasas, sin la necesidad de un establecimiento líder y con la posibilidad de implantar nuevos viñedos.

El ingreso al programa brindaba a los pequeños productores de vid los siguientes beneficios: a) formar parte de un grupo asociativo; contar con asesoramiento gratuito de un ingeniero agrónomo; b) asegurar la venta de sus cosechas por los próximos 10 años (mediante un contrato con su bodega); c) recibir aportes no reembolsables (subsidios) de 4.000 dólares por ha para mejorar el estado de su finca (riego, drenaje, malla, reconversión, maquinaria, etc.); d) aumentar la estabilidad en su negocio; e) mejorar la cantidad y calidad de su producción; f) capacitarse para el uso de nuevas tecnologías; g) implementar mejoras y recomendaciones de Buenas Prácticas Agrícolas; h) promover la participación del trabajo familiar.

Los establecimientos (bodegas y empacadoras) que participaban del programa también recibían una serie de beneficios: a) aseguraban la provisión y calidad de las uvas necesarias durante los próximos 10 años para la elaboración y comercialización; b) obtenían asistencia técnica y financiera de profesionales para mejorar el establecimiento; c) recibían aportes no reembolsables equivalentes a U\$S 2.000 por productor asociado a su grupo, destinados a inversiones y a mejoras en sus establecimientos; d) contaban con acceso a una línea de crédito exclusiva con tasa subsidiada del Banco de la Nación Argentina para establecimientos líderes de los grupos asociativos.

Estos establecimientos para ingresar al programa requerían tener conocimientos suficientes y demostrables de la actividad y de los mercados relacionados con el desarrollo del proyecto; demostrar una antigüedad y presencia en el mercado (interno, externo, granel, productos terminados o semiterminados) no menor a dos años; y contar con capacidad de procesamiento e infraestructura suficiente y en condiciones para llevar adelante el plan de negocios.

El PROVIAR cerró su actividad con 199 grupos asociativos constituidos por 4.500 productores que tenían en producción 14.500 ha de viñedos, con un promedio de 5 ha por productor. Estos productores se encontraban asistidos por 150 ingenieros agrónomos y estaban integrados a 150 establecimientos bodegueros distribuidos en nueve provincias: Mendoza, San Juan, La Rioja, Salta, Catamarca, Tucumán, Río Negro, Neuquén y Córdoba.

El programa posibilitó una mejora del negocio de los pequeños productores a partir de aportes no reembolsables por un monto superior a los US\$ 40 millones que fueron destinados a mejoras en finca –compra de maderas, instalación de malla antigranizo, mejoras en los sistemas de riego, y adquisición de tractores y equipamiento–, y de su integración en la cadena viti-vinícola otorgando estabilidad y previsibilidad en la colocación de su producción a partir de los contratos por diez años establecidos con las bodegas a las que se integran.

Adicionalmente, el programa contribuyó a la regularización de dominios de tierras y a la regularización impositiva y previsional de muchos productores al registrarlos en el monotributo social rural, así como también contribuyó al fortalecimiento de sus organizaciones gremiales, a la instalación de un observatorio vitivinícola para la provisión de información confiable sobre precios del producto y a la instalación en colaboración con el INTA de catorce Centros de Desarrollo Vitícola, a partir de las cuales los productores accedían al PROVIAR y a otros servicios.[20]

Programa de Desarrollo de Áreas Rurales (PRODEAR) (2009-continúa)

El PRODEAR se inicia en diciembre de 2009 con un presupuesto de US$ 44,8 millones, de los cuales US$ 19,3 millones son aportes FIDA y el resto contraparte del Estado nacional, con una duración prevista de 6 años.

El área de influencia del programa lo constituye la totalidad del territorio nacional, pero con prioridad de atención en las provincias que integran el Noreste (Formosa, Misiones, Corrientes y Chaco), el Centro (Córdoba, Entre Ríos, La Pampa, Santa Fe) y Cuyo (Mendoza, San Juan).

---

[20]   Presentación realizada por la Coordinación Nacional del programa en la *I Jornada Regional UCAR 2014, Políticas Públicas. Impactos en el Territorio,* 24 de setiembre de 2014, Neuquén.

La población objetivo es definida como habitantes rurales pobres mayores de 14 años y población aborigen independientemente de la edad, y se distinguen tres categorías de beneficiarios:

a) Pequeños productores minifundistas, campesinos y familias que producen para la subsistencia y el mercado con dificultades de acceso al crédito, al capital, a tecnología y al mercado, con irregularidades en la tenencia de la tierra y con un grado de organización relativamente débil.

b) Comunidades aborígenes constituidas por un número variable de familias asentadas en áreas rurales, mayoritariamente pertenecientes a las etnias guaraní, mocoví, qom y wichi.

c) Jóvenes rurales pobres, en particular mujeres, con dificultades en el acceso a la tierra y al mercado laboral, con alto potencial de migración hacia las ciudades.

El objetivo general del PRODEAR consiste en la integración de la población atendida por sus servicios a la vida social y económica del país, a través del desarrollo de capacidades de organización que les permitan incrementar sus ingresos, mejorar sus condiciones de vida y participar en los procesos de desarrollo de los territorios, con una perspectiva de equidad de género y con un uso sustentable de los recursos naturales.

El programa establece una intervención a través de diferentes componentes que atienden cada uno de los objetivos específicos planteados:

Fortalecimiento de capital humano y social a través del cual se busca: i) consolidar organizaciones con fines económicos capaces de gestionar negocios sostenibles;

ii) desarrollar capacidades de empoderamiento de los beneficiarios organizados; iii) crear espacios de articulación y coordinación entre las instituciones de desarrollo local; iv) incrementar las oportunidades de integración, de participación social y cultural, de empleo y desarrollo económico de los jóvenes de ambos sexos; vi) promover la participación de las mujeres económicamente activas en las organizaciones agropecuarias y no agropecuarias; vii) facilitar la interacción entre organizaciones para ampliar el capital social. Este componente cuenta con tres líneas de acción: i) capacitación y asistencia en la consolidación de organizaciones no formalizadas o débiles; ii) capacitación horizontal a partir del intercambio de experiencias entre organizaciones; iii) promoción y difusión de los procesos. A ello se agregan tres instrumentos complementarios: iv) formación de emprendedores juveniles con capacitación, asistencia y financiamiento; v) Fondo de Apoyo a las Comunidades Aborígenes (FACA); y vi) Fondo para Iniciativas Comunitarias (FIC) de carácter no reembolsable.

Desarrollo de negocios rurales, a partir del cual se propone que las organizaciones identificadas y fortalecidas por el componente anterior accedan a diferentes servicios de asistencia que posibiliten: i) transformar las actividades económicas de subsistencia en negocios rentables y sostenibles; ii) aprovechar oportunidades de empleo y negocios para jóvenes rurales; y iii) acceder a servicios de apoyo a actividades productivas. Los servicios ofrecidos contemplan: a) asistencia técnica y de gestión empresarial; b) acceso a mercados y apoyo a la gestión comercial; c) fondos para financiamiento. Este componente cuenta con dos fondos para apoyar las actividades de los planes de negocios elaborados por las organizaciones: Fondo de Apoyo a Emprendimientos (FAE), con recursos no reembolsable destinados al apoyo de emprendimientos socioproductivos en sectores de extrema pobreza, emprendimientos de inversión en negocios y comerciales para acceder a nuevos mercados; y Fondo de Desarrollo que se divide en un Fondo de Capitalización de Organizaciones (FOCO), para capitalizar organizaciones que desarrollen sistemas de microfinanciamiento rotatorios gestionados por ellas mismas, y en un Fondo de Inversiones (FI) para proporcionar crédito de mediano y largo plazo a inversiones de uso colectivo en proyectos aprobados en el marco de planes de negocio de las organizaciones.

Desarrollo institucional: componente a través del cual se procura generar las condiciones adecuadas para: i) una eficiente coordinación de las instituciones que participan en la ejecución del programa; ii) promover el diálogo sobre políticas y estrategias de reducción de la pobreza y desarrollo rural; iii) sistematizar experiencias y divulgar resultados e innovaciones; y iv) promover la articulación del programa con organizaciones públicas y privadas, nacionales e internacionales.

La estructura organizativa y de administración del programa establece a la ex SAGPyA –actual Ministerio– como responsable de su ejecución. Para ello dispone de una Unidad de Coordinación Nacional con funciones representativas, normativas y de apoyo técnico y metodológico para la ejecución del programa; un coordinador nacional; una Unidad Provincial de Ejecución a cargo de la ejecución del programa a nivel de cada provincia que firme el convenio de ejecución; y un coordinador provincial a cargo de la gerencia del programa en la provincia respectiva.

En este programa la participación de los beneficiarios se reserva a las acciones de las UPE, a las que se
encomienda, entre otras tareas, promover la formación
de mesas y foros de diálogo entre instituciones, productores y demás actores del sector privado (FIDA, 2008c).
    Para 2011 el PRODEAR llevaba ejecutados US$
5.182.082, con 3.725 beneficiarios distribuidos en diez
provincias: Chaco, Córdoba, Corrientes, Entre Ríos,
Mendoza, Misiones, Salta, San Juan, Santa Fe y Santiago
del Estero (UCAR, 2012a).
    El trabajo conjunto de la UCAR y las Unidades de
Ejecución Provinciales contribuyó a mejorar la dinámica y la calidad de ejecución; asimismo, se logró la
consolidación de la mayoría de los equipos provinciales
y la capacitación de los técnicos de campo. Las mejoras percibidas en su ejecución durante el año 2011
se reflejaron en un importante número de proyectos
de negocios aprobados por el comité de evaluación y
desembolsados por provincia: Chaco con 30 proyectos
aprobados y 12 proyectos en ejecución; Córdoba con 92
aprobados y 47 desembolsados; Corrientes con 40 aprobados y 34 desembolsados; Mendoza (incorporada en
2011) con 4 aprobados y 4 desembolsados; Misiones con
21 aprobados y 11 desembolsados, y San Juan (también
incorporado durante 2011) con 4 proyectos aprobados.
    El programa colaboró con la provincia de Salta en
su objetivo de promover la permanencia de pequeños
productores rurales a través del acceso efectivo a la
tierra y al logro de condiciones económicas adecuadas.
Contribuyó a la búsqueda de soluciones en conflictos
de ocupación territorial en los lotes fiscales 14 y 55 de
esa provincia, por medio de acciones dirigidas a la realización de acuerdos de partes, mensuras y titulación de

tierras, planificación de obras de infraestructura a ser financiadas por otros programas de la UCAR, y prestación de servicios de apoyo financiero y de asistencia técnica. En cuestiones de comercialización, el programa asistió al gobierno de la provincia del Chaco en el diseño, construcción y puesta en marcha de la Central Agroalimentaria de Resistencia, para el traslado del mercado mayorista de frutas y hortalizas y la incorporación de sectores de carne, pesca y flores, mejorando la participación de los pequeños horticultores chaqueños en la comercialización.

El PRODEAR también asesoró al Gobierno de la provincia de Corrientes en la modernización del Conglomerado Hortícola de Santa Lucía, y en el diseño de una central de cargas para la relocalización de galpones de empaque de tomate y pimiento, mejorando la logística y reduciendo las pérdidas de unos 800 pequeños productores locales que abastecen el mercado nacional (UCAR, 2012a).

Proyecto para la Conservación de la Biodiversidad en Paisajes productivos Forestales (FORESTALES) (2010-continúa)

Este proyecto cuenta con una donación del Global Environment Facility (GEF) por US$ 7 millones para ser destinada a zonas forestales de Mesopotamia, Patagonia Andina y Delta del Río de la Plata, con el objeto de promover la incorporación de políticas y prácticas forestales compatibles con la conservación de la biodiversidad de los bosques cultivados en la Argentina.

El proyecto plantea como ejes de su intervención: i) el desarrollo de capacidades en las instituciones forestales –nacionales, provinciales y locales– para la elaboración y la ejecución de políticas que integren y promuevan la conservación de la biodiversidad; ii) el desarrollo y la difusión de prácticas de manejo favorables al mantenimiento de la biodiversidad y el desarrollo de especies nativas; iii) apoyos económicos para la adopción de prácticas responsables de protección a la biodiversidad, programas de educación ambiental y diálogo sectorial. Para hacer posible el desarrollo de los ejes mencionados, el proyecto contempla financiamiento para viveros y bancos de semillas de especies nativas; integración de redes de semillas; asistencia técnica para productores pequeños y medianos en la articulación de sus explotaciones forestales con las actividades agrícolas y ganaderas con adopción de prácticas forestales responsables con la biodiversidad; capacitación de funcionarios, técnicos y profesionales en los temas de conservación y biodiversidad; y apoyo a la formulación de políticas con planes relacionados con estos temas.

A dos años de su inicio, el programa había ejecutado sólo el 5% de su presupuesto en actividades de fortalecimiento institucional a partir de capacitaciones, toma de datos a campo y ensayos genéticos y de laboratorio (UCAR, 2012a).

Programa para el Desarrollo Rural
Incluyente (PRODERI) (2011-continúa)

Éste es el programa con financiamiento FIDA más reciente y de mayor envergadura en cuanto a los recursos económicos aportados hasta 2014. Su informe de diseño se concluyó en mayo de 2011 y fue declarado efectivo en diciembre del mismo año. Su duración está prevista por 6 años y en su diseño contempla numerosas lecciones aprendidas de los programas que le antecedieron.

El monto total del proyecto asciende a US$ 142,2 millones, de los cuales US$ 57,9 millones corresponden a préstamos FIDA (US$ 50 millones del Fondo Español y US$ 7,9 millones de recursos FIDA), US$ 58,1 millones son aportados por el Gobierno argentino y alrededor de US$ 26 millones han sido estimados como aporte de los destinatarios (FIDA, 2011a; UCAR, 2012a).

El PRODERI se inscribe en un contexto donde el PROSAP se encontraba desarrollando actividades en todo el país con un financiamiento que supera los US$ 1.000 millones, con un enfoque que priorizaba las inversiones en infraestructura rural pero que también atiende proyectos de asistencia técnica, comercial y organizacional de pequeños productores, mientras que PSA y PROINDER habían concluido su actuación de apoyo a los estratos más pobres del medio rural, aunque se mantenían algunas acciones desde la Secretaría de Agricultura Familiar mientras se negociaba con el Banco Mundial un nuevo programa.

El INTA, por su parte, continuaba sus acciones en todo el país atendiendo diversos estratos de productores y población rural vulnerable a partir de cuatro programas (Programa Minifundio, PROFAM, Cambio Rural y PROHUERTA) reunidos bajo la coordinación general del área de extensión a través del Programa Federal de Apoyo al Desarrollo Rural Sustentable (PROFEDER).

Además, en el momento de su inicio, se encontraban vigentes tres proyectos con financiamiento FIDA: PRODERNOA (con término en 2012), PRODERPA (concluyó en 2013) y PRODEAR (con finalización en 2015), con ámbitos de cobertura limitados a algunas provincias.

A pesar de los diversos programas en vigencia, el diagnóstico elaborado para la fundamentación del PRODERI sostenía que una amplia franja de agricultores familiares no contaba con acceso a servicios de asistencia técnica debido a la relativamente baja cobertura de los servicios públicos y por la imposibilidad económica de pagar servicios privados (FIDA, 2011). La situación de estos agricultores familiares generaba ingresos que rondaban la línea de pobreza –aunque no podían ser considerados lo suficientemente pobres como para acceder a planes sociales–, o tenían un historial crediticio negativo –condicionado por la historia de las crisis económicas y financieras nacionales–, o no contaban con garantías reales para los bancos y, por lo tanto, no constituían una clientela de interés para el sistema financiero tradicional.

Las restricciones y las limitaciones en el acceso a los mercados y a recursos financieros fueron consideradas como factores críticos para la incorporación de la agricultura familiar en un proceso de desarrollo sostenible. El diagnóstico realizado sostiene que alrededor del 40% de los pequeños agricultores pobres (aproximadamente 80.000 personas) contaba con algún servicio de asistencia técnica, financiera y comercial (FIDA, 2011). El PRODERI consideró necesario ampliar esa cobertura siguiendo la recomendación realizada por la evaluación del programa FIDA en el país (FIDA 2010a), dirigida al fortalecimiento del sistema de apoyo técnico para la producción focalizado en la innovación, la diversificación y el acceso a los mercados y a las cadenas de valor.

El objetivo general del programa consiste en mejorar la calidad de vida y la inclusión social a partir del incremento de los ingresos de las familias rurales pobres, fortaleciendo a sus organizaciones y facilitando el aumento en la producción, la productividad, la inserción en cadenas de valor y la creación de oportunidades de trabajo, con equidad de género y conservando el medio ambiente.

Los objetivos específicos establecidos son: i) tecnificar, diversificar e incrementar la producción de la agricultura familiar (AF) y apoyar una inserción sostenible en los mercados y en las cadenas de valor; ii) generar oportunidades de alianzas entre los diferentes actores económicos que conforman las redes de mercados; iii) financiar en forma eficiente las inversiones y el capital de trabajo para incrementar la producción, la productividad y la generación de ingreso; iv) generar oportunidades para incrementar los ingresos y las oportunidades de empleo para mujeres, jóvenes y asalariados rurales; y v) fortalecer las organizaciones rurales.

A diferencia de otros programas FIDA, el PRODERI como el PRODEAR tienen cobertura nacional en las veintitrés provincias, aunque establece prioridad de sus acciones en determinadas provincias. En este caso, las provincias de las regiones del NOA y del centro del país, para luego incorporar progresivamente otras provincias que adhieran al programa. Las acciones del PRODERI se concentran, dentro de cada provincia, en espacios territoriales definidos y caracterizados por la presencia de altos índices de pobreza rural, a partir de la elaboración de los Planes Estratégicos de Desarrollo Territorial Provinciales (PDT) que establecen su identificación, selección, planificación, coordinación y ejecución.

La población objetivo del PRODERI está constituida por: i) familias con explotaciones agropecuarias de la AF clasificadas como pequeños productores (Obstchatko, 2006; 2009) con ingresos familiares netos anuales inferiores a una vez y media el salario mínimo vigente del peón rural fijado por ley; ii) familias pertenecientes a pueblos originarios asentados en el medio rural con NBI e ingresos inferiores a los limites definidos; iii) mujeres pertenecientes a los grupos anteriores; iv) jóvenes de ambos sexos pertenecientes a los grupos anteriores con o sin acceso a la tierra; v) asalariados rurales transitorios con o sin acceso a la tierra y con ingresos familiares inferiores a los limites definidos (FIDA, 2011: 10-11).

El programa propone establecer su relación con los beneficiarios por intermedio de grupos y de organizaciones de diferente naturaleza y grado de consolidación, que deben estar integradas al menos por un 70% de sus miembros con las características del grupo objetivo. La falta de personería jurídica previa no es un criterio excluyente. Las metas establecidas estiman que se atenderá con sus servicios en forma directa o indirecta a un total de aproximadamente 250.000 personas: 26.000 familias (130.000 personas) correspondientes a la AF que incluyen pequeños productores familiares semicapitalizados y pequeños productores familiares de subsistencia. El abordaje propone el acceso equitativo de varones y mujeres, y contempla que estas 26.000 familias tendrán como jefes de hogar 21.000 hombres, 3.000 mujeres y 2.000 jóvenes de ambos sexos. A ellos se sumarán 4.000 familias pertenecientes a comunidades de pueblos originarios (24.000 personas); 12.000 familias (60.000 personas) con indicadores de vulnerabilidad social –conformados por hogares cuyos jefes sean mujeres o jóvenes, o pobladores rurales asalariados transitorios–. Adicionalmente se estima que 8.000 familias (40.000 personas) recibirán beneficios del programa por su impacto indirecto en las comunidades y en las economías locales, y se apoyará el fortalecimiento de aproximadamente 150 organizaciones.

Tanto las mujeres como los jóvenes y los trabajadores transitorios son priorizados entre los beneficiarios del PRODERI, aunque recibirán los mismos servicios previstos para los productores agropecuarios de la agricultura familiar.

El programa implementa una serie de apoyos económicos por medio de herramientas, como la transferencia de recursos para inversión y para capital de trabajo. Entre ellos se destaca un financiamiento no reembolsable para capitalización destinada a inversiones productivas y una capitalización no reembolsable (fideicomiso, fondo rotatorio o similar) para organizaciones o instituciones vinculadas a planes de negocio o de desarrollo de la producción, y para el capital de trabajo de los productores. Los beneficiarios, grupos y organizaciones, son elegibles para recibir un único aporte de cada línea de este fondo con características de financiamiento no reembolsable.

El programa apunta a consolidar la capacidad de producción y de ingresos de la AF por intermedio de la dotación inicial no reembolsable de capital para las inversiones y la incorporación de tecnología que permita una inserción estable y rentable en los mercados, con el objeto de lograr en el mediano plazo –como demuestran los modelos de la propuesta productiva del programa– el acceso al crédito del sector formal o a las nuevas modalidades que se desarrollen en este periodo a través de las asociaciones.

A diferencia de programas anteriores, el PRODERI no cuenta con un componente de crédito como actividad propia, y sólo la línea para capital de trabajo opera de la forma antes descripta. El programa se propone apoyar al MAGyP para el desarrollo de un sistema de financiamiento rural. Las principales líneas que se propone explorar responden al desarrollo de alianzas de interés mutuo con organizaciones (cooperativas u organizaciones consolidadas o instituciones) vinculadas a los planes de negocio y a mercados estructurados. Con ello se busca reducir el riesgo financiero, dado que estas organizaciones son a su vez el actor comercial o agroindustrial y puede funcionar como "agentes de retención" de los pagos por los préstamos recibidos por los productores. Además, otras líneas de acción están enfocadas a reducir los riesgos de ingresos de los agricultores familiares por medio del financiamiento parcial de programas de seguros climáticos y el acceso a mercados seguros y previsibles como las compras públicas.

Los servicios de asistencia técnica, capacitación y fortalecimiento de las organizaciones están destinados a apoyar la inserción de pequeños AF con acceso a los mercados en cadenas de valor o a consolidarse en mercados dinámicos, a apoyar a pequeños AF con acceso esporádico a los mercados, y a participar de aquellos en forma permanente y aprovechando nuevas oportunidades.

Para las familias de las comunidades aborígenes el programa aplica y amplía la experiencia anterior del PRODENEA y del PRODERNOA, promoviendo dos modalidades de intervención que son iniciadas a partir de un autodiagnóstico y una autoevaluación: i) proyectos productivos comunitarios con capacitación; y ii) proyectos de infraestructura comunitaria con capacitación. A ello se agregan recursos para apoyo legal y técnico destinados a la solución de conflictos de tenencia de la tierra y reconocimiento de derechos.

Las acciones previstas en apoyo a los Trabajadores Transitorios (TT) agropecuarios plantean una ejecución exploratoria y escalonada buscando acumular experiencia sobre una problemática con pocos antecedentes en su abordaje.[21] El programa propone actividades flexibles que puedan desarrollarse en las zonas de origen de los TT y, en algunos casos, en el lugar de trabajo temporal donde desarrollan su actividad. Se propone la búsqueda de alianzas y la cooperación con el Ministerio de Trabajo y con otras instituciones que apoyan tradicionalmente a este sector con el objeto de acompañar algunas iniciativas, como seguros para las mujeres de los TT, asistencia legal para mejorar la inserción en el mercado de trabajo, capacitación y asistencia técnica para que los TT puedan ofrecer servicios integrados y especializados.

En cuanto a las organizaciones, existe una amplio abanico que incluye desde asociaciones o grupos, formales o no formales, muy incipientes, con niveles de organización débiles, organizaciones formales (cooperativas y otras) que poseen estatutos y reglamentos pero con debilidad en sus actividades, hasta organizaciones que tienen un alto grado de cohesión interna, personería jurídica, reglamentos y una activa inserción en los negocios. El programa implementa sus acciones por intermedio de las organizaciones y busca alianzas con aquellas más consolidadas, al involucrarlas directamente en la implementación de los planes de negocio, así como también dispone de recursos para el fortalecimiento de las más débiles con el objetivo de que puedan asumir una responsabilidad creciente en el apoyo de sus asociados.

El PRODERI ha desplegado una forma de intervención territorial progresiva: i) en su fase inicial la implementación prioriza las provincias del NOA –Catamarca,

---

[21]   No obstante, el PROINDER con financiamiento del BM ha tenido una extensa trayectoria atendiendo a esta población.

La Rioja, Tucumán– en las cuales se encontraba en etapa de cierre el PRODERNOA, así como Jujuy y Salta que manifestaron su interés en incorporarse al programa, para luego sumar a las provincias de la región Centro; ii) los acuerdos de implementación se perfeccionan por medio de acuerdos MAGyP/UCAR-provincia, que requieren la elaboración de un Plan Estratégico de Desarrollo Territorial Provincial (PDT); iii) los PDT permiten determinar el ámbito territorial y las directrices estratégicas y sectoriales dentro de las cuales se puede desarrollar un proceso de consulta local con los beneficiarios y sus organizaciones. El programa, en la definición de los PDT y en el registro de la demanda, asegura que aquellos sectores de la población rural más pobres, vulnerables y excluidos puedan ser beneficiados por actividades diseñadas específicamente para favorecer su inclusión.

Un sistema de Monitoreo del Programa está previsto para realizar una supervisión permanente de la focalización social del mismo, así como también está revista una supervisión directa y constante del FIDA. Además, está prevista la realización de dos estudios de impacto para evaluar el desempeño del programa en relación con la población meta, la equidad de género y la focalización de pobreza.

Los indicadores de impacto propuestos por el PRODERI son los siguientes: i) el 80% de las 26.000 familias rurales con planes de negocio incrementan sus ingresos en al menos 30% en comparación a la línea de base; ii) se generan 15.000 nuevos empleos a tiempo completo o parcial al final del programa; iii) al menos 80% de los planes de negocio incorporan una acción de mitigación de impacto ambiental (efluentes, manejo de residuos o plaguicidas, etc.) o conservación de recursos (suelo, monte, agua); iv) al menos el 50% de las familias de pueblos originarios y de la población vulnerable mejoran en 25% su seguridad alimentaria al final del programa respecto a la línea base, v) al menos 80% de las comunidades pueblos originarios mejoran sus activos disponibles en la comunidad en relación con la línea base.

El programa se implementa sobre tres componentes principales: a) generación de ingresos, producción, competitividad y acceso a mercados; b) consolidación de capacidades, transferencia de tecnología, asistencia técnica productiva y fortalecimiento de capital humano y social; y c) gestión, coordinación y administración del programa, y seguimiento, gestión y evaluación.

Los dos primeros componentes cuentan con sus respectivos fondos de financiamiento para las actividades programadas. El PRODERI contempla acciones transversales en equidad de género y manejo ambiental así como medidas para la minimización de los riesgos por el cambio climático. Cada componente contempla acciones específicas para la inclusión de los segmentos más pobres de la población objetivo. El financiamiento no reembolsable para las actividades requiere de fondos de contrapartida por parte de los beneficiarios que, en el caso las actividades para mujeres, jóvenes y poblaciones aborígenes ronda el 10%, y para el resto de las actividades y sujetos entre el 20 y el 30% de los costos.

  a) El componente "generación de ingresos, producción, competitividad, acceso a mercados" financia: i) actividades de preinversión; ii) inversión física productiva y capital de trabajo; iii) infraestructura productiva y social para población vulnerable (incluyendo pueblos originarios); iv) manejo de recursos naturales y medio ambiente. El componente incluye, además, actividades para la difusión del programa y mecanismos de generación de la demanda, apoyo para el acceso a mercados y cadenas de valor, el desarrollo de alianzas, y un fondo productivo y de inversiones.

b) El componente "consolidación de capacidades, transferencia de tecnología, asistencia técnica productiva y fortalecimiento de capital humano y social" se propone fortalecer las capacidades productivas y empresariales/comerciales de las organizaciones y de los beneficiaros. A través de este componente se financian: i) los costos de la asistencia técnica productiva para la diversificación y competitividad vinculada con los planes de negocios por intermedio del Fondo para Tecnología y Competitividad; y ii) la capacitación para el fortalecimiento de las organizaciones y de los pueblos originarios, jóvenes, mujeres y asalariados rurales, así como del personal técnico del programa.

Esta estrategia es complementada por un proceso de fortalecimiento de las capacidades institucionales de las organizaciones rurales que apoyan a sus asociados en la inserción en los mercados y en el acceso a servicios.

Las organizaciones no devuelven los recursos al programa, salvo incumplimiento del convenio. De acuerdo con las líneas de políticas del MAGyP y de la UCAR, las organizaciones transfieren los recursos no reembolsables recibidos por única vez a los beneficiarios, bajo la modalidad de recursos reembolsables, replicando antecedentes de mecanismos exitosos de algunos proyectos anteriores del FIDA en el país: fideicomiso, fondo rotatorio en las organizaciones, formación de garantía colateral para lograr apalancar otros recursos financieros. Los beneficiarios devuelven los recursos a la misma organización que tiene la responsabilidad de mantener activo un fondo rotatorio para volver a prestar esos recursos. Por lo general, estas organizaciones tienen la posibilidad de cobrar directamente los créditos otorgados a sus asociados dada su condición de agentes comerciales o agroindustriales donde aquellos comercializan o transforman su producción.

Se han identificado productos de la AF que pueden insertarse en cadenas comerciales estructuradas, como la producción de carne vacuna y porcina, de leche, de vegetales y de frutas así como el sector caprino y ovino, y el programa ha diseñado una serie de modelos productivos adecuados a diferentes condiciones agroecológicas que podrían desarrollarse como estrategia de los productores.

Los planes para mujeres, jóvenes, pueblos originarios y trabajadores temporarios están orientados a la generación de ingresos monetarios (artesanía, microempresa, servicios, actividades generadas por las acciones de capacitación, etc.). Los planes tienen alcances, dimensiones y contenidos diferentes en materia de producción, de transformación, de asistencia técnica, de microempresas, de infraestructura socioeconómicas, o la combinación de algunos o de todos esos elementos.

La estructura organizativa y de administración está integrada por: i) la Unidad para el Cambio Rural (UCAR), responsable de la implementación y la coordinación nacional del proyecto y de la articulación del PRODERI con el resto de los programas con financiamiento internacional en vigencia; ii) el Comité Nacional de Orientación del Programa; iii) el Comité de Aprobación Provincial de los PDT y de los Planes de Inversión Territorial que tiene las características de una comisión mixta conformada con la participación del sector público provincial, UCAR, representantes de las organizaciones de productores, representantes del los actores comerciales y agroindustriales –cooperativas o empresas– vinculados a las cadenas.

El INTA, principal proveedor público de investigación y asistencia técnica al sector, las organizaciones económicas de productores y las organizaciones sociales son considerados en el PRODERI como actores clave en la implementación del programa en los territorios y constituyen sus socios estratégicos.

La preparación de los planes o proyectos se encuentra a cargo de los beneficiarios con el apoyo y la colaboración técnica y financiera del programa. Las propuestas se consolidan en un Plan de Inversión y Desarrollo Territorial en cada provincia.

Las modalidades de prestación de los servicios se definen a través de los acuerdos de ejecución entre cada provincia y el MAGyP-UCAR y se incorporan en los PDT. Los servicios pueden brindarse a partir de las agencias y estructuras provinciales o por convenios con instituciones públicas como el INTA, instituciones especializadas en los territorios, ONG, empresas de servicios, especialistas y extensionistas individuales o por medio de acuerdos con las empresas ordenadoras de la cadena. La contratación de los servicios puede ser realizada por la UCAR, la provincia u otro ente local, una vez realizada la selección de los prestadores con participación de las organizaciones. Éstas también participan de la evaluación de los servicios, conjuntamente con el sistema de seguimiento y evaluación del programa.

Programa de Desarrollo Rural y Agricultura Familiar (PRODAF) (2012-continúa)

Este programa, como el PROVIAR, cuenta con un financiamiento del Gobierno nacional y del BID, en este caso por un monto total de US$ 41 millones. El PRODAF se encuentra a cargo de la UCAR, su duración está prevista hasta julio de 2017 y su ámbito de acción se circunscribe a las provincias de Chaco y Entre Ríos

El objetivo de este programa consiste en contribuir al incremento del ingreso de los productores pequeños y medianos a partir de una mayor productividad de sus establecimientos y de una mejora en la inserción en las cadenas de valor en las que se encuentran insertos. Para la implementación del programa, se preseleccionaron las cadenas algodonera y de producción bovina de cría en Chaco, y las cadenas citrícola y de producción láctea en Entre Ríos.

Dentro de estas cadenas, sus destinatarios son productores con establecimientos agropecuarios de hasta 1.000 ha de superficie total, hasta 500 ha en producción y/o entre 100 y 500 unidades ganaderas, y que cuenten con no más de dos trabajadores permanentes remunerados.

Los problemas que enfrentan estos productores son identificados con la baja adopción de tecnología, la falta de información disponible, el bajo nivel de escala y asociativismo, y el limitado acceso a recursos financieros.

La estrategia de intervención del programa para resolver estos problemas contempla apoyo financiero para la elaboración e implementación de planes de negocios, capacitación y asistencia técnica a partir de la intervención de los técnicos del INTA, fomento del asociativismo, facilitación del acceso al crédito bancario y promoción de la adopción de tecnologías ambientalmente adecuadas.

Programa para Incrementar la Competitividad del Sector Azucarero del NOA (PROICSA) (2012-continúa)

Este programa cuenta con un presupuesto de US$ 140 millones de dólares integrado por aportes del Gobierno nacional (US$ 10 millones), del sector privado (estimado en US$ 30 millones) y un préstamo de la Corporación Andina de Fomento-Banco de Desarrollo de América Latina (US$ 100 millones). El PROICSA se lleva a cabo a través de la UCAR y su finalización está prevista para el año 2015. El ámbito de acción se concentra en el sector azucarero radicado en las provincias del noroeste argentino (Tucumán, Salta y Jujuy).

El PROICSA tiene por objetivo promover la competitividad de la industria azucarera a través de una estrategia de transformación y de diversificación productiva a partir de incentivos para la producción de bioetanol, en un marco de sostenibilidad ambiental y social, y de apoyo a los pequeños productores de caña de azúcar.

El programa financia, con contraparte privada de los ingenios, la instalación o la ampliación de destilerías para la producción de bioetanol, el tratamiento de efluentes y otras gestiones ambientales, así como mejoras en los procesos de molienda y fabricación de azúcar.

Los pequeños productores rurales de hasta 50 ha son apoyados con aportes no reembolsables para el fortalecimiento de su estructura productiva, comercial y de organización asociativa a través de asistencia técnica y financiera.

4. Principales similitudes y diferencias de los programas de desarrollo rural

Una comparación transversal de los programas de desarrollo rural en estas tres décadas permite establecer ciertas tendencias, continuidades y rupturas en la política de desarrollo rural en la Argentina en ese periodo temporal.

Los programas varían en sus objetivos. Algunos ponen más énfasis en la competitividad y la vinculación de los productores al mercado y a la capitalización mientras que otros priorizan el mejoramiento de las condiciones de vida de los beneficiarios, en particular de los más pobres o vulnerables. Con pocas variantes, se caracterizan por la oferta de un menú cerrado de incentivos centrados en asistencia técnica, capacitación y financiamiento tanto para actividades productivas como para organización, preferentemente de carácter grupal, sobre los cuales opera la demanda de la población objetivo.

Por una parte podemos diferenciar aquellos programas que focalizan específicamente en los pequeños productores familiares, como son el PNEA, el PSA, el PROFAM, el Programa Minifundio y Ley Caprina.

Por otra se encuentran aquellos, como PROINDER, PRODERNEA, PRODERNOA, PRODERPA, y PRODEAR, en los que la población objetivo se define explícitamente como "pobre" y se caracteriza a partir del indicador de NBI o de un nivel de ingreso anual relacionado con el definido para determinar la línea de pobreza.

Otros programas –Minifundio, PSA, Profam, PRAT, PRODERI– se dirigen a población rural en situación de vulnerabilidad, exclusión o precariedad sin definirla

explícitamente como pobre ni utilizando indicadores
o métodos de medición de pobreza.

Aquellos programas que tienen una definición más
amplia de la población objetivo, que incluye pero trasciende el universo de los pequeños productores familiares, son Cambio Rural, PROHUERTA, PRAT, PROSAP,
PAPyMPP, Ley Ovina, PRODAF. Finalmente, aquellos
que incluyen algún componente o acción diferenciada
para los pequeños productores en el marco de acciones
más amplias son Proyecto Forestal de Desarrollo (componente CAPPCA), Ley de Inversiones para Bosques
Cultivados, Cambio Rural, PROVIAR y Ley Caprina,
PROICSA, FORESTAL.

El programa PROHUERTA, a cargo del INTA y co-
financiado con el Ministerio de Desarrollo Social de la
Nación, está dirigido a población en condición de pobreza (NBI o LP), con problemas de acceso a la alimentación, residente tanto en áreas rurales como urbanas,
e incluye desempleados, subocupados, minifundistas,
asalariados rurales, comunidades aborígenes, familias
pauperizadas y población vulnerable en términos de
seguridad alimentaria. Surgido como un programa de
asistencia a población en situación de indigencia y pobreza, y no de desarrollo rural, ha escalado en algunas
experiencias de desarrollo rural y urbano que trascienden
la seguridad alimentaria y avanza en la comercialización
de excedentes para la generación de ingresos.

Las referencias a la población rural económica,
social y culturalmente vulnerable (población incluida,
pero que no se agota en los pequeños productores rurales) es una impronta característica de los programas
financiados por FIDA y por el Banco Mundial: mujeres
y jóvenes rurales, población aborigen y trabajadores

transitorios integran en forma más o menos explícita o progresivamente las prioridades mencionadas entre la población objetivo de sus diferentes programas (PNEA, PRODERNEA, PRODERNOA, PROINDER, PRODERPA, PRODEAR y PRODERI).[22]

También en los programas financiados por FIDA se han incorporado progresivamente las cuestiones atinentes al ambiente y los recursos naturales, y las prevenciones y adaptaciones en función del proceso de cambio climático. Estos temas expresados en los primeros programas como recomendaciones relacionadas al uso de plaguicidas (PNEA, PRODERNEA, PRODERNOA) se han profundizado y explicitado en los objetivos de los programas de última generación (PRODERPA, PRODEAR, PRODERI). En este caso, como en el punto anterior, el mayor énfasis en las cuestiones ambientales y su atención prioritaria forman parte de los programas más recientes en ejecución (FORESTAL).

Los programas de desarrollo rural en la Argentina han sido administrados por diferentes agencias estatales en la ex SAGPyA (actual Ministerio) y el INTA. Los primeros, además de capacitación y asistencia técnica, han contado habitualmente con un instrumento financiero de apoyo –crédito o subsidio no retornable–, mientras que los programas del INTA han tenido que complementarse con aquéllos para acceder a financiamiento o bien conformarse con facilitar las condiciones para el acceso al crédito en el mercado.

---

[22]   Como sostiene Schiavoni (2010) la categoría de "agricultura familiar" es una categoría en permanente construcción, en la que la definición del sujeto es ambigua ya que resulta de un compromiso transitorio entre actores diferenciales.

También existen diferencias en sus diseños institucionales y en sus estrategias de intervención: grado de descentralización, rol de los Gobiernos provinciales, participación de los beneficiarios y organizaciones de apoyo.

Si bien en todos los casos los Gobiernos provinciales han tenido algún grado de participación, son los programas con financiamiento FIDA (PRODERNEA, PRODERNOA, PRODERPA, PRODEAR, PRODERI) los que expresan un mayor compromiso y una efectiva participación con estrategias de intervención descentralizada a través de las estructuras provinciales, muchas de las cuales han contribuido a construir y financiar.

A pesar de las dificultades surgidas en las primeras experiencias en relación con la participación de las provincias, las reorientaciones de los programas (PRODERNEA, PRODERNOA, PRODERPA) y los programas de nueva generación (PRODEAR y PRODERI) han reforzado el rol protagónico que tienen las provincias en el diseño y en su ejecución, y han avanzado sobre la atención y presencia de las organizaciones de los destinatarios rurales en sus diseños.

La asistencia técnica y la capacitación aparecen como el común denominador de todos los programas, y en su mayoría también promueven aspectos socioorganizativos. Entre sus estrategias se destacan el reconocimiento de las experiencias previas y de los esfuerzos hechos por la articulación de los recursos humanos e institucionales públicos y privados con diferentes resultados, así como una preferencia por una metodología grupal para la asistencia, la capacitación y el financiamiento de los proyectos. En lo operativo, la mayoría de estos programas (con excepción del CAPPCA y el PRAT) estima que sus actividades promueven estrategias grupales y organizativas para mejorar los ingresos familiares de los beneficiarios o su seguridad alimentaria, como paso previo hacia un proceso que apunte a la asociación "horizontal" entre beneficiarios (Torres, 2002: 18). Una asociación horizontal que pareciera haber sido más exitosa en sus aspectos sociales y reivindicativos –como lo ejemplifica el Foro de la Agricultura Familiar– y también productivos –como lo reflejan los avances en la productividad y diversificación hacia el interior de las fincas y las mejoras en la seguridad alimentaria–, que en el plano económico de agregado de valor y articulación a mercados dinámicos.

Algunos programas han considerado al financiamiento como eje central de su accionar (PNEA), mientras que otros lo han concebido como complemento indispensable a las acciones de asistencia técnica y capacitación, ya sea a través del crédito –PSA, PROSAP, PRODERNEA, PRODERNOA– o adicionando subsidios o fondos no reintegrables –CAPPCA, PROINDER, PRAT, Ley Ovina, Ley Caprina, y especialmente los proyectos FIDA de última generación: PRODEAR y PRODERI–.

En este componente se observa una evolución acorde a los contextos políticos y económicos de la Argentina donde el crédito fue desplazado progresivamente en su importancia por los aportes no retornables o los subsidios para la población objetivo de los programas de desarrollo, del mismo modo que se contemplan con mayor flexibilidad los aportes de contraparte que deben realizar los beneficiarios para acceder a los servicios de los programas atendiendo con una consideración más lógica a situaciones que se caracterizan por su situación de pobreza y vulnerabilidad.

Si bien la mayoría de los programas han utilizado la constitución de grupos y asociaciones de productores como una estrategia de intervención para hacer llegar los servicios de los programas o para tratar de garantizar la devolución de los créditos, aquellos de nueva generación han reconocido la importancia de consolidar las organizaciones de la agricultura familiar como un objetivo de su intervención, porque de su continuidad y eficacia dependerá en buena medida la sostenibilidad de los beneficios que han aportado los programas una vez terminada su intervención. El PRODERPA, en particular a partir de su reorientación, el PROINDER en su última época y especialmente PRODEAR y PRODERI plantean esta perspectiva, y los últimos asumen una estrategia de intervención descentralizada que, a través de las provincias, permita llegar a las asociaciones con recursos no renovables para constituirlas en agentes de desarrollo en los territorios. Un antecedente relativo de esta filosofía de intervención pueden ser los programas que en la segunda mitad de la década de 1990 implementó el BID a partir del Fondo Multilateral de Inversiones (FOMIN) con asociaciones empresarias de distintos sectores (industria, comercio, agro) sin intervención estatal alguna. En el ámbito rural, el programa FORTALECER de BID y Federación Agraria Argentina (1997-2001), que brindó información, capacitación y asistencia técnica –pero no financiamiento– a pequeños y medianos productores rurales de tres regiones del país, fue representativo de esta modalidad.

Considerando a las regiones del NEA y del NOA por una parte, y a la región Centro por otra, como regiones con mayor y menor incidencia de la pobreza rural, el destino asignado a las inversiones de los programas rurales de alcance nacional indicaría que entre ellos ha existido un cierto grado de complementariedad: Cambio Rural invertía el 57% de sus recursos en la región central; el PSA, PROINDER y Minifundio, en cambio, destinaban entre el 69% y el 78% de sus recursos a las regiones del norte del país (Torres, 2002:21), a los que se sumaba el 100% de los recursos de PRAT, PRODERNOA, PRODERNEA, PROICSA; mientras que Patagonia más tardíamente obtuvo una atención a través de PRODERPA y la Ley Ovina, que destina la mayor parte de sus recursos en las provincias de esta región (también al centro-norte del país). Por su parte el PROVIAR concentra su acción en la región vitivinícola de Cuyo.

En los últimos años se observa, en los programas con financiamiento FIDA, una transición de lo regional a una cobertura nacional, atendiendo a la población objetivo allí donde sus necesidades están presentes – como en su momento lo fueron PSA y PROINDER–. Los más recientes programas de FIDA como el PRODEAR y PRODERI tienden a expandir su capacidad de intervención al conjunto del territorio nacional aunque con focalizaciones prioritarias e incorporaciones progresivas de las provincias y microrregiones, dando continuidad en la preferencia a las que atendían PRODERNEA y PRODERNOA respectivamente.

Hacia fines de 2014 se encontraban en negociaciones con diferentes fuentes internacionales la continuidad de algunos programas y la puesta en marcha de nuevas iniciativas.[23] En esta situación se encontraban con fondos BIRF, las etapas III y IV del PROSAP para infraestructura

---

[23]   Presentación realizada por UCAR en la *I Jornada Regional UCAR 2014, Políticas Públicas. Impactos en el Territorio,* 24 de setiembre de 2014, Neuquén.

rural (caminos, electrificación y riego); un megaproyecto de financiamiento con fondos de Arabia Saudita para riego; un proyecto con la Corporación Andina de Fomento para riego por 80 millones de dólares. A ellos se sumaba un Proyecto para Desarrollo Pesquero con fondos BID por 55 millones de dólares; otro para el Desarrollo Agropecuario de las Provincias fronterizas de la Cuenca del Plata, y un nuevo proyecto FIDA con un renovado enfoque de cadenas de valor denominado "Programa de Inserción Económica de los Productores Familiares del Norte", además del PISEAR con fondos BIRF ya mencionado como la continuidad del finalizado PROINDER.

CAPÍTULO III: LA GOBERNANZA DEL DESARROLLO RURAL

En el diseño, la administración y la ejecución de las políticas de desarrollo rural intervienen numerosos actores públicos y privados, con diferente información, capacidad de movilización de recursos y poder en el proceso de toma de decisiones.

Como se ha mencionado en la introducción, la elección de quienes participan del proceso, los niveles o momentos en que participan y el modo en que lo hacen forman parte de lo que actualmente se denomina la "gobernanza" de las políticas públicas (PIADAL, 2013: 23). En este sentido, se tomará una percepción amplia de este término que no agota sus múltiples tratamientos en la literatura específica.[24]

Las estructuras de gobernanza son consideradas una construcción social susceptible de ser diseñada y orientada para dar legitimidad y viabilidad a las políticas, en la que los Gobiernos se comprometen a realizar esfuerzos sistemáticos para exponer procesos y resultados a la sociedad con transparencia y rendición de cuentas (PIADAL, 2013). En este sentido, la relevancia de incorporar estas estructuras en los modelos de gestión de políticas proviene de la legitimidad social que le otorgan a las acciones.

Las experiencias llevadas adelante durante la década de 1990 que podrían vincularse con estructuras de gobernanza no tuvieron demasiada incidencia en

---

[24] Véase especialmente el trabajo de Aguilar Villanueva (2006).

los procesos de elaboración de políticas. Aun cuando el discurso fomentaba una dinámica participativa de los diversos actores en el diseño de los programas de desarrollo o sentaba sus bases de intervención en la demanda, los aspectos gubernamentales estaban en retroceso y los marcos institucionales para la aplicación de estructuras de gobernanza eran prácticamente nulos.

Los cambiantes contextos políticos y económicos de la Argentina de los últimos treinta años no fueron favorables para la construcción de las condiciones de participación y diálogo sobre políticas y desarrollo. En las pocas coyunturas en que esas condiciones pudieron darse, el desarrollo rural no tuvo un lugar en la agenda hasta la segunda mitad de la década de 2000 por las urgencias de las crisis económicas y políticas que se sucedieron o porque las concepciones dominantes consideraban a las políticas de desarrollo rural sólo un instrumento asistencial en el rol subsidiario reservado al Estado para garantizar la consolidación de las nuevas reglas de juego.

A fines de la década de 1990 se iniciaron las primeras acciones en la búsqueda de una política y estrategia coordinada de desarrollo rural; estas acciones maduraron parcialmente con la constitución del Ministerio de Agricultura en 2009 al reducir la dispersión de programas relativamente independientes pero sin alcanzar una unidad en la definición y coordinación de la política de desarrollo rural, como lo demuestra la continuidad de tres agencias con relativa autonomía en la visión y las estrategias de intervención en el territorio (UCAR, INTA y actual Secretaría de Agricultura Familiar).

La participación y el diálogo político en torno al desarrollo rural contempla al menos cuatro niveles o planos de interacciones que podemos denominar: 1) supranacional, en el que participan el Gobierno nacional y los organismos internacionales de financiamiento; 2) nacional, con interacción de agencias o unidades nacionales responsables de los programas (relación a nivel horizontal entre agencias y programas); 3) provincial, con participación del Gobierno nacional y de gobiernos provinciales (relación vertical: nación, provincia, municipios); y 4) territorial, en el que participan las unidades ejecutoras de los programas, organizaciones públicas y privadas diversas, y destinatarios/beneficiarios organizados.

Los actores y los procesos generados a partir de sus interacciones no siempre surgen de instancias de planificación previa y pueden confluir en determinadas coyunturas históricas con cierto grado de arbitrariedad, aunque sus posibilidades de expresión y maduración se encuentran condicionadas por la mayor o menor predisposición que el Gobierno nacional de turno imprima a la toma de posición del Estado, así como por un escenario de cierta estabilidad y crecimiento económico que permita salir de la urgencia de la coyuntura permanente.

A continuación, el contenido de las primeras cuatro secciones proponen la identificación de los principales actores y su interacción en cada uno de los planos de diálogo y participación mencionados, para luego en el punto cinco exponer la evaluación de técnicos de campo y beneficiarios sobre la gestión y los resultados de los programas y, finalmente, realizar algunos comentarios sobre la siempre buscada y rara vez alcanzada sostenibilidad de los procesos de desarrollo una vez concluida la intervención de los programas.

1. El Gobierno nacional y los organismos de financiamiento del desarrollo

El Ministerio de Agricultura, Ganadería y Pesca de la Nación (y anteriormente la Secretaría de Agricultura, Ganadería, Pesca y Alimentación de la Nación), en su función de rectoría, determina las políticas fundamentales sobre las que se diseñan y elaboran los programas y proyectos con financiamiento externo.

No obstante, la aceptación de los acuerdos de financiamiento internacional requiere de la participación y aprobación de la Jefatura de Gabinete de Ministros (en particular de su Dirección Nacional de Programas y Proyectos con Financiamiento Externo), en cuanto que reguladora de la administración pública nacional y encargada de llevar a cabo el Plan Nacional de Modernización del Estado, y también la aprobación del Ministerio de Economía y Finanzas Públicas (especialmente su Dirección Nacional de Proyectos con Organismos Internacionales de Crédito), institución encargada de administrar los recursos financieros del país y de firmar los acuerdos de préstamo con los organismos financiadores en representación del Gobierno argentino.

El rol del Ministerio de Agricultura, Ganadería y Pesca está orientado a: i) garantizar que los programas y proyectos con financiamiento externo se encuadren en las políticas públicas para el sector; ii) propiciar que otros ministerios y los Gobiernos provinciales participen activamente en acciones comunes e integrales de los programas y proyectos; iii) facilitar a los organismos internacionales y al Ministerio de Economía una gestión flexible y dinámica de todo trámite que involucre la administración de convenios de préstamo.

De las secretarías y subsecretarías pertenecientes al Ministerio que mayor vinculación tienen con los programas de desarrollo se destaca la Subsecretaría de Coordinación Técnica y Administrativa, que establece la formulación y la programación de la ejecución presupuestaria y las modificaciones que se proyecten durante el ejercicio financiero.

En la etapa de prevalencia del Consenso de Washington, la SAGPyA delegaba en los responsables de los programas, con el apoyo en algunos casos de una Unidad Técnica de Preparación del Programa integrada por personal de la Dirección de Desarrollo Agropecuario y consultores contratados *ad hoc,* las negociaciones de los diseños de los programas con financiamiento internacional.[25]

Con la constitución del ministerio se decidió crear en diciembre de 2009 la Unidad para el Cambio Rural (UCAR) bajo la dependencia directa de la unidad ministro, reuniendo los programas de desarrollo con financiamiento externo que hasta ese momento tenían relativa autonomía. No obstante, continuaron manteniendo cierta independencia otros programas bajo la SSAF como también aquellos ejecutados por el INTA.

Entre sus actividades se encuentra la de coordinar acciones con secretarías, subsecretarías y organismos dependientes del ministerio y de otros ministerios en la ejecución de los programas a su cargo, como con la Subsecretaría de Agricultura Familiar y Desarrollo Rural

---

[25] Véanse por ejemplo los participantes en la negociación del PRO-INDER realizada a mediados de la década de 1990, descripta por Román y Soverna (2004: 53).

en PRODEAR y PRODERPA, la Secretaría de Ambiente y Desarrollo Sostenible, dependiente de la Jefatura de Gabinete de Ministros, o el INTA dependiente de este mismo ministerio.

Los organismos financieros internacionales son las entidades financiadoras de los programas y proyectos a partir de acuerdos de préstamo o de convenios que realizan con el Gobierno de Argentina. Estos acuerdos establecen las normas y las regulaciones para la implementación de los programas y proyectos, entre los que se destacan por su magnitud y tiempo los realizados con el Banco Interamericano de Desarrollo (BID), el Banco Mundial (BM-BIRF), el Banco de Desarrollo de América Latina de la Corporación Andina de Fomento (CAF) y el Fondo Internacional para el Desarrollo Agrícola (FIDA).

El rol principal de estas entidades ha sido el de financiar e intervenir durante todo el ciclo de proyectos desde su aprobación hasta la supervisión de su ejecución, con el objeto de garantizar que durante la duración del convenio los recursos financieros se desembolsen de acuerdo con lo planificado en el plan de implementación y se utilicen bajo las reglas y condiciones acordadas.

El Banco Interamericano de Desarrollo (BID): desempeñó sus funciones llevando a cabo las misiones previstas con regularidad y produciendo informes. La experiencia de cofinanciación con el BID en el PNEA originó un cambio en el diseño original del proyecto. La SAGPyA diseñó el proyecto PNEA con la colaboración del FIDA en 1984. Con posterioridad, se solicitó cofinanciación del BID. Como parte del proceso de cofinanciación, el BID elaboró un nuevo documento en 1988, en base al cual el BID, el FIDA y el Gobierno de la Argentina firmaron los contratos de préstamo. El diseño original del proyecto, además del componente de crédito, tenía componentes para mejorar la organización de los pequeños productores rurales e incluía el tema de la mujer rural como un componente específico. No obstante, el nuevo proyecto quedó transformado simplemente en un proyecto de crédito con asistencia técnica.

La cofinanciación afectó la implementación de PNEA en dos aspectos importantes: a) la existencia de dos documentos de diseño diferentes; y b) la necesidad de cumplir con rígidas metas preestablecidas de colocación de crédito. En efecto, aunque el documento de diseño del proyecto preparado por el BID era el diseño formal por el cual se regía el contrato de préstamo, los técnicos del programa tendieron a seguir las pautas del diseño original, en el cual ellos habían participado creando confusiones en la implementación. Por otra parte, las estrictas metas de colocación de crédito establecidas generaron una intensa presión para alcanzarlas llevando a un análisis poco riguroso de los antecedentes y de la capacidad de pago de los beneficiarios. Esto condujo a resultados negativos en relación con el elevado nivel de mora resultante y al retiro del BID del proyecto antes de su culminación.

A pesar de la fallida experiencia previa, el PRODERNEA incluyó una cofinanciación del BID (US$ 8,3 millones) en su diseño original, que no llegó a materializarse debido a la solicitud del Gobierno argentino de un nuevo destino para esos fondos. El BID optó posteriormente, en la década de 1990, por emprender programas de desarrollo con fondos FOMIN articulándose directamente con asociaciones gremiales empresarias del comercio, la industria y el agro (por ejemplo el programa Fortalecer con Federación Agraria Argentina) y prescindiendo de la vinculación con el Estado, relación que fue retomada en la etapa del pos-Consenso de Washington con el financiamiento en 2009 del Programa de Integración de Pequeños Productores Vitivinícolas (PROVIAR).

Corporación Andina de Fomento (CAF): supervisó todos los proyectos financiados por el FIDA en la Argentina hasta 2008, con excepción del PNEA. El desempeño de la CAF fue en general adecuado en los aspectos de administración del préstamo pero con deficiencias en cuanto a los temas relacionados con la supervisión técnica de la ejecución, lo cual derivó más tarde en su reemplazo por parte de FIDA (FIDA, 2010a). Posteriormente la CAF ha celebrado acuerdos relevantes con el Gobierno nacional para financiar programas, como el Programa para Incrementar la Competitividad del Sector Azucarero del NOA (PROICSA), con 100 millones de dólares a partir de 2012.

Banco Mundial (BM): participó en el financiamiento del PROINDER entre 1998 y 2011 con el objeto de generar las condiciones de acceso de pequeños productores a las nuevas condiciones que imponía la reestructuración de la economía en general y del sector agropecuario en particular. En su momento fue la mayor inversión externa en programas de desarrollo rural en la Argentina, con una inversión por parte del Banco Internacional de Reconstrucción y Fomento (BIRF) de US$ 119,8 millones equivalente al 86% del costo total del programa. Se asoció con la ex SAGPyA (actual Ministerio) y contribuyó a concretar los acuerdos de cooperación para el desarrollo rural con las numerosas provincias participantes. También trabajó en conjunto con el Foro Nacional de Agricultura Familiar (FoNAF) para facilitar la formación de asociaciones y el intercambio mutuo entre el ministerio, las autoridades nacionales y provinciales, y las organizaciones de pequeños agricultores. Asimismo el aporte del BID tuvo reasignación de fondos para atender la necesidad coyuntural del Programa de Emergencia por Inundaciones, el cual contó también con apoyo del Banco Mundial.

La continuidad del BM en el financiamiento de nuevos programas de desarrollo rural ha sido materializada en la continuidad de distintas etapas del PROSAP (actualmente se negocia la tercera y cuarta etapa) y en proyectos forestales de manejo sustentable de recursos naturales (Proyecto Forestal BIRF), mientras que la continuidad de los programas de desarrollo rural en la línea del PROINDER se encuentra en negociaciones desde 2011 pero sin haber logrado su aprobación hasta fines de 2014, como es el caso del Proyecto de Inclusión Socioeconómica en las Áreas Rurales (PISEAR, www.ucar.gob.ar, consultado el 24.07.14).

FIDA: es considerado por el Gobierno argentino como un aliado importante en la promoción y el fortalecimiento de la agricultura familiar después de su apoyo continuado al país por tres décadas, apoyo que se ha visto intensificado en acciones y recursos durante los últimos años.

El FIDA inició sus actividades en el país en 1983 aunque su primer proyecto –PNEA– se inició a fines de esa década. De los seis proyectos ejecutados por FIDA, los cuatro primeros proyectos en orden cronológico han sido calificados en su momento como proyectos problemáticos y han requerido misiones de reorientación.

Además, el programa FIDA en la Argentina incluyó durante este periodo una donación específica de US$

778.000 para diseñar la estrategia de desarrollo rural de la Argentina. El país participó, además, de seis donaciones regionales vinculadas con el Mercado Común del Sur (MERCOSUR) por un total de US$ 11,2 millones, entre las cuales se destacan las correspondientes a la creación de REAF y los programas regionales de género y de jóvenes. También participó de quince donaciones de carácter regional relacionadas con gestión del conocimiento y evaluación en América del Sur (FIDA, 2010a).

Su gestión en el país ha sido destacada por el grado de comprensión y de capacidad para adaptar sus acciones ante las serias crisis políticas y económicas atravesadas por la Argentina, en un entorno complejo como son las relaciones de los Gobiernos provinciales y el Gobierno federal. En especial, después de 2003, el FIDA ha hecho un importante esfuerzo para ajustarse a las prioridades del nuevo Gobierno y ha demostrado capacidad de respuesta en la reorientación de los proyectos PRODERNEA, PRODERNOA y PRODERPA, y en la elaboración de los proyectos de nueva generación como PRODEAR y PRODERI. Esta particularidad del FIDA, y a pesar de que sus recursos han sido de menor cuantía entre las diferentes fuentes de financiamiento del desarrollo rural en la Argentina, le ha valido el reconocimiento de funcionarios y profesionales del área que le otorgaron un estatus diferencial entre los organismos internacionales, que destaca su rol de agente de desarrollo por sobre el de agente financiero.

En particular, cabe destacar la flexibilidad del FIDA para reorientar los recursos de los programas PRODERNEA y PRODERNOA en apoyo al proceso de cambio que se estaba generando en la visión política del país a favor del desarrollo rural y la agricultura familiar.

Éste probablemente constituya uno de los aportes más significativos del FIDA para la Argentina.

La evaluación país señala algunas debilidades en la gestión del FIDA en la Argentina (FIDA, 2010a). La principal es no haber obtenido la apropiación por parte del Gobierno de la Argentina de algunos objetivos planteados en los diseños originales, y que FIDA sostenía en su estrategia internacional, como el crear mercados para servicios técnicos no financieros e incorporar a los pequeños productores rurales a la banca comercial. Una debilidad que la contraparte del Gobierno argentino observa exactamente de manera inversa, al haberse insistido en una estrategia fuertemente objetada por el país.

Con respecto a las asociaciones y las colaboraciones, si bien han existido acercamientos con el BID y el Banco Mundial (fuertemente establecidos en el país y con enfoques afines en cuanto a la reducción de pobreza, particularmente en el caso del Banco Mundial), el FIDA no ha aprovechado las oportunidades de una asociación más estrecha con estas instituciones. No obstante, el FIDA contribuyó, en los años noventa, a la formulación de los ya mencionados proyectos de desarrollo rural. El FIDA organizó la preparación de un proyecto de desarrollo rural en 1993 que incluía la intención de contar con cofinanciación del Banco Mundial. El diálogo de políticas generado en ese proceso contribuyó indirectamente al surgimiento del PSA financiado por recursos nacionales en 1995 y en forma directa al diseño del PROINDER puesto en marcha en 1997 con financiamiento del Banco Mundial pero originalmente pensado para su cofinanciación con FIDA. Los componentes de estos proyectos se basaron en los conceptos y componentes discutidos durante dicho diálogo.

Además el FIDA ha promovido instancias comunes a nivel del MERCOSUR para compartir experiencias, debatir estrategias y llevar adelante programas y acciones comunes en beneficio de la agricultura familiar y de sus organizaciones.

La creación en el año 2000 de la Reunión Especializada de Agricultura Familiar (REAF-MERCOSUR), donde participan en un mismo nivel gobiernos y asociaciones de productores, promovida y apoyada activamente por FIDA, abrió un espacio a nivel regional inédito para el diálogo sobre agricultura familiar y desarrollo rural.

El FIDA viene apoyando el diálogo de políticas de desarrollo rural en el Cono Sur a través de una serie de donaciones subregionales al programa FIDA-MERCOSUR. Este programa tiene como objetivo respaldar los intereses de la agricultura familiar a nivel de la subregión en el marco de las negociaciones celebradas en el ámbito de la REAF del MERCOSUR. Argentina es miembro fundador del MERCOSUR y ha participado activamente en las reuniones de la REAF. Por tanto las actividades del FIDA-MERCOSUR han tenido un impacto directo sobre el diálogo de políticas en Argentina. El FIDA-MERCOSUR se ha llevado a cabo en dos fases: la primera sirvió para promover la convergencia de políticas sobre agricultura familiar entre los países miembros; la segunda para favorecer la efectiva participación de las asociaciones de pequeños agricultores en los procesos de toma de decisiones sobre las políticas de desarrollo rural en los países miembros. Los actores participantes de la REAF coinciden en señalar el apoyo del FIDA facilitando la participación de las asociaciones de productores como un elemento importante en el fortalecimiento de este diálogo. La REAF es el único espacio actualmente en el MERCOSUR que permite a la sociedad civil participar en discusiones y decisiones de este organismo intergubernamental donde participan a un mismo nivel representantes de las máximas autoridades sectoriales de los países y representantes de las organizaciones de la agricultura familiar.

Esta iniciativa ha contribuido decididamente a la instalación de la problemática en la agenda del Gobierno argentino y en la organización y consolidación de sus organizaciones a partir del FoNAF. Pero, además, ha permitido la cooperación horizontal de los países en proyectos para jóvenes, mujer y seguros para la agricultura familiar entre otros.

El Gobierno nacional y los organismos de financiamiento del desarrollo antes mencionados han atravesado dos etapas diferenciadas en materia de diálogo político: 1983-2002 y 2003-2013.

Una primera etapa estuvo caracterizada por: i) inestabilidad política que se manifestó en cambios de autoridades nacionales y provinciales, en discontinuidad en el flujo de información y en orientaciones poco adecuadas; ii) un limitado diálogo entre las autoridades del Gobierno federal y de los Gobiernos provinciales, enmarcados en arreglos institucionales complejos; y iii) serias dificultades económicas del país.

Como resultado, el desempeño del Gobierno en esta fase adoleció de poco dinamismo y los programas se vieron afectados por retrasos tanto en la entrada en vigor como en la implementación. El Gobierno inicialmente no proveyó los recursos de contrapartida planificados ni se agilizaron los desembolsos, tanto por una relación poco fluida entre la Nación y las provincias, como por la profundización de la crisis presupuestaria que afectó a la Nación y a las provincias.

Entre 1983 y 1991 el desempeño del Gobierno de la Argentina en relación con el programa que se esperaba que el FIDA financiara (PNEA) fue muy limitado a causa del difícil contexto político y económico que caracterizó ese periodo, y se demoró cinco años entre la firma del contrato y la efectiva puesta en marcha del proyecto en abril de 1991.

Durante la década de 1990, se ejecutaron numerosos programas y se alcanzó una mayor estabilidad política y económica, pero la visión política del Gobierno no concebía una política de desarrollo rural que considerara relevante la agricultura familiar. El Gobierno no estableció una orientación clara en relación con los objetivos esperados de los programas de desarrollo, no contribuyó con los recursos de contrapartida que se habían acordado en tiempo y forma, y la mayoría de los programas sufrieron importantes retrasos en su ejecución.

En 1998 comenzó a gestarse una de las más graves crisis económicas en Argentina que culminó con la renuncia forzada del Presidente de la Nación en diciembre del año 2000. El desempeño del Gobierno con relación a los programas fue prácticamente nulo.

En la segunda etapa, las prioridades del Gobierno de la Argentina cambian sustancialmente cuando un nuevo Gobierno asume la presidencia en 2003 y se gesta un contexto ideológico, político y económico diferente al de la década previa.

En el nuevo enfoque existe una concepción gubernamental en que la política predomina sobre la economía y el Estado sobre el mercado, se hace explícita una orientación de mayor apoyo al pequeño productor rural y a la inclusión de los sectores más vulnerables de la estructura social.

El Gobierno de la Argentina demuestra un mayor compromiso con los programas de desarrollo rural, así como expresa la necesidad de reorientar la estrategia de intervención que había caracterizado a los programas hasta ese momento. Además, participa más activamente en la implementación de estos programas y regulariza la provisión de los fondos de contrapartida.

No obstante, el conflicto del Gobierno con el sector agroexportador pampeano a partir de 2008 generó una situación de reformas institucionales y de redefinición de alianzas con un alto grado de volatilidad política en la cartera agropecuaria y la paralización de las acciones. Luego de casi dos años de incertidumbre, la creación a fines de 2009 del Ministerio de Agricultura, Ganadería y Pesca de la Nación, la integración de su estructura con una Secretaría de Agricultura Familiar y Desarrollo Rural al mismo nivel que las históricas secretarías sectoriales (agricultura, ganadería, pesca) y la creación de la Unidad de Cambio Rural (UCAR) posibilitaron dinamizar la gestión y salir de la situación de parálisis en que se encontraba la administración. Estas acciones fructificaron en la conclusión de proyectos como el PRODERNOA, la reorientación del PRODERPA, la aprobación y puesta en ejecución de dos nuevos proyectos con mayores niveles de financiamiento del FIDA (PRODEAR y PRODERI). Pero además se incorporó una serie de nuevos programas con diversas fuentes de financiamiento, como PROVIAR y PRODAF (con fondos BID), PROICSA con aportes de la Corporación Andina de Fomento y Género (con recursos de la Agencia Española de Cooperación), y el inicio de las negociaciones con el Banco Mundial para un nuevo proyecto en reemplazo de PROINDER, entre otras iniciativas.

El cambio para la participación y el diálogo sobre desarrollo rural ocurre una vez que se alcanzó cierta estabilidad política y tasas continuas de crecimiento económico, una condición necesaria pero insuficiente si no hubiese existido una nueva concepción política del Gobierno asumido a partir de 2003 respecto de la prioridad que ocupan la mejora de las condiciones de vida de los sectores vulnerables de la sociedad y la recuperación de un rol activo del Estado nacional para promover su inclusión política, social y económica. La conjunción del contexto y el proyecto político han favorecido el diálogo de políticas para avanzar en nuevos proyectos de desarrollo e inversión en el sector rural.

No obstante, los procesos de negociación de los Gobiernos con los organismos internacionales de financiamiento de los programas de desarrollo son poco conocidos, como bien lo advertía Osvaldo Barsky (1990) tres décadas atrás. Aún hoy, la literatura sobre el tema es prácticamente inexistente. Probablemente una de las pocas excepciones lo constituye el documento de Román y Soverna (2004) que en su capítulo IV realiza una descripción de las negociaciones entre el Banco Mundial y el Centro de Inversiones de FAO por una parte, y el PSA y la SAGPyA de la Argentina por otra, para diseñar el PROINDER hacia mediados de la década de 1990. Este documento da cuenta de las largas y difíciles negociaciones políticas sobre concepciones, sujetos, regiones, instrumentos y administración, en la que los organismos internacionales procuran imponer sus ideas, sus criterios y las lecciones aprendidas en sus experiencias en otros países, mientras las autoridades nacionales y los técnicos responsables de las experiencias domésticas promueven sus propias interpretaciones. Como en toda negociación, los términos impuestos nunca son absolutos, pero puede comprobarse el proceso a partir del cual los criterios impulsados predominan en el diseño final de los programas.

2. Las unidades responsables de los programas de desarrollo

Todos los programas suelen tener en el diseño de sus tareas la búsqueda del diálogo político y la cooperación en el terreno con otros programas similares y con agencias públicas que participen en los territorios. Como puede comprobarse por ejemplo en los diferentes programas FIDA, las estructuras organizativas contemplaban una clara preocupación por la articulación de los responsables de los programas a nivel nacional y provincial, teniendo en cuenta las diferentes instancias: desde las máximas autoridades sectoriales nacionales y subnacionales hasta los responsables de diferentes programas o instituciones (PSA/PROINDER, INTA) y otras organizaciones de la sociedad (beneficiarios, bancos, etc.).

La experiencia ha demostrado que, a pesar de contar con las estructuras, los contenidos y los procesos han sido poco fructíferos en general y que sus resultados son más débiles en la medida en que se accede a mayores niveles de responsabilidad política, mientras que existieron algunas experiencias puntuales en los territorios que merecen ser destacadas.

La autonomía de los programas a partir de sus diferentes fuentes de financiamiento y la falta de un área o
agencia gubernamental con autoridad para establecer
ese diálogo y esa coordinación fueron una constante
en la mayor parte de la historia del desarrollo rural en
la Argentina.

Las cooperaciones fueron, por lo general, esporádicas y generadas por afinidades locales más que por
firmes articulaciones institucionales, y abonaron una
tendencia progresivamente favorable. Por ejemplo, la
cooperación del INTA con los diferentes programas FIDA
se inició con acciones piloto aisladas en los territorios
como el Remate Feria de Mercedes en la provincia de
Corrientes en el marco del PRODERNEA –ver Anexo
I–; se intensificaron en las acciones que se iniciaron el
último año del PRODERNOA en la provincia de Jujuy,
en la que a partir de un convenio se asistieron treinta
proyectos de desarrollo productivo; y en Tucumán se
celebró otro convenio para el apoyo del sector apícola.
Esta colaboración es más fluida en la actualidad en
los proyectos PRODERPA o PRODEAR. A partir de la
creación de la UCAR, el INTA ha firmado nuevos convenios de colaboración con el objeto de trabajar en
el Programa de Mejoramiento Genético de Especies
Forestales (FOMEF) dentro del denominado proyecto
FORESTAL para el mejoramiento genético de las especies forestales nativas e introducidas (UCAR, 2012a),
para la ejecución del PROICSA conjuntamente con la
EEA Obispo Colombres de Tucumán y para la asistencia
técnica de los productores pequeños y medianos en el
PRODAF (UCAR, 2012a).

Algo semejante ocurre respecto de la articulación entre el personal técnico de la Subsecretaría de Agricultura

Familiar y del INTA en el marco de las experiencias de desarrollo llevadas adelante por el PSA y PROINDER en los territorios rurales. En trece de las veintiún experiencias relevadas en el documento sobre las intervenciones de desarrollo rural realizadas en el ámbito de la Subsecretaría (López *et al.*, 2013) se observa una complementación de acciones y de saberes del personal técnico de ambas instituciones. A pesar de ello, "no queda claro cuándo esa colaboración forma parte de un acuerdo institucional o es el resultado de relaciones interpersonales a las que van llevando el encuentro cotidiano en los mismos territorios" (López *et al.*, 2013: 356).

Schiavoni (2013) y Craviotti (2014b) dan cuenta de la importancia que los lazos personalizados poseen en la intervención de los programas en los territorios, donde los técnicos constituyen el puente –"mediadores" en términos de Schiavoni (2005)– para establecer vínculos de solidaridad socioeconómica entre los agricultores familiares y sus organizaciones por una parte y el Estado por otra.

Esta cooperación, en muchos casos, ha sido posible porque los profesionales en el territorio han cumplido en diferentes momentos roles en uno u otro programa, como agentes PSA o personal de INTA; en otros por la afinidad generada en encuentros, jornadas y actividades comunes, pero también porque la mayoría de los programas INTA, históricamente, no han contado con instrumentos de financiamiento para los proyectos más allá de la asistencia técnica y la capacitación, un recurso vital que en cambio podían aportar programas como PSA y PROINDER a través de crédito y aportes no reembolsables. Diversas experiencias de desarrollo analizadas (López *et al.*, 2013; Lattuada, 2014b; Ramos,

2014) permiten señalar el rol clave de los técnicos del INTA como agentes de desarrollo que, algunas veces, asisten técnicamente a los proyectos ya iniciados por los grupos de productores en forma autónoma o en el marco de los programas, y otras veces cumplen la función de articular a productores dispersos en el marco de programas propios (Cambio Rural, PROHUERTA, etc.) o de generar el acercamiento de aquéllos con otros programas y demás agencias institucionales del ministerio y de la subsecretaría.

Esta articulación y cooperación ha sido menos frecuente entre los programas FIDA con PSA y PROINDER, programas con los que existía cierta competencia respecto de la población objetivo y de la visión del desarrollo, y que contaban con instrumentos similares. No obstante, en algunos programas y territorios las colaboraciones existieron aunque con un carácter más excepcional que sistemático.

Durante los últimos años del siglo pasado se difundió la creación de programas de desarrollo rural en un marco caracterizado por el crecimiento económico a tasas elevadas acompañado de una exclusión social también creciente. Esos programas, básicamente destinados en su concepción original a paliar las supuestas externalidades negativas del desarrollo, no obedecieron a ningún plan estratégico sino a la imperiosa necesidad de atender urgencias impostergables y, por tal razón, fueron preexistentes a la política y a la estrategia. La falta de diálogo y de participación en un Estado fragmentado con múltiples programas de relativa autonomía en materia de desarrollo rural inició el camino de su reversión a comienzos del nuevo siglo, a partir de una decisión política de la SAGPyA de organizar distintas instancias de debate y de coordinación sobre el desarrollo rural. De estas iniciativas merecen destacarse la Comisión de Desarrollo Rural, el Foro de Políticas Públicas Rurales y el Foro Nacional de la Agricultura Familiar (FoNAF) –ver Capítulo IV.4–.

La visión de la nueva gestión de la SAGPyA, asumida a partir de 2003 en un entorno signado por las expectativas que despierta la incipiente salida de la crisis, buscaba promover los sectores productivos y contribuir a la reconstrucción del tejido social. Para ello, se propuso fortalecer su institucionalidad y la de sus organismos, y establecer una perspectiva para que las economías regionales –a partir del desarrollo de sus sistemas de sanidad, calidad e innovación y desarrollo tecnológico– alcanzaran la necesaria articulación con los mercados. La impronta elegida por la SAGPyA ha sido la de constituirse en un actor fundamental del nuevo proceso de desarrollo del interior, con el objetivo de consolidar un sector agroalimentario con capacidad de producir bienes de alto valor, incrementar sus exportaciones, alentar nuevos comportamientos empresarios e incorporar tecnología, en el marco de un manejo sustentable de los recursos naturales, de una distribución equitativa del ingreso, de generación de empleo y de una ocupación social y productiva del territorio.

En ese escenario se fortalece un proceso de debate y de reflexión en torno a la política y la estrategia de desarrollo rural que no tenía antecedentes, y se sientan las bases para comenzar a superar la situación de fragmentación que ha prevalecido en materia de definiciones estratégicas y de capacidad de implementación al interior del sector agropecuario.

2.1. La Subsecretaría de la Agricultura Familiar y Desarrollo Rural

La creación del Ministerio de Agricultura, Ganadería y Pesca de la Nación (MAGyP) en el año 2009 y la elevación de la Subsecretaría de Desarrollo Rural y Agricultura Familiar (SSAF) –creada un año antes– al rango de Secretaría contribuyeron a consolidar en la agenda pública la problemática de la agricultura familiar y su representación, así como a centralizar un referente específico para el diálogo con las provincias sobre esta temática.

La SSAF, promovida en su creación desde la Unidad de Coordinación Nacional de los programas FIDA, ha contado con una fuerte influencia del Ministerio de Desarrollo Social de la Nación en la designación de sus autoridades y en la definición de sus políticas, para las que utilizó la estructura territorial originalmente creada por el PSA y estableció una estrecha vinculación con el FoNAF y con diversas organizaciones reivindicativas. Esta situación se consolida con la creación de la actual Secretaría de Agricultura Familiar (SAF) durante el año 2014.[26]

En el ámbito de las estructuras que antecedieron a la actual SAF se construyó buena parte de la experiencia de tres décadas de desarrollo rural del país a partir de la elaboración de diagnósticos y de la implementación y ejecución de acciones en el territorio (Soverna, 2013), como lo demuestran entre otros los programas PSA, PROINDER y PAPyMP, así como también se consolidó una estructura integrada por alrededor de 1.200 técnicos distribuidos en todas las regiones del país (Nogueira, 2014).

---

[26] Decreto del Poder Ejecutivo Nacional N.º 1030/2014 del 26 de junio de 2014.

Craviotti (2014a) señala dos hitos producto de este proceso de institucionalización de la problemática de la agricultura familiar en el aparto estatal: la creación del Registro Nacional la Agricultura Familiar (ReNAF) y del Monotributo Social Rural.

La resolución N.° 255 del año 2007 crea el Registro Nacional de la Agricultura Familiar (ReNAF) y la Unidad de Registro Nacional de la Agricultura Familiar, en el marco de la confluencia del Estado y las organizaciones que integran el FoNAF en un proceso de mayor participación de estos sectores en la política pública. El registro tiene como objetivo generar información sobre los potenciales destinatarios de las acciones estatales y es condición para acceder a programas de desarrollo orientados a este sector –aunque no limita el acceso a otras políticas sociales–. No obstante, el carácter voluntario de la inscripción en el registro limita en cierto modo el fin establecido (Craviotti, 2014a: 178).

En el ReNAF, la unidad de registro está constituida por los núcleos de agricultura familiar (NAF), entendidos como una persona o grupos de personas que residen, sean parientes o no, bajo un mismo techo –una definición en cierto modo similar a la de hogares en los censos nacionales de población–. Éstos deben cumplir con ciertas características, como residencia en áreas rurales o cercanas al área de producción; más de la mitad de la mano de obra ocupada debe ser familia, sin que se pueda contratar a más de dos trabajadores remunerados; y un ingreso mensual que no sea mayor a tres salarios de un peón rural.[27]

---

[27]   El FoNAF, por su parte, es bastante más amplio y, en todo caso, menos medible en cuanto a los parámetros tenidos en cuenta en

Según la información provisoria del mes de marzo de 2014, el ReNAF registra un total de 86.721 NAF en todo el país, integrados por 312.775 personas, de las cuales 256.764 eran productores y 56.011 no productores. De ese total, el mayor porcentaje se registra en el NOA (32%), seguido por el NEA (28%) y por la zona pampeana (20%) (ReNAF, 2014).

Por otro lado, el Monotributo Social Rural es considerado un "generador de derechos" que no excluye otro tipo de prestaciones –como la Asignación Universal por Hijo (AUH), por ejemplo–, una herramienta de inclusión y un instrumento que otorga "ciudadanía tributaria".

La Ley N.° 25.865 de 2004 reglamentada por el decreto N.° 806/2004 introdujo el Régimen de Monotributo Social. Uno de los objetivos de su creación fue el de permitir la incorporación a la economía formal de todos aquellos que, al realizar una actividad económica genuina enmarcada en el desarrollo local y en la economía social y que responda al perfil productivo de su región, se encontraban excluidos por el costo y la complejidad que ello implicaba. El régimen fue perfeccionado por una serie de normas posteriores.[28]

A partir del convenio celebrado entre el MAGyP y el Ministerio de Desarrollo Social de la Nación en 2009, los pequeños productores de la agricultura familiar pueden acceder al beneficio del Monotributo Social Rural sin costo alguno, lo que facilita la incorporación a la economía formal de aquellas personas en situación de

---

la definición de la AF: *ésta* es considerada un "modo de vida" y una "cuestión cultural", entre otras cosas.

[28]   Ley N.° 26.565, Título IV, de 2009; Decreto N.° 1/2010; Decreto N.° 1164(2009); Decreto N.° 1031 (2010); Resolución SC y MI 10204 (Ministerio de Desarrollo Social).

vulnerabilidad social históricamente excluidas y posibilita su acceso al sistema integrado de seguridad social (jubilación) y la prestación de obra social para la salud del productor y de su grupo familiar primario.

Para obtener el Monotributo Social Rural es necesario estar inscripto en el ReNAF y cumplir ciertos requisitos de acuerdo con límites de ingresos y la no contratación de trabajo remunerado. De este modo los aportes son realizados en partes iguales por ambos ministerios con el objeto de subsidiar su costo sin cargo para los beneficiarios.

Un tercer hito que se agrega a los señalados por Craviotti (2014a) lo constituye el proyecto de ley de Reparación histórica de la agricultura familiar para la construcción de una nueva ruralidad en la Argentina, que al momento de redacción de este trabajo contaba con media sanción de la Cámara de Diputados de la Nación, promovido desde la actual Secretaría de Agricultura Familiar y algunas organizaciones, entre ellas la Federación de Organizaciones Nucleadas de la Agricultura Familiar y el MOCASE. La sanción de este proyecto de ley es considerada por sus promotores como una "reparación histórica" en beneficio de la agricultura familiar.[29]

El proyecto destaca la AF como un sector que ha dejado de ser considerado vulnerable o vulnerado y que debe ser considerado como un agente indispensable de un desarrollo igualitario, productivo y económico, que requiere políticas que faciliten su acceso a los recursos productivos en un modelo de desarrollo

---

[29]   Véase: http://www.telam.com.ar/notas/201411/85935-organizaciones-campesinas-presupuesto-agricultura-familiar.html, consultado el 20.11.2014.

con sustentabilidad ecológica, económica y social. Un modelo que se plantea como "alternativo" al modelo agroexportador que se considera que favorece un agricultura sin agricultores. El objetivo planteado en el proyecto es la creación de un régimen especial para valorizar y priorizar la AF en los programas y en las acciones del Estado y un fondo de financiamiento que posibilite la permanencia de sus integrantes en el territorio, la generación de valor agregado y empleo local, el acceso a tierra, agua y otros recursos productivos, la regularización de la tenencia de la tierra, el fortalecimiento de las institucionalidad local incluyendo a las formas asociativas de producción y las organizaciones de productores, la valoración de los modos de producción ancestrales, la promoción de prácticas agroecológicas, el abastecimiento del territorio local y de programas estatales con productos de la agricultura familiar, entre otros.

El Subsecretario de Fortalecimiento Institucional de la SAF, Ramiro Fresneda, sostuvo ante la media sanción del proyecto de ley por la Cámara de Diputados de la Nación: "Esta propuesta es un importante paso en la construcción de un modelo agrario inclusivo en el marco de la nueva ruralidad y la ampliación de derechos en el ámbito rural que iniciamos en el año 2003".[30]

La concepción sobre la AF de la SAF y las acciones consecuentes[31] podrían ser interpretadas como una

---

[30]   Publicado en http://www.parlamentario.com, el 12 de noviembre de 2014, consultado el 26.11.14.

[31]   Acciones que en cierto modo subyacen en los textos de la resolución de creación de la SAF y en el proyecto de ley de reparación histórica de la AF.

visión amplia y categóricamente política de ciudadanía. Los integrantes de la AF se constituyen en sujetos de derecho en el sentido más amplio del término, en cuanto a la pertenencia plena a una comunidad (Marshall, 2005), no sólo focalizando la atención en el carácter mercantil simple de los procesos económicos que lo involucran. Éste es el punto de partida para considerar los modos que los sujetos tienen de incorporarse a los procesos productivos. En este sentido, existe cierta ruptura de la lógica previa de las políticas de desarrollo rural –aunque no sólo de éstas– al desplazar su carácter focalizado (Nogueira y Urcola, 2013; Urcola y Nogueira, 2014) para considerar la universalidad de los sujetos, orientando entonces la cuestión en términos de construcción de poder (organización política) y de estrategias económico-productivas que sean consecuentes con esa definición de los sujetos.

Esta concepción de la AF –como se podrá comprobar en el siguiente apartado– difiere de las que predominan en otras agencias gubernamentales del mismo MAGyP, y con ello también las interpretaciones sobre los "modelos" de desarrollo rural promovidos. En otras palabras, la posición del MAGyP respecto de la AF y las estrategias para consolidarla no es unívoca y en ciertos casos puede interpretarse como contradictoria e incluso antagónica.[32]

---

[32]   Estas posiciones en cierto modo también atraviesan el debate académico sobre las posibilidades de exclusión o de complementación del modelo de agricultura familiar y el modelo de agronegocios. Véanse Gras y Hernández (2013) y Craviotti (2014b).

2.2. La Unidad para el Cambio Rural

El segundo hecho institucional relevante fue la creación de la Unidad para el Cambio Rural (UCAR) en 2009 con la función de concentrar la planificación, la ejecución, la evaluación y el seguimiento de todos los programas de desarrollo con financiamiento externo, que hasta ese momento se encontraban dispersos y funcionando como unidades aisladas. Esta iniciativa fue un paso más en la dirección iniciada con la creación de la Unidad de Financiamiento Internacional. La creación de la UCAR bajo dependencia directa de la máxima autoridad de la cartera se realizó sobre la base de las coordinaciones nacionales del PROSAP y los programas FIDA, lo que consolidó las posibilidades de coordinación y orientación de los programas existentes sobre las estructuras que mayores antecedentes y capacidades tenían en la articulación de sus acciones con los estados provinciales. Esto ha facilitado y potenciado en un escenario de mayor estabilidad política y de crecimiento económico las condiciones para mejorar el diálogo y la coordinación de políticas Nación-provincias sobre el desarrollo rural.

Desde 1988 la cartera de proyectos FIDA en Argentina fue gestionada por tres gerentes de programas en el país y un equipo de coordinación nacional que se ha mantenido relativamente estable (el último asumió en 2003 con una breve interrupción en sus funciones entre 2008 y 2009). Durante un breve periodo a partir de la creación del PRODERPA en 2007 existieron dos Unidades Nacionales de Coordinación (UNC) hasta la integración de todos los programas FIDA en la UCAR creada en 2009 cuando se asigna una Unidad de Coordinación Nacional Técnica para cada programa.

A pesar de estos cambios, la conducción de los programas FIDA evidencia una estabilidad muy superior a la altísima rotación de funcionarios ocurrida en el Poder Ejecutivo Nacional en general y la cartera agropecuaria en particular. Sólo a modo de ejemplo, en el periodo reciente (2003-2013) se sucedieron dos presidentes de la Nación, cinco ministros de Economía, cinco secretarios y ministros de Agricultura. Si el periodo se extendiera hasta comienzos de la década de 1980 cuando FIDA inicia su presencia en el país, el número y la velocidad de rotación de los funcionarios sería mucho más elevado aun.

La UNC de los proyectos FIDA ha procurado en su gestión una mayor coordinación y articulación de los programas de desarrollo rural en la Argentina bajo una estrategia política unificada y explícita. Como se ha mencionado, desde fines de la década de 1990 se han realizado contribuciones en diferentes espacios con ese objetivo (Comisión de Desarrollo Rural, Foro Nacional de Políticas Públicas Rurales, creación de la Subsecretaría de Agricultura Familiar y Desarrollo Rural y creación de la Unidad de Financiamiento Rural).

Finalmente el Ministerio de Agricultura, Ganadería y Pesca (MAGyP) por Resolución N.º 45 del 9 de diciembre de 2009 creó la UCAR con el fin de coordinar las actividades vinculadas al planeamiento, la negociación, la formulación, la administración, las finanzas, el control de gestión, el monitoreo y la evaluación de los programas y proyectos con financiamiento externo existentes y futuros que se desarrollan en su ámbito.

Por su parte, la Resolución N.º 245 del 7 de julio de 2010 precisa el alcance de la Resolución N.º 45/09 y resalta que las funciones, las atribuciones y las facultades del Coordinador Ejecutivo de la UCAR contienen aquellas de naturaleza ejecutiva y a nivel nacional, establecidas en los respectivos convenios de préstamo o donación. Con esta modificación, la UCAR centraliza en una sola instancia las funciones relativas al planeamiento, la negociación, la formulación, la administración, las finanzas, el control de gestión, el monitoreo y la evaluación de todas las operaciones de financiamiento externo bajo el MAGyP, y ahora también las tareas de ejecución de los programas.

De este modo, la UCAR, además de la responsabilidad sobre los programas FIDA y PROSAP, ha ampliado su portafolio de proyectos con distintas operaciones financiadas por el BID (PROVIAR y PRODAF), la Corporación Andina de Fomento y el Banco de Desarrollo de América Latina (PROICSA), el Fondo para el Medio Ambiente Mundial (FORESTALES), las Agencias Española de Cooperación Internacional para el Desarrollo (GÉNERO) y la segunda fase del PROINDER (BM), entre otras.

La perspectiva transversal de intervención de la UCAR se expresa en las acciones que lleva a cabo y en su estructura de organización y funcionamiento.

En cuanto a las actividades o acciones se declara: i) un planeamiento conjunto de todas las acciones cualesquiera sean los programas y las fuentes de financiamiento; ii) el desarrollo de documentos conceptuales únicos para áreas específicas –comunidades aborígenes, equidad de género, ambiente, etc. –; iii) la realización de sistematizaciones y evaluaciones de impacto comparativas; iv) la formación permanente de los recursos humanos de la UCAR y los equipos provinciales en temas estratégicos y de gestión (UCAR, 2012b).

Por su parte, la estructura de la UCAR de acuerdo con su Manual de Organización y Funciones (UCAR

2012b) cuenta con una coordinación ejecutiva y ocho
áreas, de las cuales cuatro son operativas y cuatro de
administración, seguimiento y control, que actúan en
forma transversal sobre todos los programas coordinados
y ejecutados por la UCAR:

i. Área de desarrollo institucional: a cargo del fortale-
    cimiento de las capacidades ejecutoras de las uni-
    dades provinciales, la capacitación y la vinculación
    con los organismos nacionales y con organismos
    internacionales de financiamiento.

ii. Área de planeamiento y gestión estratégica: a cargo
    de prospectiva e investigación, del fortalecimiento
    y el desarrollo de organizaciones y empresas rura-
    les, de la gestión por resultados y objetivos, y de la
    comunicación y difusión.

iii. Área de formulación de proyectos: atiende tanto a
    las unidades de infraestructura productiva como de
    desarrollo agroalimentario.

iv. Área de gestión de programas y proyectos: corres-
    pondiente tanto a las unidades de infraestructura
    y servicios, y de desarrollo productivo, como de
    competitividad y de Apoyos No Reintegrables.

v. Área de administración, finanzas y contabilidad.

vi. Área de gestión de recursos humanos.

vii. Área de adquisiciones y contrataciones.

viii. Área de control de gestión a cargo de los sistemas de
    información, seguimiento, evaluación y resultados,
    y de control presupuestario y operativo.

En función de las nuevas prioridades, la UCAR
ha incorporado recientemente en su estructura una
Unidad ambiental y social para atender una de las nuevas

dimensiones de los programas FIDA que la diferencian de los primeros.

La UCAR asume la responsabilidad central en el manejo de la totalidad de los recursos tanto del préstamo como de la contrapartida nacional, y se hace cargo de su ejecución directa o de su transferencia a las diversas entidades ejecutoras –provincias, INTA, grupos beneficiarios directos, etc.– según lo requieran los convenios de implementación. En consecuencia, la UCAR responde por la totalidad de los recursos del préstamo, incluidos los debidos respaldos contables respecto de aquellas actividades que lleven a cabo terceros.

Este organismo se ha constituido en un factor institucional clave en la implementación de los programas de desarrollo rural que cuentan con financiamiento externo y para lograr una mejor articulación de los instrumentos de intervención con que cuenta el MAGyP, ya que asegura su coherencia con los lineamientos centrales de la política agropecuaria. Constituye el instrumento que utiliza el Gobierno federal para movilizar la inversión pública con una clara impronta federal, en la medida en que las prioridades y los objetivos son consensuados con las provincias que se benefician de dichas inversiones.

En poco tiempo incrementó en forma sustancial la ejecución de todos los programas y proyectos que recayeron bajo su órbita; recuperó la relación con el FIDA que se había deteriorado en el interregno 2008-2009; incorporó el personal técnico de los diferentes programas y proyectos en un equipo de trabajo único; se obtuvieron nuevos convenios de financiamiento y una mayor diversidad de fuentes; se acortaron los plazos de negociación de dichos convenios y se estandarizaron las normas para el conjunto de las operaciones con financiamiento externo del ministerio (UCAR, 2012a).

La UCAR tuvo su origen en la unidad coordinadora nacional de los programas PRODERNEA y PRODERNOA, que a su vez en 2003 había incorporado como coordinador general al responsable del PROSAP, un programa cuya misión y razón de ser estaba en los servicios a las provincias. La experiencia de ambas trayectorias posibilitó desarrollar importantes capacidades en el dialogo político y técnico con las provincias.

En la actualidad esta agencia se encuentra conformada por alrededor de 200 funcionarios, directivos, técnicos y consultores, y cuenta con un esquema de administración flexible para la gestión de los proyectos y programas y con fluidas relaciones con equipos provinciales encargados de la ejecución.

La UCAR presenta importantes fortalezas en la alta competencia y respaldo político que tienen sus miembros directivos, y en el compromiso con el servicio público del conjunto de sus integrantes y su alto grado de identificación institucional y de equipo. La entidad ha demostrado una particular solvencia en establecer diálogos y consensos de alto valor estratégico con los niveles superiores en las provincias lo que permite garantizar un alto grado de prioridad a los programas que desarrolla.

La complejidad para el cumplimiento de las finalidades de coordinación y supervisión de la UCAR requiere una integración con diversos organismos e instituciones, nacionales, provinciales e internacionales, con los cuales debe mantener una relación directa y fluida. De manera sintética, se expresa ese conjunto de interacciones a través del siguiente mapa de actores (UCAR, 2012b):

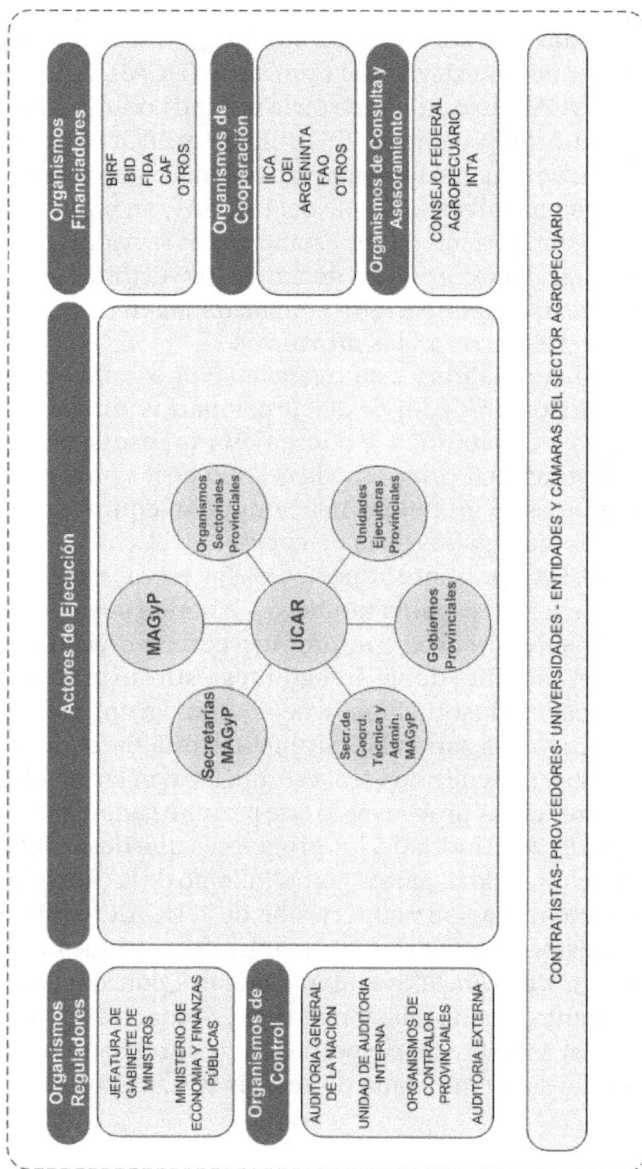

El accionar llevado a cabo en ese sentido durante los dos primeros años de su existencia se expresa en más de treinta convenios con organismos públicos nacionales y provinciales, organismos internacionales de cooperación (como IICA, CEPAL y FAO entre otros), técnicos (INTA, INV), universidades nacionales, ONG, fundaciones, bancos y sindicatos, entre otros (UCAR, 2012a: 22).

En tal sentido, la UCAR trasciende el rol meramente administrativo que tiende a prevalecer en las unidades de coordinación de proyectos en otros sectores, y se constituye en un actor político crítico en el diálogo interno del Gobierno nacional y de éste con los Gobiernos provinciales en materia de estrategias e inversiones para el desarrollo rural.

El informe de gestión 2010-2011 sostiene que durante años se atribuyó la desarticulación de los instrumentos de la política de desarrollo rural a la falta de políticas explícitas y a la diversidad de improntas que caracterizaban los programas de acuerdo con las fuentes de financiamiento, una situación que comienza un camino de reversión a partir de la creación de la UCAR y el nuevo escenario de articulaciones que esta favorece (UCAR, 2012a: 8).

En cierto modo la UCAR es una excepción en el concierto del Estado argentino, en el que siendo una unidad administrativa de coordinación, gestión y ejecución tiene un alto nivel de participación en la definición de las políticas públicas relacionadas al desarrollo rural y al sector agropecuario, rol formalmente reservado a otras áreas del Poder Ejecutivo Nacional. A su vez tiene equipos integrados con conciencia de su compromiso y participación, con la tarea y también con la unidad

institucional a la que pertenecen, compartiendo una
visión de fortalecimiento del Estado y de su rol de intervención en la sociedad rural para mejorar la inclusión
social y económica de sus sectores más vulnerables. Una
conciencia que no es casual, sino construida a partir de
la capacitación, la participación y el debate facilitado
por los espacios y eventos promovidos a tal efecto (por
ejemplo a partir de las reuniones anuales PROSAP/
UCAR, entre otros). Probablemente la flexibilidad que
le otorga el carácter *ad hoc* en lo institucional ha contribuido a facilitar este proceso más allá de la debilidad
que pueda albergar para su futuro.

En el caso de la UCAR, más que una concepción
Existen ciertas diferencias en términos de la concepción de los sujetos de intervención en el marco de
las acciones promovidas y ejecutadas por la UCAR, y las
ya mencionadas en el marco de la SAF.

En el caso de la UCAR, más que una concepción
global de ciudadanía (que no resulta ajena a las intervenciones pero tampoco está instituida como el eje
central de las mismas), las acciones de los distintos
proyectos y programas tienen un carácter de tipo socioeconómico. De hecho, el sujeto de la intervención ha
sido definido como un "sujeto económico". Esto supone
el empoderamiento de los agricultores familiares (en
términos amplios) desde aspectos vinculados con: a)
generar valor agregado; b) incorporar nuevas tecnologías apropiadas al tipo de producto; c) generar un
proceso de autosostenibilidad financiera sobre la base
de los fondos formados con aportes no retornables; d)
fomentar y consolidar organizaciones económicas que
contribuyan a los puntos anterior; y e) generar mercados de comercialización (ampliando los márgenes de
la proximidad de los mercados locales).

Obtener avances en estos puntos supone la existencia de un requisito previo: la consideración global de los sujetos. En ese sentido, la concepción que subyace en la creación y la estrategia de la SAF resulta complementaria y requiere una cooperación entre ambas instancias para abordar los desafíos pendientes.[33]

3. El Gobierno nacional y las provincias

Para el diálogo político en materia agropecuaria y de desarrollo rural, el Consejo Federal Agropecuario (CFA) constituye la principal instancia de participación e intercambio, aunque no tiene un funcionamiento regular y depende de las voluntades nacionales sobre la agenda y la periodicidad de los encuentros.

Este organismo de asesoramiento y consulta del Poder Ejecutivo Nacional es presidido por el Ministro de Agricultura, Ganadería y Pesca de la Nación y está integrado por los ministerios o las secretarías provinciales

---

[33] Como se señala en Nogueira (2014), noticias periodísticas dan cuenta de acercamientos entre la UCAR y la SAF (véase: *La Nación* 15 y 17 de mayo y 7 de junio de 2014). Probablemente el hecho más relevante sea la reciente creación en el marco de MAGyP (15.08.14) del Consejo de la Agricultura Familiar Campesina e Indígena como un "espacio para debatir y generar consensos sobre diseños e implementación de políticas públicas estratégicas para el desarrollo sustentable y consolidado de la Agricultura Familiar, Campesina e Indígena" (artículo 1). El Consejo está integrado por la mencionada Secretaría, el Instituto Nacional de Tecnología Agropecuaria (INTA), el Servicio Nacional de Sanidad y Calidad Animal (SENASA), la UCAR y representantes de las organizaciones campesinas, indígenas y de la agricultura familiar que tengan carácter nacional. Nótese que el señalamiento de la agricultura familiar indígena posee la misma relevancia que la agricultura familiar campesina.

que atienden la cuestión sectorial. Los Gobiernos provinciales tienen Ministerios de la Producción, de los cuales depende, generalmente, una Secretaría de Agricultura, Ganadería y Alimentos. En ciertos casos existen también direcciones o subsecretarías en donde se articulan programas nacionales de desarrollo rural, como los apoyados desde el FIDA. En algunas provincias como Córdoba y Mendoza, existen agencias públicas específicamente orientadas al desarrollo rural.

Entre las principales actividades del CFA se destacan las siguientes: i) proponer acciones coordinadas en los sectores públicos nacionales y provinciales en función de la definición y el cumplimiento de las políticas agropecuarias y pesqueras; ii) sugerir las medidas destinadas a lograr la complementación y la eficiencia de la actividad gubernamental de las distintas jurisdicciones en materia agropecuaria y pesquera; iii) analizar los problemas del sector agropecuario y pesquero que interesen a más de una provincia o aquellos que, siendo del interés de una provincia, incidan en el interés nacional, y proyectar soluciones para cada caso; iv) responder a las consultas que le formule el Ministro de Agricultura, Ganadería y Pesca referidas a los programas y proyectos.

Las provincias presentan un panorama muy diverso en cuanto a la prioridad que asignan al tema del desarrollo rural y la agricultura familiar. Asimismo, son altamente heterogéneos los arreglos institucionales que se han dado a nivel del aparato provincial para atender las demandas relacionadas con la agricultura familiar y el desarrollo rural.[34] En muchos casos, las provincias han

---

[34] Esta heterogeneidad así como las limitaciones provinciales y municipales para llevar adelante políticas de desarrollo rural ocuparon un lugar destacado en el componente de fortalecimiento institucional

organizado estructuras *ad hoc* destinadas a la ejecución de los programas con financiamiento externo, que pueden verse afectadas ante situaciones de inestabilidad y discontinuidad de los financiamientos. En otros casos, los menos, las autoridades provinciales han desarrollado su propio aparato de servicio a la agricultura familiar, lo cual garantiza una cierta continuidad en los servicios que reciben los pequeños productores.

No obstante, los programas con ejecución a nivel provincial como los de FIDA han requerido distintos niveles de participación:

Organismos Sectoriales Provinciales que, en su rango de ministerios o secretarías provinciales, son responsables de dar cumplimiento a los requisitos legales, fiscales e institucionales para acceder al financiamiento de los programas y proyectos y que entre sus tareas tienen que: i) presentar las estrategias provinciales con un horizonte a mediano y largo plazo; ii) tramitar la ley provincial que autorice el endeudamiento de la provincia para acceder a recursos de financiamiento externo de los programas y proyectos; iii) gestionar y obtener los fondos de contrapartida requeridos por la normal ejecución a nivel provincial; iv) gestionar las firmas de los convenios marco de préstamos subsidiarios correspondientes o instrumentos similares de compromiso mutuo, luego de haber dado cumplimiento a la legislación específica en el ámbito nacional referida a la autorización de endeudamiento conferida por la Secretaría de Hacienda del Ministerio de Economía y Finanzas Públicas de la Nación; v) supervisar el cumplimiento de las funciones operativas realizadas por las Unidades Ejecutoras

---

del PROINDER, como lo reflejan dos estudios sobre esta problemática (Gorenstein, 2008; Craviotti y Soverna, 2008).

Provinciales; vi) realizar el seguimiento y la evaluación de resultados e impactos de la ejecución de los programas y proyectos en terreno; vii) velar por el cumplimiento de las normas y los compromisos relacionados con los aspectos de evaluación y control ambiental y social para la preparación, la aprobación y la ejecución de los programas y proyectos.

Unidades Ejecutoras Provinciales (UPE) que dependen de los Organismos Sectoriales Provinciales establecidos para cada programa o proyecto. Dichas UEP ejercen funciones operativas y de ejecución integral establecidas por el Convenio de Préstamo y el Manual o Reglamento Operativo respectivo, de acuerdo con el planeamiento estratégico definido por el ministro y cumpliendo lo establecido por las condiciones contractuales de los compromisos suscriptos. Las UEP son designadas dentro de las dependencias u organismos del Poder Ejecutivo provincial o descentralizados u otra unidad de participación mixta o privada que se hubiera creado para el propósito del programa o proyecto.

Entidades de Enlace (EE) o Entidades de Programación del Sector Agropecuario (EPSA) y Entidades Provinciales de Administración Financiera (EPAF) existentes o creadas a los efectos de actuar en las administraciones públicas, designadas por los gobiernos provinciales para desarrollar las funciones de enlace ejecutivo, contable y financiero para lo cual se utiliza la capacidad instalada y su ubicación en la estructura administrativa provincial.

En la relación del Gobierno nacional y las provincias tiene importancia la participación de la Subsecretaría de Relaciones con las Provincias de la Secretaría de Hacienda de la Nación dada su competencia con los programas en tres áreas claves: i) aspectos fiscales y de redistribución de recursos hacia las provincias; ii) endeudamiento público; y iii) desarrollo provincial, regional y municipal. Entre sus funciones se encuentra la de coordinar los programas de cooperación y de asistencia nacional e internacional en apoyo a las provincias.

3.1. Los Gobiernos provinciales

Los proyectos del FIDA se han negociado principalmente con el Gobierno nacional, pero se caracterizan por su ejecución a través de las provincias y, en este sentido, constituyen una excelente plataforma de observación para este punto. Este procedimiento de los proyectos FIDA ha requerido la suscripción de contratos subsidiarios de préstamo entre las provincias y el Gobierno nacional. Cada provincia requería aprobación de su legislatura a nivel provincial para el endeudamiento y hacer provisiones fiscales para cubrir compromisos de contrapartida local. A ello se agregaba que las provincias debían organizar una Unidad Provincial de Ejecución (UPE) a cargo de la ejecución de los programas que articulaba su accionar con la Unidad de Coordinación Nacional. Este proceso se multiplicaba tantas veces como provincias participaran en cada programa, con las consecuentes complicaciones políticas y financieras que llevaban a atrasos muy importantes en la adhesión de las provincias a los programas.

La experiencia ha sido heterogénea en materia de resultados de gestión, dependiendo en muchos casos de las capacidades estatales provinciales previas, de las relaciones políticas coyunturales de cada provincia y el Gobierno nacional, y de los contextos económicos a nivel nacional y provincial.

Las provincias han tenido un amplio campo de decisión y flexibilidad en la interpretación de los programas y en la definición de las estrategias de intervención en sus respectivos territorios, dependiendo de las capacidades y voluntades de los responsables ocasionales de las UPE y de los técnicos de campo. Las estructuras construidas han sido mayoritariamente coyunturales, frágiles y no sostenibles luego de la intervención de los programas, y los recursos humanos a nivel de las UPE altamente inestables en cuanto a su continuidad, con algunas destacadas excepciones como la institucionalización lograda en Corrientes a partir de PRODERNEA con la creación de una Unidad Provincial de Desarrollo Rural (UPDR) y actualmente de un Instituto de Desarrollo Rural de Corrientes (IDERCOR-Ley N.° 6124/12), o la permanencia de un técnico de campo que ha pasado a ser coordinador provincial de los nuevos programas, como en el PRODEAR-Chaco, y su inclusión en la estructura orgánica del Ministerio de la Producción provincial para la implementación de políticas de desarrollo rural.

Ambas experiencias merecen ser destacadas en materia de desarrollo institucional a partir de los programas FIDA.

En 2008 se crea en Corrientes la Unidad de Desarrollo Rural (UPDR) sobre la estructura de la UPE del PRODERNEA y bajo dependencia del Ministerio de la Producción provincial. Esta unidad se crea con áreas y con un organigrama sugerido por el manual de procedimientos del FIDA y permitió dar cierta continuidad a las acciones del PRODENEA una vez finalizado, al administrar sus fondos rotatorios de crédito con las líneas de préstamos hasta la actualidad y mantener la institucionalidad hasta la llegada del PRODEAR. A diferencia del

PRODERNEA, la UPE-PRODEAR se inserta en el marco de esta UPDR y se suma como un programa más a esta Unidad del Ministerio de la Producción. En este sentido, el PRODERNEA ha sido más importante que el PRODEAR en la experiencia correntina porque dejó instalada en la provincia una metodología de trabajo y una capacidad institucional con fondos específicos para el desarrollo rural que antes no existía. Esta experiencia contribuirá a la creación por Ley N.° 6124 de 2012 del Instituto de Desarrollo Rural de Corrientes (IDERCOR), como un ente autárquico con presupuesto propio y relación directa con los órganos ejecutivos de la provincia. Dicha ley fue impulsada por el ex coordinador del PRODERNEA (entre 2004 y 2007), que actualmente se desempeña como senador provincial, y por el actual coordinador del PRODEAR. Por ello, se puede afirmar en palabras del responsable de la UPDR que "el PRODERNEA y el PRODEAR son padres del IDERCOR". Paradójicamente, las experiencias y las enseñanzas acumuladas durante la gestión de los programas y la autonomía lograda a partir de la capacidad institucional instalada han generado en la actualidad algunas divergencias entre la visión y el enfoque del desarrollo rural que plantea la provincia con una orientación de carácter sectorial y el diseñado por los programas FIDA de "nueva generación".

La experiencia de la provincia del Chaco, en cambio, es diferente pero igualmente destacable en este aspecto. Aquí resulta más importante la actual inserción del PRODEAR en la estructura institucional provincial que la obtenida oportunamente por el PRODERNEA. Este último funcionaba como un programa en paralelo de la Subsecretaría de la Producción del Ministerio de Economía de la provincia. En cambio, en 2009, se crea el Ministerio de la Producción y el PRODEAR logra incorporarse como una herramienta de gestión del desarrollo rural en función de las políticas del ministerio. Las áreas del ministerio y las del programa están articuladas administrativa y orgánicamente en el territorio. Por ejemplo, los técnicos financiados por el programa dedicados a la actividad caprina responden a la Dirección de Producción Animal, sus informes mensuales de seguimiento son los mismos para el programa que para el área correspondiente del ministerio. De este modo se unifican procedimientos y fuentes de información con un mismo criterio. Si bien no ha habido continuidad con la experiencia del PRODERNEA, la actual sinergia institucional permite que muchos técnicos de terreno y miembros del equipo de gestión de aquel programa se relacionen directa o indirectamente con el PRODEAR a partir de sus actividades en el ministerio. En este sentido, es destacado el rol de la actual coordinadora del programa, quien previamente fuera técnica de campo del PRODERNEA, y actualmente también se desempeña como responsable de la Unidad de Planificación Sectorial del ministerio. La valoración positiva del rol estratégico del programa dentro de la estructura del ministerio deriva en la intención de la actual gestión de incorporarse próximamente al PRODERI para dar continuidad política y territorial a los procesos iniciados en el marco del PRODEAR.

A partir de las experiencias de PRODERNEA y PRODERNOA se ha considerado que si no se establecen medidas específicas, las decisiones y los recursos de los proyectos tienden a ser absorbidos por instancias oficiales provinciales y locales, lo que margina a los beneficiarios y a sus organizaciones de base.

Aun cuando las provincias no participaron en su diseño, el PRODERPA –particularmente en el caso de la provincia de Neuquén– se presenta como un instrumento renovador de las estructuras que se incorpora en la coordinación y la articulación con las distintas áreas de gobierno involucradas en la gestión del programa y con otras fuentes de financiamiento y asistencia técnica en el territorio anteriores o vigentes (PROINDER, PSA, PROHUERTA, Ley Ovina, INTA).

En Neuquén, la UPE se conformó en una doble arquitectura integrada por la Subsecretaría de la Producción y el Ministerio de Hacienda vinculada a la Unidad Provincial de Enlace y Ejecución de Proyectos con Financiamiento Externo (UPEFE). El programa se comprende como un instrumento de políticas para la gestión provincial. En este caso, la mayor ejecución de proyectos allí enmarcados surge de una situación de absoluta emergencia. La erupción del volcán chileno Peyehue en 2011 aceleró su gestión y provocó la participación directa de los distintos componentes del programa en los Comités Locales de Emergencia Rural (CLER).

Es importante destacar que PRODERPA, del mismo modo que PRODERNOA, PRODERNEA y PRODEAR, se incluye en las estrategias provinciales a partir de la creación de las UPE. Además, en ciertos casos los coordinadores provinciales, los técnicos e incluso las organizaciones o los grupos de productores beneficiados pueden promover la articulación de los programas FIDA con acciones territoriales provenientes de otros programas de desarrollo rural así como con la asistencia técnica del INTA y el INTI. De este modo existen proyectos financiados por el programa de FIDA, pero que cuentan con la asistencia técnica de otras instancias. En el caso de Neuquén esto ocurre, por ejemplo, a partir de la articulación de PRODERPA con el Centro PyME y el INTA.

En el caso de PRODERNOA, la cooperación se llevó a cabo a partir de la articulación con técnicos de terreno de PSA (actualmente integrados a la Subsecretaría de Agricultura Familiar) y, más recientemente, con la continuidad de experiencias iniciadas en el PRODERNOA, con los técnicos de PRODERI, como puede comprobarse en algunas de las experiencias que se mencionan más adelante.

La llegada del PRODERNOA a Tucumán generó una importante estructura de gestión en el actual Ministerio de Desarrollo Productivo provincial. La UPE-PRODERNOA promovió la generación de nuevas capacidades institucionales y de gobierno contribuyendo a la creación de una Subsecretaría de Micro, Pequeña y Mediana Empresa hacia el final del programa. Sin embargo, en la actualidad, la UPE-PRODERI no funciona en este marco, desarticulado en buena medida el equipo de gestión del PRODERNOA. El PRODERI es ejecutado por una Unidad Provincial de Coordinación de Programas y Proyectos con Financiamiento Externo y Nacional *ad-hoc* por fuera de la mencionada subsecretaría.

El objetivo estratégico de consolidar la relación con los Gobiernos provinciales se ha facilitado a partir de una mejora de la comunicación de la Unidad Nacional de Coordinación de los programas FIDA con las provincias en la articulación de las acciones locales de reducción de la pobreza. El avance hacia el logro de este objetivo ha sido dispar. La participación de las provincias en

PRODERNEA y PRODERNOA fue tardía e irregular. El PRODERPA con una UNC creada *ad hoc* sufrió problemas relacionados con el insuficiente diálogo entre el Gobierno central, las provincias y los encargados del diseño de los proyectos, lo cual dificultó severamente su ejecución y requirió una reorientación en 2009 con una amplia participación provincial. El PRODEAR también demoró su puesta en marcha por la irregularidad en el diálogo del Gobierno nacional y las provincias en el interregno conflictivo de 2008-2009 en los que existieron cambios e indefiniciones en las UNC de los programas FIDA dentro de la estructura del Estado nacional.

Otro desafío importante de coordinación que retrasó la efectividad de varios proyectos se debió a que muchas de las decisiones estratégicas en el diseño original de los proyectos habrían estado concentradas en el Gobierno central mientras que los compromisos de deuda debían ser asumidos por las provincias. Estos problemas fueron abordados a través de las reorientaciones del PRODERNEA, del PRODERNOA y del PRODERPA adecuando estos proyectos a la nueva institucionalidad existente. Por otra parte, el PRODEAR y el PRODERI, los proyectos de última generación que han incorporado las lecciones aprendidas de las experiencias previas, responden a la nueva estructura al apoyar el programa nacional de desarrollo rural que se implementa a nivel provincial con suficiente flexibilidad para decidir la asignación de los recursos entre las provincias, y con un tratamiento especial que no requiere endeudamiento para las provincias con mayores niveles de pobreza rural.

Las provincias presentan un panorama diverso en cuanto a la prioridad que asignan al tema del desarrollo rural y a la agricultura familiar y son heterogéneos los arreglos institucionales relacionados con estos temas. Los nuevos programas (PRODEAR y PRODERI), teniendo en cuenta esta heterogeneidad, establecieron acuerdos de administración y de implementación que permitían a las provincias elegir el esquema organizacional más adecuado a sus necesidades.

El primer elemento que marca un cambio sustancial con los anteriores mecanismos de gestión de los proyectos FIDA se observa a partir de la reorientación del PRODERPA y es profundizado en el diseño del PRODEAR y el PRODERI. Éste consiste en la decisión del Gobierno de la Argentina y del FIDA de transferir los recursos a las provincias y a las organizaciones de beneficiarios en términos no reembolsables. La eliminación de los esquemas de préstamos subsidiarios a provincias y la posibilidad de transferencia directa de los recursos financieros desde la UCAR a los beneficiarios simplifica y agiliza significativamente los procesos de contratación y de desembolsos.

El segundo elemento de cambio respecto a los esquemas anteriores es la flexibilización de los arreglos institucionales de implementación, que permiten a la UCAR y a las provincias acordar aquellos arreglos que se presenten como más convenientes y efectivos al atender a la realidad organizacional e institucional a nivel territorial, existiendo en algunos casos la posibilidad de implementarlos a partir de las UPE creadas en programas anteriores o a partir de nuevas.

El tercer elemento se refiere a la superación de los convenios de préstamos subsidiarios como mecanismos de adhesión al programa. La adhesión de las provincias y la relación UCAR/provincias se definirán por medio del dialogo entre la UCAR y las provincias en aspectos sustantivos y estratégicos que permitan la preparación de un Plan de Desarrollo Territorial (PDT) ampliamente participativo que será el instrumento que defina el compromiso, el enfoque, el alcance y las responsabilidades para la implementación.

Las provincias participantes tienen un rol protagónico en la activación del proceso de decisión política para la adhesión, de priorización territorial, de consulta local con beneficiarios, organizaciones y el sector empresarial, de negociación y de trabajos técnicos que permitan la formulación y la aprobación de los PDT y sus correspondientes planes de negocios, así como la consolidación en planes de inversión territorial y su implementación.

También se ha requerido que esa apertura a la cooperación y la negociación se extienda a otras instituciones públicas y privadas, especialmente a partir de iniciativas que han sido innovadoras para el sector rural en la Argentina independientemente de sus resultados puntuales.

Las principales virtudes que los coordinadores provinciales de los programas FIDA destacan sobre las características de gestión de los mismos son:

i. El carácter "federal" de estos programas que otorgan, como se ha mencionado, un alto grado de flexibilidad en su adaptación al territorio. Este aspecto queda claramente expuesto si comparamos las acciones de desarrollo rural desplegadas por el PRODEAR en Chaco y en Corrientes. Mientras que la UPE-PRODEAR de Chaco enmarca la financiación de sus proyectos bajo una lógica de cadenas productivas (caprina, apícola, fruti-hortícola, foresto-ganadera, porcina, láctea y artesanías) y centrada en las organizaciones de productores, en

Corrientes se trabaja bajo una lógica de extensión (ex post) y de desarrollo local (por áreas geográficas y socioproductivas) que toman al productor familiar como sistema integral diversificado con múltiples actividades en el territorio. Otro aspecto que marca diferencias en las intervenciones provinciales es aquel que refiere a la definición de población rural sobre la cual actuar. La definición tomada por el país que considera población rural a aquella que reside en áreas dispersas y en localidades de hasta 2.000 habitantes no era compatible para el caso de la provincia de Tucumán, caracterizada por su reducida superficie y su alto grado de densidad demográfica. Dada la flexibilidad de adaptación que caracterizaron a los programas FIDA, esto pudo subsanarse sin problemas y permitió que se adaptara el programa a las características y necesidades de ejecución de los territorios. También en Corrientes surgió la dificultad de ajustar el perfil del productor sugerido en el diseño del PRODERNEA con las necesidades de los actores "reales" de la provincia (ni los topes de ingresos, ni la dimensión de los predios servían como parámetros para la identificación de sus pequeños productores). Se destaca la flexibilidad del FIDA en la atención de esta situación que les permitió trabajar sobre el criterio de producción familiar, siendo la mano de obra familiar el parámetro central para la identificación de los sujetos del desarrollo rural en la provincia.

ii. La tendencia a revertir cierta lógica de carácter asistencialista en las estrategias de abordaje en los territorios a partir de la construcción de proyectos concretos de intervención con participación de los potenciales beneficiarios. Este proceso es destacado por el aprendizaje incorporado que ha significado para los productores que se han vinculado con el programa a partir de sus diferentes componentes.

Los responsables de las UPE reconocen también las debilidades que se han presentado en el funcionamiento y la gestión de los programas. Aunque se destaca el fuerte apoyo en términos productivos que ha significado la intervención de los programas FIDA, se reconoce como poco eficientes o con posibilidades de mejoras los procesos vinculados con el agregado de valor y la comercialización de los productos.

En otros casos, siempre dependiendo de la provincia en cuestión, los tiempos de organización y puesta en funcionamiento de las UPE han sido distintos y, por tanto, los mecanismos de formulación de proyectos, desembolsos de fondos y ejecución han sido en algunos casos problemáticos y excesivamente extensos en el tiempo. Estas situaciones pueden cambiar con la experiencia y los recursos humanos a cargo. La falta de continuidad de las políticas y de los equipos entre la finalización y el comienzo de los nuevos programas también es destacada como un tema relevante que hay que solucionar. La mayoría de los equipos técnicos provinciales han tendido a desmembrarse (por la falta de continuidad laboral) y, aunque continúan el trabajo en el territorio en el marco de otras instancias, ya no forman parte de las UPE originales.

También suele mencionarse como un problema lo que se considera como una excesiva lógica de control y evaluación permanente que implica la implementación de estos programas con financiamiento internacional.

Su ejecución demanda una arquitectura de gestión que involucra controles del tribunal de cuentas provincial, del organismo correspondiente al Gobierno nacional y de las misiones del FIDA, que tienen consecuencias sobre una menor atención dedicada al trabajo en terreno con los productores y a procesos burocráticos lentos y complejos que no se encuentra acordes a las actividades de los destinatarios de los programas, quienes en muchos casos se dedican a la elaboración de productos perecederos (con fechas de siembra, cosecha o faena). Se considera imprescindible que las tres instancias aumenten los esfuerzos por generar canales más ágiles para el desarrollo de los procesos de seguimiento, evaluación y desembolso de las operaciones.

Esta experiencia ha requerido una gestión de permanente negociación de acuerdos de trabajo con las provincias. Acuerdos basados en la comprensión de los roles diferentes –aunque no siempre claramente definidos– que desempeñan los Gobiernos nacional y provinciales. Un proceso que ha sido complejo, lento, con tensiones, avances y retrocesos, pero que puede considerarse en el largo plazo y en vista a los resultados actuales como uno de los avances más importantes en la institucionalización de las políticas de desarrollo rural.

En síntesis, la comparación de las experiencias de los programas que han culminado (PRODERNEA, PRODERNOA) y los programas de última generación (PRODEAR, PRODERI) que en cierto modo constituyen su continuidad en las zonas que operaban aquéllos, permite observar la fragilidad y la alta variabilidad de las estructuras provinciales creadas en cuanto a su eficiencia y efectividad. Así, mientras la UPE de Chaco tuvo un rol apenas aceptable durante el PRODERNEA, en la actualidad es una de las unidades de ejecución provincial más eficiente del PRODEAR; en la provincia de Corrientes ocurre exactamente el proceso inverso a pesar del grado de institucionalización alcanzado a partir de la intervención del programa con la constitución de la Unidad Provincial de Desarrollo Rural. En otras palabras, la construcción institucional aportada por los programas en las provincias es un resultado valioso pero insuficiente si en los responsables políticos de las UPE no existe voluntad política y una concepción compartida sobre el objeto y los instrumentos de las políticas de desarrollo rural, y si los responsables técnicos no están suficientemente capacitados y motivados para llevar aquellas políticas a cabo.

También debe señalarse que programas como PROINDER contemplaron estrategias de fortalecimiento de las capacidades institucionales para el desarrollo rural en las provincias y que, además, algunas de ellas construyeron por su propia iniciativa estructuras institucionales y sancionaron leyes en apoyo de la agricultura familiar, como en el caso de Chaco y Río Negro.

Craviotti y Soverna (2008: 21-22) destacan las Áreas de Desarrollo Rural creadas a partir de los proyectos de Fortalecimiento Institucional en el marco del PROINDER, que si bien constituyen un avance con relación a lo previamente existente, ocupan lugares relativamente bajos en las estructuras funcionales de las provincias y están lejos de incluir en su órbita de atención al conjunto de los programas y acciones. Además mencionan, entre las iniciativas de las propias provincias, la creación en 1999 en la Provincia de Mendoza del Instituto de Desarrollo Rural en el que participan entidades privadas y tiene financiación mixta, y en la Provincia de Río Negro la creación de una serie de instancias colegiadas para las acciones de desarrollo rural a escala provincial y local: Unidad de Coordinación y Promoción de Programas de Desarrollo, Unidad Técnica Operativa (ambas de carácter provincial) y Unidades Técnicas Locales.

4. Los programas y las organizaciones de destinatarios

La agricultura familiar no ha sido históricamente un tema relevante de la agenda pública sino más bien lo contrario. En los programas de desarrollo rural de la década de 1990 aparecía el agricultor o el productor familiar, en términos más generales, como un sujeto "en peligro" y de allí el carácter de asistencia de aquellos programas.

Los programas de desarrollo rural en general plantean la participación de representantes de los beneficiarios en alguna de las instancias o estructuras de intervención y, en menor medida, de diseño.

No obstante, en la amplia mayoría de los casos, estas participaciones han sido en forma de personas individuales cooptadas desde los mismos programas para formalizar los requisitos, más que un efectivo proceso de participación ciudadana o de ejercer adecuadamente la representación de la demanda.

Aun en aquellos casos en que se ha obtenido una mejor respuesta, se han experimentado limitaciones en su construcción debido a las dificultades que caracterizan a los procesos de organización de las asociaciones voluntarias. Estos procesos se han caracterizado por una mayor participación o liderazgo de aquellas personas con mayor instrucción y capital cultural o con intereses personales, varones adultos y escolarizados, con significativa ausencia de jóvenes o mujeres; por una participación inconstante de la mayoría de los beneficiarios; por poco frecuentes prácticas de elección amplia y democrática de los representantes; por un alto grado de dependencia de los referentes o técnicos externos; por formas organizativas poco estructuradas e informales; por la escasa posibilidad de trascender los proyectos o cuestiones del grupo primario; y por la reducida o nula información disponible (Manzanal, 2010: 37-39).

Llamativamente, si bien las instancias de participación en el diseño y ejecución de los programas no han sido demasiado efectivas en cuanto a la integración de las organizaciones de productores y beneficiarios, se han construido procesos paralelos mucho más exitosos como resultado de las actividades asociativas y organizativas impulsadas o fortalecidas por la intervención de los programas, aunque no en función de proyectos productivos o económicos.

Muchas de las asociaciones creadas a partir de la intervención de los programas de desarrollo rural, y también previas a ellos, han confluido en el denominado Foro Nacional de la Agricultura Familiar (FONAF). Esta iniciativa promovida desde el ámbito regional por la Reunión Especializada de Agricultura Familiar (REAF) del Mercosur y en el plano doméstico por la Sección Nacional de la REAF, por la coordinación nacional de los programas FIDA, como PRODERNEA y PRODERNOA, y también por el PSA, en pocos años supo convertirse en un interlocutor del Estado en algunos aspectos clave del desarrollo rural.

En el segundo semestre de 2004 empezó a sesionar la REAF del Mercosur, que tuvo decisivo impacto sobre el diálogo político en el área al generar ámbitos favorables a la construcción de la confianza y a la participación responsable en el diseño de políticas públicas.

A finales de 2004 y durante 2005, la REAF puso en marcha el trabajo conjunto entre organizaciones representativas de la agricultura familiar, el INTA y la SAGPyA en torno de una agenda regional. Esa experiencia de diálogo político, positivamente evaluada por todos los participantes, sentó las bases del FONAF, inaugurado en diciembre de 2005 y formalizado en marzo de 2006 por Resolución de la SAGPyA N.º 132, en la que se establecía que el coordinador técnico de PRODERNEA-NOA sería miembro del FONAF en representación de la SAGPyA.

El foro produjo en un plazo relativamente breve un notable diagnóstico participativo e integral, reflejado en el Documento de Mendoza (FONAF, 2006a), y lineamientos estratégicos para una política de desarrollo rural en el Documento de Parque Norte (FONAF, 2006b). Este último plantea políticas diferenciales para la agricultura familiar, un uso socialmente equitativo y ecológicamente sustentable de los recursos naturales y el fortalecimiento institucional de las organizaciones sectoriales y gubernamentales.

Además, el foro generó una serie de externalidades en diversas esferas de la relación público-privado: en la formación de dirigentes, en la representatividad sectorial y en la generación y gestión de instrumentos de política pública en la propia SAGPyA (Márquez, 2007).

En el foro participan alrededor de quinientas asociaciones de pequeños productores de distinta naturaleza –reivindicativas o económicas– y, si bien desde sus inicios estuvo estrechamente asociado a las acciones llevadas adelante por el Estado nacional, en los primeros días de diciembre de 2011 sus integrantes formalizaron jurídicamente la Federación de Organizaciones Nucleadas de la Agricultura Familiar.

En la actualidad bajo la misma sigla (FONAF) e integrado por las mismas asociaciones, se encuentran dos redes organizativas: una en la que participan representantes del Gobierno y las asociaciones mediadas a través de la Mesa Nacional integrada por dos delegados por provincia –mesas provinciales– y dos delegados de los pueblos originarios, como mecanismo institucional de participación y diálogo del Estado con los sectores de la agricultura familiar, y otra –promovida desde aquel espacio– que se constituye como Federación de Organizaciones Nucleadas de la Agricultura Familiar, con personería jurídica, cuyo objeto es asumir una representación sectorial independiente del Estado y de las asociaciones reivindicativas históricas.

El foro, en términos organizacionales, recubre un carácter bifronte: 1) resulta un espacio colectivo de confluencia de numerosas y diferentes (en términos de base territorial, de construcción de liderazgos, de trascendencia histórica, en cuanto a los sujetos que representa, etc.) organizaciones de la agricultura familiar y 2) ese espacio colectivo de la sociedad civil presenta un carácter corporativo en la media en que la participación de esas organizaciones es sostenida (en términos materiales y simbólicos) por el Estado. Con el devenir del conflicto con el "campo", comenzaron a observarse las grietas en términos de las representaciones de los sujetos en cada caso. De allí surge la Federación de Organizaciones Nucleadas de la Agricultura Familiar, un espacio gremial instituido que se presenta en palabras de su presidente como una "nueva representación de los intereses sectoriales" y como un "interlocutor válido" de cara a los diferentes espacios estatales. Esta mutación modifica el carácter del diálogo político, entre las organizaciones, y desde las organizaciones con los diferentes espacios estatales.

Existen también otras iniciativas de agrupaciones muy diversas con integrantes heterogéneos que incluyen desde miembros en forma individual como profesionales y técnicos hasta representantes de ONG y universidades, así como asociaciones o grupos de desocupados, productores sin tierras, campesinos e indígenas que plantean una posición de mayor autonomía del Estado o de asociaciones reivindicativas tradicionales. Un ejemplo lo constituye el denominado "Movimiento Nacional Campesino Indígena" (MNCI) integrado por individuos y asociaciones reivindicativas y no reivindicativas de muy diverso grado de formalización, como Red Puna, Encuentro Calchaquí, la facción Vía Campesina del Movimiento Campesino de Santiago del Estero (MOCASE), Movimiento Campesino de Córdoba (APENOC, UCAN, OCUNC, UCATRAS, Organizaciones de Cruz del Eje), Unión de Trabajadores Rurales Sin Tierra de Mendoza, Unión de Jóvenes Campesinos de Cuyo, Movimiento Campesino de Misiones. Sus propuestas se orientan a la demanda de una reforma agraria integral, que permita garantizar el acceso a los recursos productivos –tierra, agua, financiamiento–, la soberanía alimentaria, la eliminación de la intermediación en la comercialización y el acceso a una educación basada en los valores de las comunidades, arraigo cultural y diversidad. Algunas de estas asociaciones cuestionan las iniciativas como el FONAF por su estrecha vinculación con un Estado al que debería enfrentarse (www. mocase-vc.blogspot.com.ar, consultado el 08.12.14). No obstante, en época reciente, se ha observado un mayor acercamiento y cooperación entre sus dirigencias y la actual Secretaría de Agricultura Familiar del Ministerio de Agricultura de la Nación.

5. La gestión y sus resultados desde las perspectivas de los actores en el territorio

La gestión de los programas de desarrollo rural reconoce al menos cinco tipos de actores principales que participan en las diferentes instancias: i) los organismos internacionales de financiamiento; ii) el Gobierno nacional a través de sus diferentes agencias; iii) los Gobiernos provinciales a partir de estructuras políticas y técnicas; iv) los técnicos de campo; y v) los destinatarios en forma individual u organizada. Los dos últimos concentran y construyen en sus acciones e interacción la dinámica de intervención de los programas en el territorio y dan cuenta tanto del grado de coherencia entre las necesidades de la población objetivo y la oferta de los programas, como de la efectividad de los instrumentos para dar respuesta a esas necesidades.

Las opiniones y los comentarios de los actores territoriales constituyen un aporte relevante para una adecuada comprensión de la intervención de los programas de desarrollo y un insumo clave en su reorientación o en la definición de nuevas estrategias a partir de las lecciones aprendidas por la experiencia. La caracterización de la gestión de los programas ha sido construida a partir de dos fuentes principales de información: una proviene de los documentos institucionales que reflejan las opiniones de los destinatarios/beneficiarios en talleres y evaluaciones participativas de experiencias;[35] la segunda proviene de las entrevistas realizadas a representantes de los destinatarios/beneficiarios en las diferentes provincias de NEA, de NOA y de Patagonia, donde han tenido intervención los programas FIDA (Anexo II).

Los ejes de contenido sobre los cuales se han organizado los discursos y las opiniones abordan aquellos aspectos de los programas que tienen una expresión concreta en el territorio: los instrumentos de intervención (asistencia técnica y financiera), la selección, organización y participación de los sujetos beneficiarios, y las observaciones sobre el proceso, su eficiencia y los resultados obtenidos.

5.1. Los técnicos de campo

Las provincias y los territorios donde se implementan los programas resultan heterogéneos más allá del denominador común del nivel de pobreza rural y la presencia relevante de integrantes de la AF. El conocimiento y la experiencia de los técnicos en el territorio se constituyen en factores decisivos en las intervenciones. Buena parte de los técnicos de campo acreditan experiencias de muchos años de trabajo en programas de desarrollo rural o en instituciones públicas, y se destacan, a pesar de las diferencias ya expuestas, los antecedentes en el PSA y el INTA.

---

[35] Véanse: CRISOL, 2006, 2006b, 2006c; CEDES, 2007; CIET, 2007a, 2007b; Danini, 2007; Novacovsky, 2007a, 2007b; PRODERNEA-UNC, 2008a, 2008b, 2008c, 2008d; PROINDER, 2006; Quiroga y Canet, 2006; PRODERNOA, 2009.

Como lo ejemplifica el estudio de caso de Arzeno *et al.* (2011), los agentes técnicos de desarrollo tienen que asumir una triple función permeada de contradicciones y de ambigüedades en la defensa de sus propios intereses personales, la defensa de los intereses de su institución –que no siempre está claramente definida debido al desempeño de los mismos técnicos en diferentes programas– y la mediación entre los diversos intereses de los actores y las facciones locales en los territorios rurales.

Los técnicos de campo eran, en las economías regionales, un recurso escaso, y la competencia con el sector privado, oferente de mejores honorarios que los programas de desarrollo, era casi siempre desfavorable para la contratación por los programas (sobre todo de los técnicos más calificados). El grueso de los técnicos que prestaban servicios en el sector público lo hacían para distintos organismos o programas (mayormente el PSA, pero también el INTA y los FIDA).

La doble y a veces triple pertenencia institucional de los técnicos hacía que aplicaran los métodos de trabajo del programa con el que más se identificaban –asistencialistas en el caso del PSA o productivo asistencialistas en el del INTA–, lo que dificultaba las estrategias de intervención de los programas a pesar de las muchas capacitaciones que se hacían para sensibilizar respecto de su filosofía y sus métodos. Los técnicos del PSA atendían grupos, en muchos casos más en carácter de trabajadores sociales que de técnicos agropecuarios, dado que los grupos tenían fines solidarios sin un proyecto productivo en común. Numerosos grupos de los programas FIDA fueron antes PSA y sus integrantes valoraban mucho esa pertenencia y lo expresaban en las reuniones (incluso en alguna supervisión del FIDA que motivó la sugerencia de que en las fincas o en los galpones se identificara con carteles el programa y la pertenencia institucional).

Los técnicos son los principales referentes de las UPE en el territorio y constituyen el nexo y la personalización de los programas ante los destinatarios. La mayoría de los productores han conocido la existencia de los programas a través de los técnicos. Son ellos también los que sugieren a los equipos de gestión cuáles son los grupos u organizaciones de productores que están en condiciones de sostener un proyecto que implica asumir crédito (en el caso de PRODERNEA y PRODERNOA) o elaborar planes de negocios para el uso de aportes no reembolsables del Fondo de Apoyo a Emprendimientos (FAE) o del Fondo de Capitalización de Organizaciones (FOCO) en el caso de PRODEAR. De este modo, los técnicos suelen quedar como los referentes y responsables de los proyectos, más que los productores y sus representantes (sobre todo en la experiencia de los grupos *ad hoc* de PRODERNEA y PRODERNOA). En este contexto, tanto las expectativas de los equipos de gestión de las UPE como la de los destinatarios tienden a recaer sobre los técnicos y a sobredimensionar sus posibilidades de acción.

Las debilidades planteadas por los técnicos de campo respecto de la gestión de los programas FIDA coinciden con las percepciones de los beneficiarios y se refieren a la no correspondencia entre los tiempos productivos y los tiempos administrativos de los proyectos. En algunos casos, el financiamiento de los proyectos se aprobó muy cerca de la finalización de los programas. En el marco de PRODERNOA existieron proyectos formulados posteriormente a su cierre intentando enmarcarlos en la continuidad del PRODERI. En otros casos estas incompatibilidades de tiempo en los procesos y los proyectos estuvo asociada a las dificultades de organización de las UPE y a la disponibilidad de capacidades provinciales para la gestión del programa, como ocurrió en la provincia de Catamarca durante el PRODERNOA, donde fue una de las principales causas de la baja ejecución de proyectos.

Los técnicos de campo han advertido que existe un mayor énfasis y atención en la formulación del proyecto –que en general, es muy bien valorada por los beneficiarios– y en cambio menor dedicación durante la ejecución y su implementación. Los técnicos reconocen que buena parte del éxito de las ejecuciones se vincula con el seguimiento en el territorio y la asistencia técnica posterior al desembolso. En algunos casos esto genera una alta dependencia respecto del técnico para la concreción de los proyectos, al punto de que si el técnico no sigue de cerca su implementación, éstos no se cumplen ni trascienden el desarrollo de los programas.

La mayoría de los técnicos tiene un perfil agronómico o veterinario y se ven limitados para el abordaje de algunas de las problemáticas que emergen en el marco de los nuevos programas vinculados con el desarrollo organizacional de los grupos y comercial de los emprendimientos. Existe un consenso generalizado de que la labor de los técnicos de terreno ha posibilitado la instalación de capacidades productivas en casi todas las provincias, pero en cambio la comercialización continúa siendo un "cuello de botella" sin resolver. Para superar esta debilidad se sostiene la necesidad de reforzar las capacidades asociativas de los grupos de productores, lo cual requiere la suma de otros perfiles profesionales (ciencias sociales, mercadotecnia). En este sentido, parecen avanzar algunas acciones del equipo de gestión de la UPE-PRODEAR de Chaco al instituir dentro de su organigrama de gestión un área de fortalecimiento organizacional cuyo coordinador cumple la función de articular al equipo de gestión con los técnicos de terreno y de asistirlos en la transmisión del programa hacia las organizaciones.

En la medida en que las organizaciones, como adjudicatarias de los beneficios de los programas, asuman mayores responsabilidades, existe la expectativa de que se hagan cargo de algunas de las múltiples tareas o roles que en la actualidad se concentran en los técnicos de campo. No obstante, el grado de madurez organizacional que implica la administración de fondos y proyectos productivos y comerciales requiere de tiempo y dedicación técnica especializada para capacitar a asociaciones con un alto grado de heterogeneidad en sus capacidades organizativas y de gestión.

Otro aspecto relevante respecto de los perfiles técnicos en los territorios está relacionado con el trabajo realizado en las comunidades aborígenes, donde se hace imprescindible la labor de traductores y profesionales especialmente preparados para la transmisión y el intercambio de saberes técnico-productivos, con el adecuado respeto de las tradiciones y de la diversidad cultural de dichas comunidades.

Para el caso de estas comunidades, se realizó un taller de evaluación y reflexión del componente FACA de PRODERNEA con 25 responsables de los equipos técnicos provinciales que trabajaron con las comunidades aborígenes de Formosa, de Chaco y de Misiones (Quiroga y Canet, 2006).

Una de las primeras recomendaciones consensuadas en dicho taller ha sido la necesidad de una mayor capacitación y de espacios de reflexión e intercambio de experiencias entre los técnicos para la conformación de equipos interdisciplinarios que incluyan a traductores y un mayor conocimiento de la cultura aborigen. Se destacan también la importancia de generar un encuentro entre los productores para conocer con mayor profundidad su opinión y la necesidad de que existan fondos de preinversión para el diagnóstico y la formulación de los proyectos que garanticen un trabajo previo y sólido con las comunidades y el incremento de la presencia de la UPE en el terreno.

Existieron coincidencias también respecto de garantizar la continuidad de los proyectos articulándolos con otras instituciones; de capacitar e identificar especialistas para fortalecer la organización y de lograr un mayor conocimiento del técnico sobre la situación de la tierra de las comunidades para articular con las instituciones pertinentes. Existen comunidades a las que nunca llega nada a pesar de que el PRODERNEA, el INTA, el PSA y el PROHUERTA trabajan en la zona, lo cual exige hacer trabajo coordinado en cada localidad.

Las opiniones vertidas en la reunión también hicieron una autocrítica en relación con la burocracia y el manejo del dinero del programa, planteando la necesidad de un mayor compromiso con los roles y las responsabilidades de las UPE, de mejorar la organización de sus equipos y de aumentar el número de responsables del FACA en cada provincia. Los fondos manejados por las comunidades han respondido a estrategias y mecanismos diferentes de las UPE lo que generó una serie de críticas e inconvenientes dada la heterogeneidad de situaciones de acuerdo con las comunidades y las provincias.

Finalmente, algunos técnicos mencionan la excesiva distancia que se produce en la comunicación entre quienes están en el terreno y quienes toman las decisiones a nivel del organismo de financiamiento internacional y de los equipos de gestión nacional. Esto suele demorar demasiado algunas decisiones de cambios estratégicos en cuanto a la implementación de los programas, lo que deja a los técnicos y a los productores a la espera de sus definiciones.

Como bien lo expresa el estudio de caso de Arzeno *et al.* (2011), los agentes técnicos de desarrollo tienen que asumir una triple función permeada de contradicciones y de ambigüedades en la defensa de sus propios intereses personales y de los intereses de su institución, y en la mediación entre los diversos intereses de los actores y facciones locales en los territorios rurales.

5.2. Los destinatarios

Diversos destinatarios de los programas FIDA en proyectos específicos llevados a cabo en diferentes regiones del país han manifestado sus percepciones y evaluaciones sobre los procesos de intervención y sobre los resultados alcanzados en talleres participativos y evaluaciones institucionales. Una sistematización de estos comentarios, con las limitaciones de sus diferentes niveles de desarrollo y contenidos, ha sido ordenada de acuerdo con instrumentos y temáticas, y se presenta a continuación.

Asistencia técnica

De acuerdo con las fuentes consultadas, la asistencia técnica (AT) ha sido considerada fundamental en la inmensa mayoría de las provincias y experiencias para mejorar las condiciones de vida de la población beneficiaria. No obstante, se ha observado que en ciertas provincias la AT llegó en forma esporádica o benefició más a aquellos radicados cerca de la ciudad capital de provincia y, en algunos casos, se ha notado que ciertos productores se beneficiaron con una duplicación de AT pública y privada. Otras experiencias muestran que el técnico estuvo presente sólo en la primera etapa, en la formulación del proyecto para la obtención del crédito, pero sin la continuidad posterior de un asesoramiento técnico específico en la implementación y su seguimiento, o que su presencia a lo largo del proyecto fue esporádica y con un bajo grado de compromiso con la tarea. También existen menciones, pocas, en que se ha considerado que los técnicos no estaban lo suficientemente capacitados para su función.

En general, la AT ha sido valorada por la casi totalidad de las opiniones como útil o eficiente en los aspectos productivos, en el asesoramiento sobre cuestiones sanitarias y de registros –certificaciones, inscripciones–, en la organización y los registros de las actividades comunes, en el asesoramiento de la compra de insumos y en la adaptación del producto a las exigencias del mercado. La AT no ha tenido el mismo nivel de reconocimiento generalizado respecto de su impacto en la generación de negocios y la comercialización, más allá de las etapas de mejora del producto para el mercado –apariencia, condiciones bromatológicas, etc.– y de algunos contactos e información comercial. Se han destacado las posibilidades brindadas por los programas para la participación en ferias y eventos a nivel nacional con el objeto de exponer y comercializar los productos, y también algunas experiencias de articulación a cadenas o agregado de valor en la provincia de Formosa.

A partir de la AT la mayoría de los grupos llevan registro de sus costos e ingresos. La información registrada está relacionada con lo comprado, lo producido y lo vendido, y en ciertas experiencias se registra información sobre cuestiones técnicas en la evolución de la producción o de los precios en el mercado. En algunos casos excepcionales existen actas de reunión para registrar las decisiones tomadas por el grupo. Los registros pueden servir para aprender de lo realizado y aplicar los conocimientos en etapas posteriores.

La AT permitió obtener mejor "calidad" de lo producido y con ello facilitar su venta. El técnico suele ser la fuente de información para las ventas, lo que favorece el conocimiento de las condiciones de mercado por parte de los productores. No obstante, existe una coincidencia bastante generalizada en relación con que la AT posibilitó "producir mejor" más que "vender mejor".

En algunos casos, la AT ejerce un rol de mediador para superar los conflictos generados en los grupos, cuya actividad principal gira en torno al crédito. Se demanda que mejore su rol de "catalizadores" dentro del grupo y que sea un medio para alcanzar la resolución de los problemas que el grupo no puede solucionar por sí mismo.

Es generalizada la opinión sobre la importancia que tiene el hecho de que la AT se encuentre acompañada por el apoyo crediticio para hacer factible las mejoras e iniciativas de los proyectos.

Financiamiento

En lo relativo al crédito, contrariamente a los resultados objetivamente observados en cuanto al alto grado de mora y no devolución de los préstamos, la mayoría de las respuestas de participantes del PRODERNEA han destacado sus bondades señalando que: i) posee requisitos de acceso más flexible y plazos más largos que los bancos comerciales; ii) las condiciones de devolución más favorables que las existentes en el mercado, con mejores plazos y menores tasas de interés, permiten acceder a un financiamiento que de otra manera hubiera sido dificultoso para el productor; iii) el acompañamiento de la AT y la formación de grupos logran mejorar el marco para el acceso al financiamiento; iv) existen facilidades para refinanciación en casos de contingencia de producción y pueden contar con prórroga del pago de capital.

Las observaciones respecto a los aspectos negativos del instrumento crediticio han girado en torno a: i) cierta rigidez al no contemplar las inclemencias climáticas que constituyen una amenaza para devolver en plazo el crédito; ii) el sistema de garantía solidaria encuentra opiniones diversas, desde aquellos que reclaman garantías individuales hasta los que reivindican la garantía solidaria como mecanismo de consolidación de la actividad económica común que fortalece al grupo –aquí también las realidades provinciales son diferentes y van desde posiciones menos críticas a la garantía solidaria en Misiones a más críticas en Corrientes–; iii) los montos otorgados deberían contemplar y ajustarse en función de la dimensión o envergadura de los proyectos.

Es mayoritaria la opinión de los entrevistados respecto de la demora entre la formulación de los proyectos y los desembolsos de recursos para su realización. Esto tiene dos tipos de consecuencias negativas: en ciertos casos los recursos económicos se encuentran disponibles fuera de la época en que se los requiere en función de la estacionalidad de ciertas actividades productivas, y en otros resultan insuficientes dado el contexto económico de alta variabilidad en los precios de insumos y equipamiento.

En cuanto a la autonomía y la capacidad de los grupos para administrar recursos económicos con el fin de otorgar financiamiento y contratar asistencia técnica –un eje planteado por la UNC con el fin de explorar las posibles modificaciones a incorporar en sus próximos programas FIDA–, las respuestas fueron divergentes aunque el denominador común es que a mayor organización y consolidación de las organizaciones –jurídicas y administrativas– existen mayores posibilidades para tomar esa responsabilidad.

Grado de información y participación
de los destinatarios

Los técnicos de campo han sido el nexo de conexión y comunicación del programa con los destinatarios y los beneficiarios. En la inmensa mayoría de los casos estos últimos desconocen los mecanismos y no participaron de reuniones donde se evaluaban los proyectos.

Los beneficiarios expresan un desconocimiento generalizado de los procesos que los programas siguen para la aprobación de los proyectos. Lo mismo ocurre con la participación de los beneficiarios, y en particular en el caso de las mujeres y los jóvenes. Los participantes de los Comités de Crédito y Asistencia Técnica (CCAT) provinciales suelen ser "seleccionados" por la UPE, y en muchos casos visualizan la vinculación institucional a través del municipio y en la persona del intendente.

La mayor parte de los productores tienen poco conocimiento de la integración y actividades de los CCAT
–con excepción de la provincia de Corrientes y en menor medida Formosa–. La escasa información sobre el
programa llega a través del técnico, excepcionalmente
a través de la radio y la televisión, y en menor medida a
través de los funcionarios de la UPE. En la mayor parte
de los casos los beneficiarios no conocen el destino de
los recursos. Algunos participantes han recibido folletos
e informes generados por la UPE, pero los beneficiarios
reclaman en algunos casos mejor información y copia
de la documentación que firman.

Género

Las cuestiones de género son valoradas positivamente. Las mujeres participantes consideran que, por
ejemplo, el PRODERNEA facilitó su participación en
los grupos y promovió el cambio de percepción social
al lograr que sean reconocidas como productoras. El
apoyo a proyectos productivos conducidos por mujeres
a través del crédito ha sido un factor importante en este
reconocimiento. No obstante, esto varía según los grupos, las zonas y las provincias. Existen zonas donde las
mujeres no son invitadas a participar de las reuniones,
ni del programa como beneficiarias, aunque sí participan como familiares del beneficiario en su rol de hijas,
esposas o madres. La provincia de Corrientes se destaca
por su alta valoración positiva de las acciones a favor de
una participación e integración activa de las mujeres en
los proyectos, en los beneficios de los instrumentos y
hasta en la participación de los CCAT provinciales donde
se ha establecido como requisito su integración mixta.

Jóvenes

Por el contrario, ha sido casi total el desconocimiento de los representantes de los beneficiarios sobre la existencia de iniciativas para jóvenes en el PRODERNEA. En general el conocimiento de proyectos productivos financiados para jóvenes es reducido. En algunos casos hubo técnicos que incentivaron la participación de los jóvenes y a partir de ahí se formularon algunos proyectos. La provincia de Corrientes nuevamente marca su carácter de excepción positiva al conocer y valorar las acciones del PRODERNEA con los jóvenes, pero destaca sus limitaciones (cursos de agentes de desarrollo rural y capacitaciones en oficios) en un contexto donde no se abren demasiadas oportunidades laborales que faciliten la decisión de no migrar a los grandes centros urbanos.

Esta situación puede haber tenido cambios importantes a partir de la implementación en algunas provincias (en particular en Cuyo y en Patagonia) de los programas para Jóvenes Emprendedores Rurales, en los que se han instalado centros para el apoyo de sus iniciativas.

Comunidades aborígenes

El apoyo del PRODERNEA a partir del componente FACA ha sido destacado como muy positivo por parte de los destinatarios en cuanto a la mejora de sus condiciones básicas de vida (especialmente por el acceso a infraestructura como agua potable, luz eléctrica, mejoras en las viviendas), a la instalación de infraestructura productiva y la adquisición de capital de trabajo (alambrados, invernáculos, animales, maquinaria, insumos), a mejoras en la producción y en la incorporación de nuevas superficies productivas que posibilitaron una mejora en su seguridad alimentaria, en la generación de excedentes para comercializar, diversificar su producción y acceder a nuevos mercados, lo que posibilita un aumento de sus ingresos monetarios.

A diferencia del PRODERNEA, no hay información o documentos disponibles de otros programas sobre la opinión de los beneficiarios respecto de los proyectos y de su gestión. Para ello se recurrió a una serie de entrevistas en el territorio a beneficiarios de otros programas FIDA (ver Anexo II).

En el caso de PRODERNOA, en términos del trabajo con comunidades aborígenes, se destaca entre otras la comunidad Amaicha del Valle. La comunidad posee 52.812 ha en la zona de los valles Calchaquíes, en la provincia de Tucumán. Allí, en pleno acuerdo con el sistema político tradicional (el cacicazgo) y el proyecto político, económico, cultural y social que lo sustenta, se priorizaron tres áreas de trabajo: la producción vitivinícola, las artesanías y el turismo rural. PRODERNOA es reconocido, tanto por las autoridades comunitarias como por los beneficiarios directos, como un actor central en el armado de los proyectos. La intervención del programa se orientó a brindar asistencia técnica, a la adquisición de implementos de trabajo y al otorgamiento de créditos y subsidios.

El cacique de la comunidad reconoce que, si bien las líneas de financiamiento suelen marcar el accionar y definir las estrategias de intervención, en el caso de PRODERNOA, las prioridades estuvieron puestas en las necesidades comunitarias, que fueron tenidas en cuenta para el armado de los proyectos con participación de los potenciales beneficiarios. De estas experiencias, hay resultados que reflejan el alto impacto generado en la comunidad y hay proyectos que continúan ejecutándose. En el primer caso, se destacan los aportes financieros y técnicos que posibilitaron el desarrollo de las tres experiencias que se mencionan a continuación.

El Grupo de Agricultores del Paraje Encalilla, conformado por alrededor de 40 familias productoras (18 actualmente en actividad), se encuentra trabajando en un área de alrededor de 80 ha con una superficie promedio de 3 ha para cada familia. Uno de los beneficios que se destaca es el apoyo y el asesoramiento para la formación del grupo por parte del programa. Asimismo, PRODERNOA colaboró en la habilitación de un pozo de agua que favoreció el manejo del recurso. La asistencia técnica se concentró, en este caso, en el agregado de valor y la comercialización, en la producción de especias (comino, ají, pimentón, etc.), en las artesanías y en el turismo rural, articulando estas actividades. Las debilidades están relacionadas, nuevamente, con los tiempos y la tardía llegada de PRODERNOA hacia la finalización del programa en 2012. También las obras pendientes en el caso de la concreción del acueducto para un mejor aprovechamiento del sistema de riego de toda la comunidad.

Un segundo proyecto de importancia es el del Grupo de Adoberos conformado fundamentalmente por jóvenes de ambos sexos, en el que PRODERNOA aportó asistencia técnica e implementos. El grupo pudo formular el proyecto junto a los técnicos y recibir asistencia técnica. El incremento en este material de construcción típico de la arquitectura comunal fue muy alto y se pasó de elaborar 8.000 adobes mensuales a 19.000 gracias al apoyo del programa. Si bien hubo algunos problemas con la compra de los implementos, el aumento de la productividad fue evidente y los miembros del grupo destacan la asistencia técnica permanente, no sólo para la elaboración del producto principal –el adobe– sino en términos de fortalecimiento asociativo, contactos con otros programas e instituciones, experiencia en el armado de proyectos, etc. El grupo se encuentra dedicado a la organización de una cooperativa y ha diversificado sus actividades proveyendo servicios de limpieza de terreno, de desmonte y de enfardado.

Un proyecto de gran impacto comunitario que PRODERNOA financió fue la consolidación del sistema de riego. La Junta de Regantes de Los Zazos, que venía trabajando con otras instituciones públicas y privadas previamente, participó de la elaboración de diagnósticos del programa y obtuvo en 2010 un equipo de filtrado para alrededor de 60 ha que benefició a 109 usuarios. Otros ocho productores recibieron, además, un crédito para la producción de vides. La junta reconoce que el crédito otorgado por PRODERNOA fue el instrumento de mayor utilidad para su proyecto dado que complementaba una asistencia técnica que estaban recibiendo en la zona previa a la intervención del programa. Integrantes de la junta han formado una cooperativa, con reconocimiento legal en trámite, para la actividad vitivinícola, y tiene como objetivo la construcción de una bodega para escalar en el agregado de valor de su producto, planteando una demanda de continuidad en los apoyos brindados por el programa para seguir creciendo.

En este sentido, la continuidad del PRODERNOA a través del PRODERI resulta una estrategia que puede dar respuestas a estas necesidades de crecimiento. Como hemos mencionado, PRODERI incorpora a las organizaciones como socios del programa. En este caso, la

Comunidad de Amaicha, como persona jurídica, es en la actualidad responsable de la ejecución de los fondos dispuestos por el programa. Los técnicos que llevan adelante la asistencia son remunerados por la comunidad con recursos del programa y no en forma directa por el programa o a través de la UPE. El proyecto de la bodega se encuentra en etapa de implementación. Ésta será construida al modo de la tradición arquitectónica comunitaria y estará situada estratégicamente en el ingreso a Amaicha y al paseo de artesanos. Además del financiamiento para su construcción y su infraestructura, el proyecto requiere el apoyo y el asesoramiento en la organización de la gestión comunitaria de la bodega y la capacitación de los recursos humanos, fundamentalmente jóvenes, de la comunidad que trabajarán en ella.

Comercialización y agregado de valor

Además de las comunidades aborígenes, el PRODERNOA ha sido valorado por otros beneficiarios. El impacto que el programa ha tenido entre los productores cañeros es un buen indicador de esto. La Cooperativa Don Pedro de Simoca, provincia de Tucumán, no sólo ha contado con el apoyo financiero del programa sino también con la asistencia técnica que favoreció el fortalecimiento organizacional y la participación de la cooperativa en otras instancias, como la Mesa Cañera, conformada por doce cooperativas y la sección provincial del FONAF. Un proceso similar transitó la Cooperativa Agropecuaria 20 de junio en Bella Vista de la misma provincia, cuyo proyecto de un frigorífico porcino –próximo a entrar en funcionamiento– fue financiado por PRODERNOA. En estos casos los productores cañeros esperan la implementación en el territorio del Programa para Incrementar la Competitividad del Sector Azucarero del NOA (PROICSA) y del PRODERI como un apoyo complementario a los servicios y apoyos recibidos en las etapas previas.

A diferencia de otros programas de desarrollo rural, los productores cañeros destacan la "agilidad" de PRODERNOA tanto en términos del desembolso como en la asistencia técnica. Si bien las cooperativas ya se encuentran en negociaciones con PRODERI y, especialmente, con PROICSA, los productores manifiestan sus dudas respecto de estos nuevos programas. En el caso de PRODERI, la principal preocupación es la continuidad de las acciones de los técnicos PRODERNOA en terreno, principalmente, los ingenieros agrónomos con quienes llevan años trabajando, incluso desde antes de PRODERNOA con el apoyo del PSA.

En el caso de PROICSA, las primeras acciones de este programa no replican la operatoria cañera que tuvo PRODERNOA y se concentran en el otorgamiento de caña semilla de alta calidad. La coyuntura actual de la actividad atraviesa grandes dificultades debido al precio de la caña y de los recursos necesarios para la preparación del suelo que los productores no se encuentran en condiciones de afrontar. La continuidad de los programas que apoyen a este tipo de iniciativas se manifiesta como una clara necesidad ante actividades vulnerables, estratégicas y cíclicas en términos productivos e institucionales.

En cambio, en el caso de productores hortícolas y apícolas de la ciudad de Centenario, en la provincia de Neuquén, la situación es diferente y la articulación con los técnicos ha atravesado algunas dificultades en el marco de la ejecución del PRODERPA. A partir de fondos del programa y la asistencia técnica del Centro PyME, se fortaleció a un grupo de productores hortícolas que formaron una organización cooperativa: Cooperativa Agropecuaria, Hortícola y Apícola 6 de Agosto, integrada por veinte productores. El programa prevé realizar un desembolso para constituir un fondo rotatorio que administrará el Mercado Concentrador de Neuquén por un plazo de dos años, y que luego quedará funcionando en el marco de la cooperativa. Si bien los productores evalúan como favorable la asistencia técnica que han tenido para la constitución y el fortalecimiento de la organización cooperativa, se plantean algunas debilidades vinculadas con los excesivos tiempos administrativos para el desembolso y, fundamentalmente, con ciertas "incompatibilidades" entre los conocimientos de los técnicos y la experiencia de los productores que ha generado dificultades con el uso de los recursos y la aplicación de técnicas y fertilizantes.

Estas diferencias entre asistencia técnica y "saberes" de los productores, en cambio, no se extienden a otras experiencias en la misma provincia. Por ejemplo, uno de los proyectos más importantes en el territorio es el de la Cooperativa Agropecuaria de Comercialización de Pequeños Productores de la Zona Centro de Neuquén, que procura mejorar la cadena de valor textil a partir del procesamiento y de la comercialización conjunta de fibras de origen animal –mohair, lana, cachemira–. La intervención del programa contempla apoyos económicos para mejorar la infraestructura de la cooperativa y servicios de asesoramiento y capacitación para los productores involucrados preservando las prácticas y saberes tradicionales. En este proyecto se destaca una activa cooperación interinstitucional con otras agencias y programas: Programa Mohair, Ministerio de Desarrollo

Social de Nación, Ministerio de Desarrollo Territorial de Neuquén –a través de Centro PYME y la Dirección de Desarrollo Rural–, INTA, INTI y Municipio de Zapala.

En el caso de los beneficiarios del PRODEAR en la provincia de Chaco, la valoración general del impacto del programa en términos de mejoras de infraestructura productiva y en el aporte a la consolidación organizacional de los grupos es en general muy positiva. La mayoría de los beneficiarios entrevistados resaltan el ágil desembolso de los fondos que les ha permitido cumplir en tiempo y forma con los planes de negocios presentado. La actual articulación administrativa entre la UPE y el Ministerio de la Producción explica la fluidez en este proceso. Una excepción al respecto fue el desembolso de los fondos para la construcción de treinta aljibes para recolección de agua de lluvia en la comunidad Qom de Fortín Lavalle. Debido a algunas demoras en los pagos y al aumento de precios en los materiales, no se completaron las obras y dos familias se quedaron si sus respectivos aljibes. En la actualidad se está viendo la posibilidad de completar y ampliar estas obras a otras familias de la comunidad interesadas.

También existe una valoración positiva generalizada respecto de la capacitación y asistencia técnica recibida desde los programas (tanto PRODERNEA como PRODEAR). Esta cuestión ha impactado favorablemente en la calidad y en la capacidad productiva. A partir de estos resultados se han establecido vínculos muy fuertes de afectividad y camaradería entre los beneficiarios y los técnicos de terreno, que son sus principales referentes frente al programa.

La mayoría de los destinatarios destacan los problemas derivados de la comercialización como una situación que los pequeños productores no pueden resolver solos sin la presencia del Estado como mediador de los procesos de inserción de sus productos en el mercado frente a otros actores de mayor peso económico. La percepción de los beneficiarios en torno a las acciones desarrollas desde el PRODEAR y el Gobierno provincial en este sentido varía de acuerdo con la región y la actividad específica. Dentro de la lógica de intervención por cadenas productivas que ha adoptado el PRODEAR en la provincia de Chaco (ver Anexo I, 5.3), los productores apícolas son los que demuestran mayor grado de conformidad con las acciones implementadas en este sentido. Con fondos del PRODEAR, las cooperativas apícolas han podido construir, reparar o habilitar salas de extracción de miel, de almacenamiento de tambores para exportación y de fraccionamiento y envasado para venta en el mercado interno. También, han sido beneficiados con el FOCO para la incorporación de nuevos socios y la consolidación de sus organizaciones. La administración de los fondos rotatorios que, en palabras del presidente de una de las cooperativas, son "un subsidio para el programa y un crédito para los productores", revela cierta madurez organizacional del sector. Los beneficiarios destacan que el hecho de haber podido consolidarse como cooperativas formalmente constituidas les ha permitido vender a mejor precio y mejorar su posición frente a los demás actores de la cadena. A la vez, destacan el sistema de autofinanciación de las organizaciones propiciado por el componente FOCO porque, a diferencia los créditos PRODERNEA administrados desde la UPE, les da autonomía y les permite apropiarse de los mismo como parte de su patrimonio y los afianza como grupo.

La apicultura es una actividad secundaria o complementaria de ingresos para la mayoría de los productores
rurales participantes de los programas. El incremento de
los ingresos por la mejora obtenida en esta actividad ha
posibilitado su reinversión en la mejora del equipamiento y las actividades productivas principales. Algunos de
los productores de la Cooperativas Palmares de Basail,
por ejemplo, manifiestan que con los ingresos de la apicultura realizaron reparaciones en los predios o de sus
maquinarias que les permitieron reactivar las actividades
agrícolas de la chacra y en la actualidad están viendo
la posibilidad de realizar acuerdos comerciales con el
mercado central de la provincia para la venta hortícola
de batata. Por su parte, con un perfil socio-ocupacional
(vinculado a oficios y profesiones del medio urbano),
la mayoría de los asociados de la Cooperativa Apícola
Misky Sumaj manifiestan que los ingresos de la apicultura
son fundamentales para el sostenimiento de la familia y
para enviar a los hijos a la universidad en algunos casos.

A diferencia del caso apícola, los eslabones productivos de la cadena ganadera de cabritos en la provincia
de Chaco se encuentran mayoritariamente radicados en
el impenetrable chaqueño. Éstos presentan dificultades
para la formalización de sus grupos y para la articulación del circuito comercial por motivos vinculados
con las particularidades ecológicas de una zona que
se caracteriza por una alta dispersión territorial de sus
habitantes y dificultades de acceso y comunicación.
Para estos grupos de productores el problema de la comercialización resulta crítico, y requieren del apoyo de
agencias o programas como organizadores de la logística
comercial que contribuya a hacer llegar la faena a los
diferentes mercados. El impenetrable chaqueño cuenta

con 4 millones de hectáreas con caminos en mal estado (sobre todo para el ingreso a los predios) que dificultan el traslado de la faena. Tal es el caso de los 47 productores cabriteros de Miraflores, quienes se manifiestan conformes con las mejoras prediales (aguadas, pasturas, genética de los animales, sanidad, etc.) y productivas propiciadas por el PRODEAR, pero destacan el tema de la comercialización como un problema que no les permite crecer ni mejorar económicamente.

Si bien existe un frigorífico exportador en la región, resultado de una asociación entre el Gobierno provincial y el de Trento (Italia), y no ha logrado cumplir con las expectativas de los productores. Según manifiestan uno de los productores de Miraflores, habían hecho un convenio con este frigorífico, según el cual se comprometían a entregar 300 cabezas por mes como mínimo, pero luego de seis meses de operaciones, éstas se interrumpieron debido a la falta de pago del frigorífico. Esto requiere, en opinión de los productores, la intervención y el acompañamiento del Estado en los procesos de recepción, entrega y cobranza de la mercadería.

Asociación y organización

El tema organizacional en esta región también resulta un problema complejo. Los grupos destacan que trabajan en forma conjunta en la práctica, pero les cuesta trascender y sostener organizaciones con algún grado de formalidad. La mayoría ha alcanzado el grado de Asociación Civil pero no una formalización jurídica adecuada para comercializar – como una cooperativa o sociedad comercial– y muchos de los grupos han perdido la personería jurídica de sus asociaciones por deficiencias administrativas y organizacionales (presentación de balances, actas, etc.).[36] Cuando los programas se retiran muchas de las organizaciones tienden a diluirse, las actividades que las convocaban se hacen más esporádicas y las reuniones de sus dirigentes y asociados menos frecuentes.

La intervención de los programas FIDA a partir del componente FACA ha sido destacada por su llegada a comunidades con muy poco acceso a recursos. Miembros de las comunidades han manifestado en las entrevistas un alto grado de satisfacción por la participación de dos de sus representantes mujeres en un curso de capacitación para la elaboración de proyectos. En estos seis meses de duración se fue elaborando un proyecto consensuando con la comunidad sobre las principales necesidades que hay que resolver (escasez y falta de acceso al agua potable). Este diagnóstico participativo llevó a la elaboración del proyecto para la construcción de aljibes en las comunidades de Fortín Lavalle e involucró la mano de obra de sus hombres y sus mujeres. Con excepción de las dos familias que no pudieron acceder al beneficio –comentado anteriormente–, las demás han expresado su satisfacción con las mejoras que estas obras han traído para sus condiciones de vida cotidiana.

En la actual etapa de los programas FIDA en Chaco en el marco del PRODEAR, las comunidades aborígenes se encuentran mayoritariamente involucradas en proyectos de artesanías. Una de las integrantes de la comunidad Qom de Fortín Lavalle tiene a su cargo como tutora a

---

[36] Esta situación resulta frecuente en el medio rural y ha dado lugar a su conceptualización y a su registro como Asociaciones Económicas no Cooperativas de la Agricultura Familiar (AEnCAF). Una tipología de ellas, sus principales rasgos constitutivos y una serie de estudios de casos pueden consultarse en Lattuada (2014b).

tres grupos de artesanas en cestería de otras localidades próximas. La producción de estos grupos es comprada por la Fundación Gran Chaco (de Formosa) que establece la dimensión de los pedidos y los diseños de los productos artesanales confeccionados por las mujeres. Esta última cuestión no siempre es bien recibida por los grupos de artesanas, quienes no estás acostumbradas a la estandarización de su labor. No obstante, los mejores precios pagados por la Fundación a sus productos han atenuado estas diferencias y motivado su interés por tener un mayor contacto y conocimiento con otras mujeres de la Fundación. Esta experiencia posibilita además que durante los encuentros de mujeres se puedan conversar otros temas vinculados, por ejemplo, con la salud reproductiva e infantil.

Tenencia y regularización de dominios

En cuanto a los temas de regularización de las situaciones de tenencia de la tierra, la asistencia del PRODERNEA contribuyó en provincias como Misiones a realizar los trámites para regularizar situaciones de dominio, aunque se consideraba que el programa debería prestar mayor atención a estos temas que tienen diversas complejidades según las comunidades y sus organizaciones (Misiones, Formosa, Chaco). En la provincia de Chaco se consideraba que el PRODERNEA no pudo solucionar los problemas básicos de la tierra: gestorías, tenencia, titulación. Durante la implementación del PRODEAR se realizaron acciones conjuntas con el Instituto de Colonización de la provincia para la regularización de 250 títulos de tierras en el impenetrable chaqueño, donde el programa financia el armado de las carpetas para la adjudicación de los predios. Por su parte, PRODERNOA también llevó adelante algunos procesos de regularización de la tenencia de la tierra, asistió a los productores en los trámites al respecto y, en algunos casos, se hizo cargo de los costos de las mensuras de algunas parcelas, como ha ocurrido en la provincia de Tucumán.

En síntesis, la valoración general de los programas por parte de los destinatarios es positiva, dado que se llega a zonas rurales con alto grado de necesidades y con una histórica falta de acceso a recursos económicos para buscar soluciones a esas necesidades.

Por otro lado, esta valoración no puede desprenderse de una percepción sobre la acción y presencia en los territorios de los Estados provinciales a los que van atados estos programas y, a su vez, a la relación con los técnicos que son los verdaderos interlocutores y asistentes cotidianos en la actividad de beneficiarios y destinatarios. Sin tener muy en claro la lógica de gestión, ejecución y cierre de proyectos y programas, los destinatarios muestran conformidad respecto de las acciones continuas y sostenidas en el tiempo por parte de los Estados nacional y provincial. Del mismo modo, la ausencia o falta de continuidad en la implementación de estas acciones y la imposibilidad de encontrar interlocutores válidos a quienes plantear sus demandas, necesidades e iniciativas generan sentimientos de desconfianza y disconformidad sobre dicho actores (locales e internacionales) difíciles de revertir.

6. Sostenibilidad y continuidad

Las cuestiones relativas a la sostenibilidad y continuidad de las iniciativas promovidas por los programas una vez finalizadas sus intervenciones han constituido históricamente un objetivo planteado en sus diseños y una preocupación constante en el proceso de ejecución; pero como en las utopías, estos deseos casi nunca son alcanzados.

Según el Informe de Terminación del Proyecto PRODERNEA (FIDA, 2008b), las perspectivas de sostenibilidad de los procesos iniciados a partir de la construcción de una estrategia de salida eran alentadoras ya que permitían consolidar las iniciativas financiadas a nivel de los beneficiarios, fortalecer sus organizaciones y obtener avances concretos en la institucionalización de las políticas a nivel de SAGPyA y de las provincias.

Por su parte, algunos Gobiernos provinciales tomaron la decisión de tener a partir de 2008 presupuestos propios independientes del aporte de recursos de la Nación internos o externos para dar continuidad a los procesos iniciados, y algunas provincias avanzaron en la institucionalización de los fondos de crédito recuperados con los programas de crédito (FIDA, 2008b) o de las estructuras de intervención para el desarrollo rural. Otras mantuvieron la estructura de coordinación de los programas operando, aunque a un nivel financiero bajo y con dotación de personal y presupuesto limitados (FIDA, 2010a) a la espera de la continuación de las actividades con nuevos proyectos que aportaran nuevos recursos como PRODEAR y PRODERI.

La sostenibilidad depende, en buena medida, de la continuidad gestada a partir de la ejecución de nuevos programas. En el lapso intermedio, la asistencia técnica de los proyectos se puede mantener en forma relativa mediante servicios prestados por técnicos extensionistas del sector público. Sin embargo, esta asistencia está limitada por la baja densidad de técnicos y por las menores facilidades logísticas disponibles debido a limitaciones presupuestarias.

Adicionalmente, se preveía que la consolidación de las organizaciones de base contribuiría a la sostenibilidad de los procesos iniciados a partir de la intervención de los programas. La construcción del FONAF, la integración de los foros provinciales de la agricultura familiar, el fortalecimiento de las organizaciones de la población rural y la consolidación de las mesas de diálogo en diferentes provincias en las que participan representan un importante factor en relación con el fortalecimiento del capital social en los territorios e, indirectamente, con la búsqueda de sostenibilidad de los programas de desarrollo rural y las iniciativas de la agricultura familiar en el país.

El Gobierno de la Argentina ha demostrado su compromiso con el apoyo a este sector con la creación de la Subsecretaría de Desarrollo Rural y Agricultura Familiar. Estos cambios institucionales respaldados por la fuerza de las organizaciones rurales de base que participan en las decisiones de política que afectan al sector rural fueron uno de los cambios más significativo ocurrido en el país. No obstante, esta estructura en la actualidad no mantiene una fluida relación con la UCAR y las estrategias de desarrollo rural por ella coordinada, como era de esperar al momento de su creación. Si bien ambas agencias intervienen en los mismos territorios y sobre la misma población objetivo, la concepción sobre el desarrollo rural y las estrategias de intervención difieren sustancialmente: la subsecretaría prefiere políticas centralizadas de tipo asistencial y organización política, mientras que la UCAR mantiene un enfoque descentralizado con eje estructural en lo económico productivo y en el fortalecimiento organizacional de los destinatarios. Este distanciamiento que no ha sido superado con la elevación de la subsecretaría al nivel de Secretaría de Estado en 2014 y las conversaciones realizadas entre sus principales responsables con el objeto de coordinar futuras acciones.

En síntesis, las principales innovaciones institucionales y de gestión pública asociadas a la intervención de los programas FIDA que son reconocidas como elementos que contribuyen a asegurar la sostenibilidad de los procesos de desarrollo rural iniciados en la Argentina son: i) la institucionalización de la Agricultura Familiar y el desarrollo rural en los máximos niveles de la estructura del MAGyP; ii) los procesos de institucionalización del diálogo político a nivel del MAGyP y de los Gobiernos provinciales; iii) los procesos de búsqueda de una articulación efectiva y real de los instrumentos de intervención y acciones (programas y proyectos), que tienden a estructurar un área de políticas diferenciadas para el combate a la pobreza, el desarrollo rural y la agricultura familiar, y su concreción a partir de la constitución de la UCAR; iv) la implementación del PRODERI y del PRODEAR que marcan una continuidad y una ampliación de objetivos de política pública, de instrumentos y de cobertura; v) los compromisos y los pasos concretos de institucionalización a nivel de administración en los Gobiernos provinciales de la problemática del desarrollo rural y la agricultura familiar; vi) la constitución del FONAF y de los Foros Provinciales de la agricultura familiar, pero que progresivamente han sido cooptados por el Gobierno.

No obstante, el problema de la sostenibilidad de los logros de los programas, tanto en relación con las estructuras y las capacidades de intervención logradas como en los resultados y los avances de los proyectos concretos en los territorios, continúa siendo una problemática importante no resuelta y reconocida por sus gestores.[37]

Probablemente, el objetivo de la sostenibilidad acotada al impacto de un programa constituya un resabio de las ideas del Consenso de Washington, según las cuales existía la expectativa de que los programas posibilitaran la creación de mercados de oferta y demanda de servicios locales (asistencia técnica, capacitación y financiamiento) y las condiciones para que la población objetivo accediera a ellos y se adaptara de este modo a las nuevas reglas de juego para competir en los mercados sin que la intervención pública fuera necesaria.

La realidad se ha encargado en todos y cada uno de los programas de demostrar que, a pesar de los avances realizados, las intervenciones para ser exitosos requieren una continuidad que trascienda ampliamente los tiempos promedios de los programas (4 a 6 años), que muchas de las iniciativas y proyectos exitosos fracasan o se retraen a su condición previa poco tiempo después de terminada la intervención, y que las estructuras profesionales y técnicas construidas trabajosamente a nivel provincial suelen ser desmanteladas o reducidas a su mínima expresión al concluir cada programa o en lapso de espera por la instalación de su reemplazo por una nueva iniciativa.

---

[37] Esta preocupación ha sido expresada por los representantes de los equipos técnicos de distintas provincias en la I Jornada Regional UCAR 2014. Políticas Públicas. Impactos en el territorio, realizada el 23 y 24 de setiembre de 2014 en Neuquén.

Estas condiciones afectan decididamente la consolidación de las iniciativas y los logros alcanzados por algunos proyectos, ya que no siempre los nuevos programas tienen registro de aquéllos ni se plantean su consolidación en una etapa posterior; y demoran significativamente la puesta en marcha de las nuevas iniciativas que deben reconstruir los equipos técnicos y sus capacidades de funcionamiento desmantelados en el interregno entre la culminación de unos y la instalación de otros.

Resulta difícil pensar que los organismos de financiamiento internacional puedan concebir esta problemática por fuera de los plazos del programa que financian, pero el Gobierno de la Argentina, en cambio, podría contemplar la atención con presupuesto propio de programas para atender los periodos de interrupción del financiamiento internacional y garantizar la continuidad de equipos y acciones.

CAPÍTULO IV: LAS TRANSFORMACIONES EN LAS POLÍTICAS DE DESARROLLO RURAL

La participación del FIDA como organismo internacional de financiamiento de programas de desarrollo rural en la Argentina desde las primeras experiencias hasta la actualidad permite observar las transformaciones de los enfoques sobre el desarrollo imperantes en los diferentes contextos históricos.

El FIDA inició sus actividades en la Argentina en el año 1983 en respuesta a una solicitud del Gobierno para realizar un proyecto de desarrollo rural en el noreste del país. El préstamo fue aprobado cinco años después y dio origen a la ejecución del PNEA (1991-1996), elaborado bajo los últimos tiempos del enfoque de la modernización y el Desarrollo Rural Integrado (DRI). Desde 1996 hasta la actualidad se han implementado otros cinco proyectos FIDA en el país: PRODERNEA (1999-2007) y PRODERNOA (1999-2012), productos de las iniciativas del ajuste estructural del Consenso de Washington, y los programas de última generación: PRODERPA (2007-2013), PRODEAR (2009-2015) y PRODERI (2011-continúa), forjados bajo las orientaciones del otro desarrollo y el Desarrollo Territorial Rural.

Un análisis comparativo de los documentos de diseño y reorientación de los programas FIDA (1995; 2000; 2002; 2006; 2008a; 2008b; 2010; 2011) permite observar cómo los diferentes enfoques internacionales sobre el desarrollo han influenciado en los cambios ocurridos en la definición del objeto del desarrollo, en la focalización de la población objetivo, en las estrategias de intervención, en los instrumentos priorizados y en los principales actores públicos y privados que intervienen en su gestión y en su ejecución.

1. Objetos del desarrollo rural

El objeto del desarrollo rural en la Argentina ha sufrido transformaciones en el transcurso de los años y ha integrado una serie de cuestiones que se suman a las originarias, lo que construyó un objeto más amplio, diverso y complejo en un proceso de cierta continuidad incremental. En el devenir de las tres décadas de desarrollo rural estudiadas, algunos temas se incorporan progresivamente y ocuparon temporalmente un lugar prioritario, por lo que desplazaron a otros sin hacer que desaparezcan de la agenda, en una suerte de ciclo vital que se renueva periódicamente.

El objeto del desarrollo rural en la Argentina fue focalizado en los diseños de los primeros programas en la situación de pobreza de los pequeños productores agropecuarios de los territorios extrapampeanos (PNEA, PSA, PROINDER, PRODERNEA, PRODERNOA).[38] Pueden distinguirse al menos tres cambios importantes en esa primera delimitación.

En primer lugar un desplazamiento desde un referente basado en lo productivo/sectorial a otro de carácter territorial. Como objeto de desarrollo, lo rural ha sido identificado hasta fines del siglo XX con lo sectorial agropecuario y, por lo tanto, acotado al desarrollo de actividades productivas directamente asociadas, producciones

---

[38]   Para los casos de PSA y PROINDER que no eran programas financiados por FIDA, véanse PSA (1993) y PROINDER (2003).

agrícolas o ganaderas para subsistencia o el mercado. Esta concepción incluye en la actualidad a toda la población que reside en el medio rural y desarrolla diverso tipos de actividades que no se limitan a la producción agropecuaria –artesanías, turismo, servicios, recolección, transformación–, aun teniendo en cuenta su centralidad en la generación de los ingresos directos e indirectos de los territorios rurales.[39]

En segundo lugar, paralelamente al cambio de enfoque de lo agrario por lo rural, la intervención de los programas ha ampliado su radio de acción: se ha extendido de las regiones que concentraban una mayor proporción de pequeños productores agropecuarios pobres en las regiones del Noroeste y Noreste hacia el resto de las regiones y provincias donde existen bolsones de pobreza de sus pobladores rurales. Los primeros programas de desarrollo en la Argentina fueron regionales:[40] PNEA, PRODERNEA, PRODERNOA, e incluso el PRODERPA, mientras que los programas de última generación, como el PRODEAR y el PRODERI, si bien otorgan prioridad a las regiones tradicionales, ampliaron su competencia a todo el país. Otros programas como PROVIAR o PROICSA,[41] de la etapa reciente, definen su accionar en función de la

---

[39]   Los ingresos no agropecuarios son importantes en los hogares rurales pobres, como lo demuestra la encuesta en cinco provincias argentinas para 2010, donde representan más del 40% de los ingresos en provincias de Salta y Mendoza y entre el 20 y el 30% en Santa Fe, Misiones y Río Negro (Craviotti, 2011).

[40]   Con excepción del PSA, que era nacional, pero cuya mayor actividad también se registraba en las regiones del norte del país, donde se concentraba el mayor porcentaje de productores rurales pobres.

[41]   El PROVIAR (2009-2013) ha sido financiado con fondos BID y el PROICSA (2012-2014) por la Corporación Andina de Fomento.

actividad productiva, vitivinícola en el primero y caña de
azúcar en el segundo, independientemente de la región.
Finalmente, los programas de última generación y
aquellos de tipo sectorial, aunque mantienen la retórica
promovida de los organismos de financiamiento internacional sobre la pobreza rural como objeto principal
de los programas de desarrollo, expresan un enfoque
relacional[42] e integran entre los beneficiarios de sus
acciones a sectores que, sin ser pobres rurales (deli-
mitados por NBI, disponibilidad de recursos o niveles
de ingresos), desarrollan actividades que los incluyen
y generan alternativas de viabilidad a sus emprendimientos de aquellos –bodegas, ingenios, eslabones de
la comercialización, productores que se encuentran por
sobre la línea de pobreza y que integran asociaciones y
proyectos con productores de menores recursos–.

El ambiente y los recursos naturales ocuparon un
lugar secundario en los primeros programas de desarrollo rural (PNEA, PRODERNEA, PRODERNOA), más
como un requisito administrativo de prohibición en la
implementación de ciertas acciones –uso de plaguicidas
prohibidos– que como un tema prioritario en los objetivos de la agenda del desarrollo rural que ocupa en la
actualidad. Los programas de última generación, como
el PRODERPA (reorientado), el PRODEAR y el PRODERI,
incorporan esta problemática en forma específica, y el
último establece en su diseño objetivos, metas e instrumentos orientados a la mejora de las condiciones del
suelo y el ambiente (FIDA, 2011).

En palabras del Banco Mundial (BM), las condiciones medioambientales adversas y la erosión de los

---

[42] Esta perspectiva del enfoque sobre la pobreza puede consultarse
en Lattuada, Márquez, Neme (2012).

recursos naturales representan desafíos adicionales para los pobladores de las zonas rurales y especialmente para los más pobres (BM, 2007); así se vuelve una cuestión integral del objeto del desarrollo rural en los programas elaborados a partir de la etapa del Pos-Consenso de Washington.

La generación y consolidación de capital social

Todos los programas de desarrollo rural en la Argentina desde las primeras experiencias en la década de 1990 hasta la actualidad han promovido la organización de los productores en formas asociativas con mayor o menor grado de formalización.

Durante la etapa del ajuste estructural, la conformación de grupos de productores tenía un objetivo instrumental y complementariamente económico. Los programas fueron diversos en sus objetivos y estrategias, no obstante, en su amplia mayoría brindaban asistencia técnica, capacitación, apoyo socio-organizativos y en algunos casos también financiamiento, a través de estrategias grupales y asociativas que, además, posibilitaban en ciertos casos en que las iniciativas se consolidaban en su organización aumentar escala, reducir costos, ganar capacidad de negociación, mejorar los ingresos familiares o la seguridad alimentaria de los beneficiarios.

Los resultados de estas acciones se manifestaron en miles de experiencias grupales en los territorios donde los programas tuvieron intervención y abarcaron diversos grados de formalización y desarrollo organizacional, formas jurídicas, tipos de actividad productiva, comercial o reivindicativa, así como características socioproductivas de sus integrantes (Lattuada, 2011).

Esta perspectiva se mantuvo desde lo instrumental hasta la actualidad, pero la organización y la asociación de los beneficiarios pasó a ser un objetivo en sí mismo a partir de las concepciones provenientes de las corrientes neoinstitucionalistas que destacaban el papel del capital social de una comunidad en el desarrollo, es decir, la existencia y la consolidación de numerosas asociaciones basadas en la cooperación de sus miembros y sus redes de colaboración. Esta concepción fue promovida por los organismos de financiamiento internacional a partir de la etapa del pos-Consenso de Washington (BM 2001; BID, 2001) e instalada con la adopción del paradigma del Desarrollo Territorial Rural.

La formación de grupos de beneficiarios inicialmente promovidos con la finalidad de facilitar el acceso a los servicios de crédito y de asistencia técnica comienza a cambiar a partir de las reorientaciones del PRODERNEA (2003) y PRODERNOA (2006), en consonancia con la perspectiva política del Gobierno hacia el pequeño productor y los sectores excluidos y las dificultades observadas en la implementación de aquellos.

El fortalecimiento del capital social se llevó a cabo en dos niveles paralelos y complementarios, aunque no necesariamente fueron producto de una planificación inicial.

Por una parte, a la estrategia de intervención de los programas, que se basó en un primer momento en la formación de grupos y luego en el progresivo apoyo a sus organizaciones, se agregó la estrategia regional del FIDA en MERCOSUR a partir de la creación de la Reunión Especializada para la Agricultura Familiar que indujo la conformación del Foro Nacional de la Agricultura Familiar (FONAF) a nivel país y de los foros provinciales de la agricultura familiar. Esta iniciativa tuvo en un primer momento el apoyo de PRODERNEA y PRODERNOA (2005) y, posteriormente, de la Subsecretaría de Agricultura Familiar (2008) con la participación de los técnicos en el territorio del PSA y PROINDER que se integraron a su estructura.

El FONAF se fue consolidando organizativa y políticamente, y en diciembre de 2011 sus integrantes formalizaron jurídicamente la Federación de Organizaciones Nucleadas de la Agricultura Familiar.

La segunda vía de fortalecimiento del capital social en el medio rural fue incorporada por los programas de desarrollo más recientes (PRODERPA, PRODEAR, PRODERI, PROVIAR). Éstos ponen énfasis en consolidar el desarrollo rural de la agricultura familiar otorgando un mayor protagonismo a las asociaciones de productores y de la población rural en los territorios, creando o fortaleciendo sus capacidades, con el objeto de constituir un capital social que trascienda la etapa de intervención temporal de los programas y se constituya en el sustento del desarrollo territorial. Las organizaciones, desde esta perspectiva, reemplazan en algunos casos, y complementan en otros, la intervención que antes estaba reservada a los bancos y los Gobiernos provinciales en la ejecución de los programas en los territorios.

Como se ha podido comprobar en el desarrollo de este punto, el objeto del desarrollo rural fue mutando desde un enfoque sobre la pobreza absoluta agraria hacia la concepción de la mejora progresiva y constante de la calidad de vida de la población rural, priorizando la situación de aquellos en situación social y económica vulnerable, a partir del incremento del valor de sus actividades económicas agrarias y no agrarias en los diferentes territorios –incluida la región pampeana–, el cuidado del ambiente y los recursos naturales, y la consolidación de sus capacidades y organizaciones en la relación con el mercado y el Estado.

2. Población objetivo

Así como los objetos del desarrollo rural fueron incorporando nuevas cuestiones y se reinterpretaron y enfatizaron aquellas que estuvieron presentes desde los inicios, los sujetos en los que se focalizaron los programas acompañaron ese proceso de incremento y refinamiento conceptual respecto de los destinatarios de los mismos que hoy se incluyen en una definición amplia de agricultura familiar.

Estos cambios se observan al considerar que los sujetos del desarrollo rural actualmente ya no lo constituyen exclusivamente un sector de los productores rurales, los pequeños productores pobres, ni las actividades económicas se encuentran acotadas a las actividades agropecuarias directas.

En la delimitación del concepto de agricultura familiar que en la actualidad incluye a los sujetos del desarrollo rural contribuyen criterios socioeconómicos, culturales y políticos. La agricultura familiar como sujeto de desarrollo integra a la población rural de escasos recursos económicos y grupos sociales vulnerables que a esa condición suman condiciones de exclusión o inequidad por su condición de mujer, joven o aborigen. De este modo se han integrado progresivamente a este concepto los pequeños propietarios agrícolas y productores agrícolas no propietarios bajo distinta condición de tenencia que no consiguen una renta por falta de acceso a mercados, financiamiento y asistencia técnica; los grupos aborígenes, que viven en entornos muy desfavorables en varias provincias al norte y al sur del país; las mujeres rurales sin empleo o ingresos permanentes y con los núcleos familiares bajo su responsabilidad; los trabajadores rurales y campesinos sin tierra que trabajan como asalariados transitorios, las familias numerosas –en especial las más jóvenes– sin ingresos fijos y sin capacitación profesional; los pequeños emprendedores que sin disponer de tierras desarrollan actividades en el medio rural como las artesanías, el turismo, la pesca, la apicultura o a la elaboración de productos y subproductos, o prestan servicios en el medio rural. Las personas que componen este universo desempeñan un papel protagónico en la construcción social de los territorios rurales y de su identidad. Los sujetos integrantes de esta "otra agricultura" se caracterizan por sus asimetrías respecto de la agricultura empresarial en cuanto al acceso y disponibilidad de información, recursos productivos y poder de negociación, quienes expresan una manera diferente en el modo de sentir y construir su relación con el medio rural.

Los pequeños productores pobres constituyeron la población objetivo de los primeros programas de desarrollo rural. Posteriormente se incluyeron grupos vulnerables de pobladores rurales que, como se encontraban en situación de pobreza en términos de ingreso, desempeñaran o no actividades agropecuarias, presentaban serios condicionantes de carácter social y cultural para la mejora de sus condiciones de vida. Esta perspectiva incluyó entonces ya no sólo a los productores rurales "pobres" en términos de ingresos y actividad, sino también a pobladores rurales vulnerables por su condición de aborigen, mujer o joven.

La población objetivo del primer proyecto (PNEA) estuvo focalizada en pequeños productores agropecuarios con superficies menores de 25 ha. El programa, a posteriori, incluyó el tema de la mujer rural a partir del aporte de recursos económicos con ese destino provenientes de un programa específico de Naciones Unidas (Baudrón, 1993; FIDA, 1995; PROINDER, 2003). El PRODERNEA y el PRODERNOA continuaron inicialmente con ese requisito.

No obstante, el PRODERNEA incluyó, además, un componente especial de apoyo a comunidades aborígenes (FACA) y en su reorientación a partir de 2003 incorporó a los jóvenes rurales como una categoría explícita de su población objetivo (FIDA, 2002). El PRODERNOA sumó poblaciones denominadas "vulnerables" mediante un componente no reembolsable para ayudar a satisfacer necesidades básicas y a reducir la pobreza extrema. La reorientación del PRODERPA en 2009 fue dirigida a un grupo de beneficiarios pobres, que incluye a pequeños productores rurales mayores de 14 años que producen para la subsistencia o para el mercado; incluye también a beneficiarios que, aun cuando pudieran estar por encima de la línea de pobreza en un momento dado, son altamente vulnerables ante cambios en las condiciones ambientales o de mercado típicas de la Patagonia; e incluye también a comunidades aborígenes, a población rural en general y a jóvenes y a mujeres rurales aunque sin establecer un componente específico para atenderlos (FIDA, 2008a).

El PRODEAR y el PRODERI identificaron como beneficiarios principales a productores familiares o trabajadores rurales adultos y a población rural en general, y contemplaron a miembros de comunidades aborígenes y a grupos de hombres y mujeres jóvenes. Los Trabajadores Transitorios (TT) han sido incluidos en un periodo reciente como sujetos del desarrollo rural, inicialmente por el PROINDER (BM) y luego por el PRODERI (FIDA), aunque aquellos han compartido desde siempre uno de los mayores índices de pobreza y NBI que caracterizan a los sectores pobres del medio rural.

Por otra parte, la cuestión de la mujer rural ha sido un eje temático que ha permanecido a través de todos los programas FIDA desde su inclusión en el PNEA, aunque ha sufrido modificaciones sustanciales en su enfoque.

En el medio rural, las mujeres se caracterizan por la invisibilidad de su trabajo productivo. La mayoría de las mujeres rurales son registradas en los censos dentro de la categoría de inactivas. Las tareas reproductivas no son remuneradas ni percibidas como trabajo ni siquiera por las propias mujeres y, comparativamente, tienen menores posibilidades de empleo, salarios más bajos por el mismo trabajo y menor oportunidad de acceso a trabajos estables.

Los programas de desarrollo rural en Argentina han pasado desde un enfoque centrado en la mujer rural a una perspectiva transversal sobre el género que procura una integración y una participación equitativa de ambos sexos en grupos y actividades productivas, económicas, organizacionales y reivindicativas.

Los primeros programas contenían un enfoque de mujer en el desarrollo (MED) y focalizaban sus intervenciones sólo en las mujeres. Luego se fue planteando la problemática del género en el desarrollo (GED), entendida como una situación que involucraba tanto a mujeres como a hombres en sus vinculaciones y en la asignación y asunción de roles, desfavorables en términos de equidad para la mujer. Este enfoque parte de la diferencia entre el concepto de sexo, que se refiere a las condiciones biológicas, y el concepto de género, que se refiere a las diferencias socioculturales e históricas que determinan el comportamientos en la interacción, la adjudicación y la asunción de roles de hombres y de mujeres en la división genérica del trabajo. Este enfoque pone de manifiesto la inequidad en las relaciones de poder, que generalmente son manejadas por el hombre y ubican a la mujer en una posición subordinada. Con el enfoque de género se busca entender estas relaciones y trabajar en la búsqueda de una mayor equidad.

Desde esta concepción se ha discutido en distintas oportunidades la conveniencia de establecer componentes o cupos específicos en los programas en favor de las mujeres, pero, excepto en el primer programa (PNEA), los restantes se han inclinado por una perspectiva transversal sin reserva de acciones, cupos o recursos específicos. No obstante, existieron iniciativas que promovieron esa mayor equidad en las oportunidades de acceso y participación de los recursos. En PRODERNEA por ejemplo, se llevó adelante Proyectarte en la provincia de Formosa, un proyecto a partir del cual las mujeres de diferentes comunidades aborígenes ocuparon un lugar central en su integración (ver Anexo I). También se promovió una participación activa de las mujeres rurales en las estructuras de representación a partir de un financiamiento adicional a las organizaciones destinado para su asistencia a las reuniones del FONAF.

En los programas de reciente generación, como PRODERPA, PRODEAR o PRODERI, se mantiene la visión transversal sobre el género en sus diseños, pero no son claras ni explícitas las acciones sostenidas en su implementación, en un contexto social y cultural que resulta diferente al de tres décadas atrás en relación con la equidad de género.

Los jóvenes rurales de ambos sexos constituyen, junto a las mujeres, uno de los grupos sociales en que la pobreza y la migración se expresan con mayor intensidad. Debido al proceso de progresiva fragmentación de los predios, los jóvenes de los hogares con bajos recursos generalmente no tienen acceso a la tierra y los que pertenecen a los estratos más pobres trabajan como jornaleros o en otras actividades asalariadas. Los hogares pobres tienen jefes más jóvenes, con menos años de educación y tasas de ocupación más bajas. La principal fuente de ingresos es el empleo asalariado agropecuario, en donde participan mucho más como asalariados que como productores (BM, 2007; FIDA, 2011b).

Los jóvenes rurales son identificados como sujetos diferenciados de los programas del desarrollo rural en la Argentina a partir de la reorientación del PRODERNEA en 2003. La reserva de un porcentaje del Fondo de Rotatorio de Actividades Innovativas (FRAI) constituye el primer instrumento destinado a financiar en forma específica los proyectos de jóvenes rurales. Pero, además, se implementó una estrategia de inclusión de jóvenes a nivel regional que motivó a las provincias y promovió la contratación de responsables capacitados e informados sobre el tema. Se realizaron capacitaciones de jóvenes en la elaboración de proyectos productivos o de servicios, incluyendo a aquellos sin disponibilidad de tierras para trabajar pero con deseos de permanecer en el ámbito rural. Una selección de estos proyectos fueron financiados para su ejecución.

A estas actividades se agregaron programas de capacitación, como promotores de desarrollo rural y dirigentes rurales para jóvenes en distintas regiones. Pero en su mayor parte (76%) eran estudiantes universitarios (Pirone, 2012) y por lo tanto poco representativos de un segmento de población vulnerable de la agricultura familiar. No obstante, la organización y la promoción de una serie de encuentros nacionales e internacionales han generado una instancia de organización y diálogo de los jóvenes rurales para hacer llegar sus demandas y sus propuestas a las máximas autoridades nacionales. Resultado de esas acciones ha sido la institucionalización de su problemática a partir de la creación reciente de una Dirección Nacional de Juventud Rural en la estructura del Ministerio de Agricultura, Ganadería y Pesca de la Nación.

Posteriormente, en el diseño del PRODERPA, los jóvenes rurales fueron identificados como un subgrupo que debe ser atendido con prioridad, como el de mujeres rurales. El PRODEAR y el PRODERI profundizaron esta perspectiva y los definieron como un grupo específico de su población objetivo, y establecieron metas *ad hoc* del programa.

También, el PROSAP ha incorporado la temática al crear numerosos Centros de Jóvenes Emprendedores Rurales en diferentes provincias y al asistir en la elaboración y en la ejecución de proyectos de este sector de la población con escasas oportunidades de inserción productiva y laboral.

Las poblaciones aborígenes (o pueblos originarios) constituyen un grupo claramente diferenciado que desde los tiempos coloniales ha sufrido un deterioro material y cultural en sus condiciones de vida, que forma parte de la pobreza estructural existente en la Argentina. El último Censo Nacional de Población y Vivienda (INDEC, 2010) registra 955.032 personas pertenecientes a pueblos aborígenes, de las cuales se estima que el 60% vive en zonas rurales.

La problemática de estas comunidades ha estado presente en todos los programas financiados por FIDA en el país, excepto en el primero (PNEA) que se concentraba en pequeños productores agropecuarios. Los proyectos apoyaron a comunidades aborígenes que se encontraban en condiciones de pobreza extrema e indigencia financiados con fondos no reembolsables –una diferencia importante con respecto a los apoyos a pequeños productores consistentes en créditos y asistencia técnica con pago parcial de los servicios de los primeros proyectos–. Inversiones en infraestructura básica como el acceso al agua potable y energía eléctrica, actividades productivas para mejorar la producción de autoconsumo que contribuyera a resolver necesidades alimentarias y emprendimientos artesanales y apícolas con capacitación y organización que contribuyeran a la generación de ingresos monetarios son algunos ejemplos de las contribuciones realizadas a estas comunidades. No obstante, el apoyo a la población aborigen, si bien ha sido continuo en estos programas de desarrollo, ha contado con recursos económicos asignados insuficientes –5% del presupuesto total de los programas– en relación con una demanda de servicios que ha superado ampliamente las metas establecidas en el diseño original de esos programas (FIDA, 2010).

El Gobierno de la Argentina y el FIDA concluyeron que aun cuando el PRODERNEA y el PRODERNOA habían incluido componentes para atender a las necesidades de las comunidades aborígenes, éstas no habían obtenido un progreso de su situación, caracterizada por las dificultades del aislamiento geográfico, el nivel de necesidades básicas y las condiciones de una cultura y lengua diferentes para el trabajo de los técnicos y los objetivos de los programas. Los programas de última generación, elaborados bajo la influencia de las concepciones del pos-Consenso de Washington, como el PRODERPA, han realizado numerosas actividades con comunidades aborígenes pero sin disponer de un componente específico, mientras que el PRODEAR ha mantenido la tradición del componente FACA que ya existía en el PRODERNEA. La dimensión y particularidad de esta problemática ha llevado al Gobierno argentino a iniciar negociaciones con fuentes de financiamiento internacional para diseñar un programa específico para las comunidades aborígenes.

Por último, los programas de nueva generación (PRODERI) y sectoriales (PROVIAR, PROICSA) incluyen en sus beneficios a sectores que si bien no son definidos como población objetivo se requieren para integrar en proyectos a aquellos, por ejemplo productores no pobres o empresas que organizan las cadenas de valor. En el caso del PRODERI, el diseño del programa prevé establecer sus relaciones con los beneficiarios por intermedio de grupos y organizaciones de diferente naturaleza y grado de consolidación, que deben estar integradas al menos en un 70% por miembros con las características del grupo objetivo. El PROVIAR y el PROICSA contemplan beneficios para los pequeños productores vitícolas y de caña de azúcar en la medida de su integración con bodegas e ingenios, los cuales también reciben apoyos económicos en función de su participación en estos programas.

Visto en perspectiva, los pequeños productores rurales pobres, las mujeres rurales y las poblaciones aborígenes tuvieron un lugar relevante en la redacción de los programas de desarrollo elaborados bajo la concepción modernizadora del DRI o neomodernizadora del Consenso de Washington, mientras que su importancia como población objetivo fue progresivamente compartida en el diseño de los programas y los discursos del desarrollo con la inclusión progresiva de jóvenes, de trabajadores transitorios y más tarde y complementariamente de actores socioeconómicos no pobres ni vulnerables que integran las cadenas de valor en el actual contexto del desarrollo territorial rural.

3. Estrategias e instrumentos

En la etapa inicial del desarrollo rural en el país y en la del Consenso de Washington los programas fueron la política y la estrategia. Por lo tanto las acciones en el territorio –con alguna excepción– se encontraban acotadas a las que disponía cada programa interviniente.

El denominador común de la intervención consistía en la constitución de grupos integrados por población objetivo en función de un proyecto, a partir del cual accedían al asesoramiento de un profesional que brindaba asistencia técnica y capacitación, y gestionaba apoyo financiero en aquellos programas que lo tenían –los programas del INTA carecían de este vital instrumento y el PSA pudo obtener un refuerzo complementario en este sentido aportado por el PROINDER–.

La unificación de la coordinación y la ejecución de todos los programas de desarrollo con financiamiento externo a partir de la creación de la UCAR en el año 2009 posibilitaron replantear la estrategia de intervención y adoptar un enfoque denominado "trasversal". Este enfoque propone la convergencia de los diferentes instrumentos que disponen distintos programas sobre una misma población objetivo en un determinado territorio en la medida de sus diferentes necesidades o requerimientos –infraestructura, asistencia técnica, financiamiento, capacitación, agregado de valor, etc.–. Este enfoque, se complementaba con la definición de Planes Estratégicos Provinciales y el establecimiento de microrregiones en las que se focaliza una intervención masiva y transversal de los programas, en un campo de acción que –como ya se ha mencionado– se ha ampliado de lo regional a lo nacional.

Si bien las provincias elaboraron sus Planes Estratégicos Provinciales y para fines de 2014 existía una delimitación de 16 microrregiones, esta estrategia propuesta a partir de los programas de última generación aún no ha logrado instalarse en forma efectiva en los territorios donde los programas mantienen su prevalencia y resultan difíciles de flexibilizar para su adecuada coordinación. A ello contribuye, en ciertos casos, además de la propia rigidez en los diseños de los programas, el hecho de que esos Planes Estratégicos y la definición de las microrregiones son producto de los cuerpos técnicos para cumplir con los requisitos necesarios que permitan acceder a los recursos de financiamiento, pero carecen del compromiso político de las autoridades provinciales y la convicción de constituir una herramienta efectiva para la intervención en el territorio.

En cuanto a los principales instrumentos utilizados, la creación de mercados de financiamiento y de asistencia técnica en los que progresivamente se incorporan los grupos de productores demandantes y prestadores privados de servicios oferentes constituyen los ejes centrales de la intervención de los programas de desarrollo rural diseñados en la etapa de la modernización e intensificados durante la etapa del ajuste estructural.

En el PNEA la herramienta principal propuesta fue el crédito, mientras que la asistencia técnica constituía un componente secundario subordinado a la actividad crediticia. Los proyectos PRODERNEA y PRODERNOA, en cambio, establecieron que la demanda de crédito estaría determinada por el avance del componente de asistencia técnica. En todos los casos el acceso a los servicios era grupal en función de proyectos, por lo tanto el crédito exigía garantías solidarias con el objeto de asegurar la devolución de los montos otorgados con tasas subsidiadas por el sistema bancario o las propias agencias, y en el caso de la asistencia técnica, programado con costos que progresivamente se hacían cargo los productores en la medida que avanzaban los programas hasta su finalización.

Esta concepción de mercados de servicios y beneficiarios "clientes" –como llegaron a ser denominados en la redacción de algunos programas– fue desplazada en la etapa del pos-Consenso de Washington por políticas de aportes no reembolsables o por subsidios directos; la administración por parte de organizaciones de productores en lugar del sistema bancario y servicios de asistencia mayoritariamente subsidiados prestados a través de agencias públicas o de profesionales del ámbito privado.

En el transcurso de los programas FIDA, los instrumentos de política financiera fueron reformados y nuevos diseños se instalaron en las reorientaciones de los programas. A la presencia del Fondo de Asistencia a Comunidades Aborígenes (FACA), el único que contemplaba aportes no retornables en esa época, se agregó el Fondo de Capitalización a Organizaciones (FOCO) con el propósito de fortalecer las organizaciones de base. Para mejorar la inserción comercial de los productos se sumó al crédito la creación del Fondo de Acceso a Mercados (FAM), que sumaba aportes no reembolsables. Además, el FRAI fue rediseñado como mecanismo de financiamiento de iniciativas de jóvenes, con menores costos financieros e incentivos por el cumplimiento en término de su devolución.

El financiamiento a través del subsidio o de aportes no reembolsables cobra mayor relevancia a partir de la reorientación del PRODERNOA en 2006. La reorientación efectuada en el proyecto PRODERPA en 2009 –ya en la etapa del paradigma del Desarrollo Territorial Rural– profundizó esta línea eliminando el componente de crédito que estaba incluido en el diseño original del proyecto, aunque mantuvo un fondo de capitalización cercano a US$ 5 millones.

Esta tendencia respecto del financiamiento se observa con claridad en la importancia relativa del componente de crédito dentro de cada proyecto. Fue claramente mayor en el PNEA (51% del total del proyecto) que en el PRODERNOA (29% del total) y el PRODERNEA (20% del total).

En el PRODEAR y el PRODERI, el financiamiento (mayoritariamente no reembolsable) es un instrumento que actúa conjuntamente con la capacitación y la asistencia técnica. El crédito, en la actualidad, ha dejado de ser un componente y por lo tanto una responsabilidad y actividad de los programas FIDA, siendo reemplazado por aportes no reembolsables por única vez a las asociaciones de productores y de pobladores rurales en los territorios, quienes tienen a su cargo la responsabilidad de construir o consolidar sistemas de financiamiento y crédito para sus asociados a través de fondos rotatorios y otros mecanismos similares.

En el PRODEAR, el fondo de crédito para inversiones comunitarias fue de apenas US$ 1 millón, y la estrategia que preveía el acceso a servicios financieros de la población objetivo fue planificada en función de un enfoque asociativo a partir del fortalecimiento de las organizaciones de los productores que actuarían como agentes de crédito a partir de fondos fiduciarios o capital semilla. Esta concepción ha sido definitivamente consolidada en el último de los programas en vigencia (PRODERI).

También se observó una transformación en el objetivo específico del componente de servicios financieros a través de los distintos proyectos. El componente de crédito en el PNEA y el PRODERNEA estaba claramente dirigido a incrementar la producción agropecuaria y los cambios tecnológicos en la parcela. El PRODERNOA agrega la necesidad de proveer recursos financieros a actividades no agropecuarias rurales. Finalmente, los programas de última generación, como el PRODEAR y

el PRODERI, promueven transformar actividades económicas de subsistencia en negocios rentables y ofrecer
oportunidades de empleo y negocio a jóvenes rurales,
así como constituir sistemas de financiamiento locales
para la agricultura familiar a partir de las asociaciones
de productores con trayectoria en el territorio.

Los actores responsables de gestionar el financiamiento en las zonas rurales también cambiaron. En
los primeros proyectos, los bancos provinciales eran
las entidades encargadas de brindar los créditos, que
demostraron en la experiencia escaso compromiso y
nula capacidad en el financiamiento de pequeños productores. Tampoco funcionó adecuadamente una etapa
posterior en que las estructuras de los propios programas
debían hacerse cargo de la función. La estrategia cambió
en los programas de última generación (PRODEAR y
PRODERI) al incluir a las asociaciones de productores
como responsables de administrar el financiamiento
a partir de una capitalización inicial por parte de los
programas.

El acceso a servicios de asistencia técnica ha constituido el segundo componente en términos de importancia de los programas de desarrollo respondiendo a
una estrategia explícita de largo plazo para desarrollar un
mercado de servicios de asistencia técnica, en el cual los
costos de los servicios serían asumidos progresivamente
por los beneficiarios (FIDA, 2010).

En los primeros programas, la validación y la transferencia de las tecnologías seleccionadas descansó principalmente en el personal técnico del programa asignado
o contratado por las provincias, que ha cumplido múltiples roles: promoción y formulación de propuestas;
seguimiento en los aspectos productivos; organización

de grupos de beneficiarios; además de otras funciones agregadas posteriormente, como el manejo de aspectos financieros del programa. La casi totalidad de los técnicos de campo eran graduados universitarios de agronomía y veterinaria, y la asistencia técnica se concentró mayormente en los aspectos productivos agronómicos o ganaderos, con menor énfasis en los problemas de gestión empresarial, de comercialización, de mercados o de desarrollo organizacional de los grupos y de las asociaciones.

Aun con dificultades, la estrategia ha evolucionado desde la total ausencia del tema comercialización en el proyecto inicial (PNEA) hasta el reconocimiento explícito de la necesidad de enfatizar la sustentabilidad comercial y económica de los proyectos reflejados en las reorientaciones del PRODERNEA (2003) y del PRODERNOA (2006). Estos programas establecieron un subcomponente de desarrollo comercial como parte de la asistencia técnica, crearon un Fondo de Acceso a Mercados (FAM) y designaron técnicos responsables de estas áreas en la coordinación nacional y en las unidades ejecutoras provinciales. Las cuestiones relacionadas con comercialización y agregado de valor han sido priorizadas en los objetivos de los programas de última generación (PRODERPA reorientado, PRODEAR, PRODERI) elaborados bajo la influencia de las ideas del pos-Consenso de Washington. En ellos se considera necesario que los proyectos incorporen un enfoque de negocios y el empleo de herramientas que posibiliten su sustentabilidad a partir del fortalecimiento de las capacidades de organización y gestión de los beneficiarios que aseguren su permanencia en el mercado.

En síntesis, la creación de mercados de financiamiento y de asistencia técnica propuestos por los programas diseñados durante el DRI (PNEA) y la etapa del ajuste estructural (PRODERNEA y PRODERNOA) no resultaron adecuados para el logro de los objetivos planteados por los programas. El Gobierno argentino consideró que la creación de mercados de asistencia técnica y la incorporación de agricultores familiares a la banca comercial carecían de factibilidad y que no formaban parte de la estrategia del Gobierno, aunque aceptó originalmente que fueran componentes incorporados a los programas debido a la inflexibilidad del organismo de financiamiento para modificar la estrategia, confiando en una modificación sobre la marcha a partir de una realidad que demostrara la inviabilidad de la propuesta (FIDA, 2010).

En los programas de última generación, el objetivo original de incorporar al agricultor familiar a la banca comercial y a un mercado pago de servicios de asistencia técnica fue reemplazado en la etapa del pos-Consenso de Washington por el objetivo de asegurar a los beneficiarios de los programas el acceso al financiamiento y la asistencia técnica necesarios para posibilitar la viabilidad de sus emprendimientos productivos y comerciales, preferiblemente a través de sus propias organizaciones (FIDA, 2010).

Los problemas de acceso, regulación y tenencia de la tierra e iniciativas vinculadas a ellos, que constituyen una temática relevante para el desarrollo de los pequeños agricultores presente en la década de 1960 y 1970, ocuparon, en cambio, un lugar simbólico y prácticamente inexistente en los programas de desarrollo implementados en el marco del ajuste estructural o del desarrollo territorial rural posterior. El PNEA tuvo un componente de regularización fundiaria que tuvo costos pero ningún beneficio concreto. El tema se excluyó del diseño del PRODERNEA, y aunque la cuestión fue reinstalada en el PRODERNOA, las iniciativas llevadas a cabo consistieron en unas pocas y modestas acciones locales con el fin de regulación de títulos de dominio (SAGPyA-FIDA, 2007). Tampoco es una cuestión que haya sido retomada con atención específica en los proyectos de última generación (PRODERPA, PRODEAR, PRODERI), aunque en algunos de ellos se lleven adelante acciones específicas en materia de regularizaciones de dominio, como en el caso del PRODEAR en la provincia de Chaco. La UCAR en los últimos años promovió programas específicos en cuatro provincias argentinas, los cuales en ningún caso pudieron ser ejecutados debido a la resistencia encontrada en los organismos encargados del registro de dominio y el poco interés demostrado por las autoridades provinciales.

4. La gestión del desarrollo rural: de la fragmentación programática a la búsqueda de unidad conceptual

Durante la etapa del ajuste estructural del Consenso de Washington, en la década de 1990, se instalaron y multiplicaron en la Argentina una serie de programas de desarrollo rural en un marco caracterizado por el crecimiento económico a tasas elevadas acompañado de una exclusión social también creciente. Esos programas, básicamente destinados en su concepción original a paliar las supuestas externalidades negativas de la instalación de un modelo de desarrollo basado en la apertura y en la desregulación de la economía, se implementaron con alto grado de autonomía dada su alta dependencia de diversas fuentes de financiamiento internacional (FIDA, BID, BM) y la concepción política sobre un Estado que debía reducir sus dimensiones, sus presupuestos y sus funciones de intervención.

La advertencia sobre las debilidades de esta concepción del Estado en las políticas de desarrollo rural comenzaron a ponerse de manifiesto hacia finales del ciclo del ajuste estructural, y las iniciativas en busca de su reversión se consolidaron durante la primera década del siglo con el cambio de Gobierno y el proceso de recuperación de la crisis de 2001.

La Secretaría de Agricultura, Ganadería, Pesca y Alimentación de la Nación (SAGPyA) organizó distintas instancias de debate sobre las necesidades de coordinación de los programas de desarrollo rural. La Comisión de Desarrollo Rural (CDR) fue creada por Resolución SAGPyA N.° 122/99 en marzo de 1999 con el objetivo de coordinar los programas y las acciones en materia de desarrollo rural. En la CDR participaban los programas de la secretaría –PSA y PROINDER–, el INTA y, en su versión ampliada, los representantes de las provincias, y se llevaron a cabo diversos talleres en diferentes regiones del país. En 2003, se elabora en el marco del componente de Fortalecimiento Institucional de PROINDER el documento Propuestas para la creación de un sistema nacional de desarrollo rural, que sentarían las bases para las propuestas que serían reiteradas en 2005 y en 2008 (Craviotti y Soverna, 2008).

Posteriormente, en 2004, con el apoyo de una donación conjunta del BID y del FIDA, se llevaron a cabo una serie de seminarios y talleres participativos coordinados por la consultora internacional RIMISP Centro Latinoamericano para el Desarrollo Rural. La consultoría culminó en 2006 con dos documentos y sendas propuestas: una referida a la estrategia (Berdegué y Schejtman, 2006) y otra sobre la construcción de la institucionalidad necesaria para el desarrollo rural (Cuervo, Martínez Nogueira, Ramos, 2006). Estos documentos constituyeron el desembarco oficial del paradigma del Desarrollo Territorial Rural en la Argentina.

En noviembre de 2005 se integraron activamente a la discusión en curso los responsables de los programas de la SAGPyA, el INTA y la coordinación técnica de la Comisión de Desarrollo Rural con el aporte de respectivos documentos (Soverna, 2005; Aráoz y Lotti, 2005; INTA, 2006). Como consecuencia de la decisión del Consejo Federal Agropecuario de incorporar a las provincias al debate, se llevaron a cabo cinco talleres regionales de la CDR entre marzo y abril de 2006. A esos talleres fueron convocados ministros y secretarios a cargo de la política de desarrollo rural de las provincias, representantes de instituciones y programas nacionales incorporados a la CDR y referentes provinciales del tema. En el documento que sintetiza la producción de los cinco encuentros se aprecian coincidencias sobre: a) el papel estratégico de la SAGPyA; b) la necesidad de fortalecer el área específica dentro de la SAGPyA a cargo del desarrollo rural; c) el reclamo de ámbitos permanentes de diálogo con las provincias, y d) el concepto de nueva ruralidad, que excede lo estrictamente agropecuario (PROINDER, 2006).

Continuando la búsqueda de un fortalecimiento del Estado en la definición y coordinación de una política de desarrollo rural que articulara los diferentes programas y visiones, en marzo de 2006 por medio de la Resolución SAGPyA N.° 133 se creó el Foro de Políticas Públicas Rurales, integrado por la presidencia del INTA, funcionarios de la SAGPyA y de los programas de desarrollo rural más representativos en vigencia –PSA, PRODERNEA/PRODERNOA–, el SENASA, dirigentes de Federación Agraria Argentina, legisladores, representantes del FONAF, académicos y consultores a título personal. El objetivo era discutir, evaluar y proponer las políticas institucionales más apropiadas a los objetivos de desarrollo y promoción de las áreas rurales a partir de los documentos elaborados por el RIMISP sobre una estrategia de desarrollo rural para la Argentina y el Documento Mendoza propuesto por el FONAF (2006a). Las tres reuniones de este foro mostraron profundas discrepancias entre los participantes respecto de las posibles estrategias de desarrollo rural e incluso respecto del proceso para su construcción; no obstante, un comité redactor posibilitó formalizar y elevar una propuesta al secretario de Agricultura (Lattuada, Nogueira, Urcola, 2013).

En este documento (Foro de Políticas Públicas Rurales, 2006) se destaca la necesidad de un Estado nacional que planifique y oriente las políticas de desarrollo rural, un compromiso activo de los Gobiernos provinciales, la imprescindible participación organizada de la sociedad rural en la definición de las políticas a ellos destinadas, y la importancia de la implementación de políticas activas focalizadas a favor de una agricultura familiar que trascienda lo estrictamente agropecuario y priorice la inclusión económica y social.

El documento también avanza en la propuesta de consolidar un proceso gradual de jerarquización e institucionalización del desarrollo rural y la preservación de los espacios de diálogo construidos hasta el momento (CDR, FONAF, Foro de Políticas Públicas Rurales). Propone la creación de un Área de Desarrollo Rural (ADR) al más alto nivel institucional cuya misión sería generar oportunidades para que los pobladores rurales puedan ejercer plenamente sus derechos, vivir y trabajar dignamente y desarrollar sus capacidades personales, y con funciones de planeamiento, diseño, coordinación, ejecución, monitoreo y evaluación de los programas de desarrollo. Una propuesta consecuente con los enfoques del desarrollo de capacidades y el desarrollo humano del pos-Consenso de Washington. El ADR se pensaba conformada por tres sectores: a) un sector para el diálogo político, con las organizaciones sectoriales, con las provincias y con otros organismos estatales; b) un sector de políticas para el desarrollo y la agricultura familiar; c) un sector de operaciones de desarrollo rural, compuesto por todos los instrumentos de intervención de la SAGPyA y el INTA. Esta iniciativa, con algunas variantes, constituye el boceto que servirá de antecedente para la creación de la UCAR en el año 2009, cuando la SAGPyA es elevada al rango de ministerio y establece su nueva estructura.

El proceso descripto, llevado a cabo en ámbitos diferentes y con relativa coincidencia temporal y de actores, adquiere *ex post* la apariencia de haber sido deliberadamente diseñado y coordinado, aunque no ha ocurrido de ese modo. No obstante, sentó las bases para el inicio de un camino que buscaba superar la fragmentación programática de la etapa previa.

Las iniciativas de coordinación de los programas se consolidan en forma progresiva, primero con la organización de la Unidad de Financiamiento Internacional (UFI)[43] y, a partir del año 2009, con la creación del MAGyP y la UCAR dependiente directamente de la unidad ministro,[44] y la elevación de la Subsecretaría de Desarrollo Rural y Agricultura Familiar –creada un año antes– al rango de secretaría.

No obstante los avances mencionados en la búsqueda de cierta unidad conceptual y organicidad en la intervención, continúan existiendo en la Argentina distintas concepciones, estructuras y estrategias en las políticas de desarrollo rural con mayor o menor coordinación definida por los actores en su interacción en los territorios. Como se mencionó en el capítulo anterior, en la actualidad, en el orden nacional, pueden identificarse al menos tres líneas diferentes originadas en: a) UCAR –con recursos de financiamiento externos y de las provincias– ; b) Secretaría de Agricultura Familiar (antes SSAF) –con recursos del presupuesto nacional– ; c) INTA –con recursos institucionales–.

---

[43] Resolución SAGyP N.° 227 del 9 de agosto de 2002.
[44] Resolución del Ministerio de Agricultura, Ganadería y pesca del 9 de diciembre de 2009.

CONCLUSIONES

La evolución de las ideas sobre el concepto desarrollo en general, y de los programas de desarrollo rural como una de sus manifestaciones concretas, demuestran la amplitud y la complejidad de aquel concepto, construido a partir de significados relativos e históricos que pueden ser interpretados indistintamente como un modelo, una política, un proceso y hasta una meta que expresan las transformaciones de un país, un territorio, un sector o un grupo social específico.

En la actualidad, el "desarrollo" se hace operativo a partir de procesos políticos, económicos y sociales que procuran la transformación de una realidad histórica y territorialmente determinada a partir de: i) un incremento sostenible de las capacidades productivas; ii) la atención de las necesidades básicas de la población; iii) el aumento y la redistribución de la riqueza generada; iv) la dotación de mayores capacidades y opciones de las personas para decidir sobre su destino, y v) la preocupación por dar continuidad a las condiciones y recursos –naturales y ambientales– que otorguen similares oportunidades a las generaciones futuras.

Las distintas corrientes de pensamiento que han contribuido al debate sobre el concepto de desarrollo –con excepción de las posiciones del posdesarrollo– han mantenido históricamente un núcleo irreductible de ideas orientadas a la transformación de las sociedades, de las comunidades o de grupos cuyos valores, comportamientos sociales y actividades económicas difieren de las sociedades urbanas, industrializadas, tecnológicamente avanzadas y con sistemas políticos de participación democrática. Lo rural ha sido sistemáticamente identificado con una sociedad tradicional y atrasada que debe ser transformada, tanto desde las perspectivas de las corrientes de la modernización profundizadas por las ideas del ajuste estructural, como desde el enfoque de la dependencia. Incluso en las posiciones más actuales del pos-Consenso de Washington pueden observarse con mayor o menor intensidad el predominio de algunos de estos aspectos.

Estas concepciones tuvieron una clara incidencia en las políticas de desarrollo en el contexto internacional y en América Latina en particular impulsadas en las décadas de 1950 y 1960 por el Gobierno de Estados Unidos y, posteriormente, por los organismos internacionales de financiamiento que pasaron a ocupar ese lugar (BM, BID, FIDA).

La Argentina ingresó tardíamente en las políticas de desarrollo rural. Hasta comienzos de la década de 1990, esta problemática no formaba parte de la agenda pública salvo por algún antecedente menor. Fue a partir de la concepción del ajuste estructural del Consenso de Washington que la problemática del desarrollo rural se integra como una política asistencial y compensatoria para aquellos que las nuevas reglas de juego excluían del sistema. Una problemática que fue atendida por diversos programas bajo las respectivas directrices de sus fuentes de financiamiento, con poca o ninguna articulación a una estrategia de política pública de un Estado nacional que se encontraba en proceso de desmantelamiento de aparatos y funciones de intervención.

No obstante, en este contexto se construye durante más de una década un proceso inédito donde la propia

experiencia lleva a poner en discusión diversos paradigmas sobre el desarrollo rural, cientos de consultores
participan de evaluaciones y recomendaciones, numerosos debates se abren en torno a las estrategias
de intervención y los resultados esperados, miles de
técnicos y profesionales se forman en el territorio y en
las agencias estatales generando una activa articulación
con la población rural, y cientos de asociaciones rurales
de la agricultura familiar se constituyen, sentando las
bases para su organización.

El cambio en el contexto político y económico a
partir de 2002/2003 posibilitó una revisión de las intervenciones hasta ese momento llevadas a cabo bajo la
influencia del ajuste estructural. En forma progresiva
comenzó a reconstruirse una estrategia con mayor intervención y capacidad de decisión soberana del Estado
nacional. Paralelamente, el fracaso del ajuste estructural
en el plano internacional condujo a transformaciones en
las concepciones del desarrollo impulsadas por los organismos de financiamiento a partir de los diversos aportes de las corrientes del pos-Consenso de Washington,
con especial preeminencia del denominado Desarrollo
Territorial Rural. La valoración del capital social en los
territorios, el desarrollo de capacidades de los individuos,
el desarrollo humano y el ambiente comienzan a ocupar
un lugar destacado en los nuevos programas en los que
los mercados de servicios pagos dejan lugar a los aportes
no reembolsables y la organización y la participación
de la población rural ocupan un lugar más importante
en las definiciones y las ejecuciones de los programas.

En este proceso, las capacidades locales han sido
promovidas y reivindicadas en el marco de las propuestas del paradigma del DTR y, en cierto modo, por las

corrientes del pos-Consenso de Washington. El Estado
nacional, por su parte, ha reconstruido parcialmente su
capacidad política y técnica para definir e implementar
una política de desarrollo rural y políticas sectoriales que
expresan algunas variantes del enfoque tradicional del
DTR. Una de las expresiones de este cambio ha sido la
institucionalización de la problemática de la agricultura
familiar y el desarrollo rural a partir de la creación en
2009 del Ministerio de Agricultura, Ganadería y Pesca de
la Nación con una estructura que integra una Secretaría
de Desarrollo Rural y Agricultura Familiar en el mismo
nivel jerárquico de las tradicionales secretarías sectoriales (agricultura; ganadería) e incorpora la Unidad para
el Cambio Rural encargada de coordinar, administrar
y ejecutar todos los programas de desarrollo rural con
financiamiento internacional.

Numerosos estudios incluidos en este trabajo, los
aportes de los documentos FIDA y de programas correspondientes a otras fuentes de financiamiento y una serie
de entrevistas a responsables de las UNC y de UPES,
socios estratégicos y destinatarios en el territorio, han
posibilitado identificar una serie de características dis-
tintivas de los programas de desarrollo, sus principales
resultados y una serie de lecciones aprendidas que permiten elaborar las reflexiones que integran el contenido
de estas conclusiones.

Luego de tres décadas de intervención de los programas de desarrollo rural en el país es válido pregun-
tarse si las metas alcanzadas han posibilitado lograr
los objetivos planteados y si se justifica la continuidad
de la intervención con la participación de los organismos de financiamiento internacionales. La respuesta
no es simple y requiere una explicación detallada que

dé cuenta de los avances, de los obstáculos, así como de los desafíos futuros.

La cooperación entre los organismos de financiamiento del desarrollo rural y la Argentina (país considerado como un país de renta medio-alta) continúa siendo necesaria para el alivio de la pobreza rural. En efecto, a pesar del alto nivel relativo de ingreso per cápita, el elevado grado de desigualdad en los ingresos determina la existencia de grupos sociales con alta vulnerabilidad socioeconómica así como áreas o regiones caracterizadas por una mayor presencia de la pobreza rural. Cabe señalar además que la Argentina no tiene acceso al mercado internacional de capitales desde la declaración del *default* sobre su deuda soberana en 2001, y que sus situaciones de bonanzas y crisis han sido fluctuantes en estas tres décadas atravesadas por graves crisis económicas y político-institucionales.

Los porcentajes de población rural en la Argentina son relativamente bajos (10%) de acuerdo con los criterios que se implementan en el país para su medición, si bien otras fuentes con diferentes criterios, como los adoptados por el BM o la OECD, ubican a la población rural de la Argentina en el 45% de su población total.

Aunque el porcentaje de pobreza e indigencia a nivel nacional ha experimentado una reducción substancial en la primera década del nuevo siglo, persisten en el país importantes bolsones de pobreza, principalmente en el área rural. Los indicadores de pobreza así como los porcentajes de población rural en esas áreas son mayores que en algunos países de renta baja. La dispersión alrededor del promedio nacional resulta relevante y por lo tanto su significado debe ser tomado con suma precaución.

Los niveles de población y de pobreza rural varían sustancialmente en las diferentes regiones del país. En la región del Noreste donde han actuado los programas FIDA la población rural alcanzaba al 16,4% y la pobreza rural al 44% antes de la entrada en vigor del PRODEAR en 2009. La población rural llegaba a extremos de 29,6% y 22,3% en Misiones y Formosa respectivamente y la pobreza rural a un máximo de 56% en Formosa y de 51,2% en Misiones (FIDA 2008c). No obstante también existen bolsones de pobreza rural en las regiones consideradas más desarrolladas como la región centro o pampeana.

En la actualidad, la Argentina, no obstante el crecimiento económico sostenido en la primera década del siglo, se encuentra en una situación de desaceleración de aquel crecimiento y los importantes niveles de inflación han estancado la tendencia de reducción de la pobreza y no han permitido franquear la situación de pobreza estructural, la que se manifiesta con mayor intensidad en la población rural.

Los contextos políticos y económicos internacionales y nacionales han demostrado una fuerte incidencia en las estrategias de intervención, en la definición de las políticas y componentes, en los resultados de la gestión y hasta en los discursos o términos en que son expresados los proyectos de desarrollo.

Los programas elaborados en los periodos de auge de las ideas del Consenso de Washington a nivel regional y de las políticas de apertura y desregulación económica en la Argentina, donde la agricultura familiar era considerada dentro de los problemas de asistencia a la pobreza, decíamos, los programas –en especial los financiados por FIDA, BID, pero también aquellos con recursos del presupuesto nacional como los del INTA– se caracterizaron por otorgar prioridad a la construcción o integración a mercados (financieros y de asistencia técnica) en la que los beneficiarios debían incorporarse progresivamente a las reglas de juego generales –créditos por sistemas formales y costos de asistencia técnica incrementales–.[45] En estas condiciones, el crédito era el instrumento de políticas que ocupó un lugar casi exclusivo para luego ser considerado complementario de la asistencia técnica, los beneficiarios llegaron a ser denominados "clientes" y, en los contados casos que existieran subsidios, reconocidos como "donaciones".

Los resultados de los proyectos de desarrollo rural llevados a cabo en esa etapa no respondieron eficazmente a los diseños originales de esos proyectos. Existieron problemas en los diseños, en particular en aquellos que venían con una impronta internacional sin considerar suficientemente las realidades locales. A ello se agregaron las dificultades de la administración pública nacional

---

[45]   En el caso del PSA, financiado con recursos del Estado nacional, y del PROINDER, por Banco Mundial, focalizados en los estratos más empobrecidos y sin excedentes, estos objetivos se encontraban velados o en un segundo plano detrás de estrategias con prioridades asistenciales y de resolución de necesidades básicas como la seguridad alimentaria, pero existía un diagnóstico de la insuficiente oferta y calidad de los sistemas de asistencia técnica y financiamiento para los pequeños productores. La asistencia técnica propuesta era acotada a un determinado tiempo (2 a 3 años de acuerdo al tipo de proyecto) en el que contaban con aportes no retornables para contratarla, pero luego si se deseaba continuar quedaba a cargo de los interesados y de lo oferta local. En cuanto al financiamiento, el crédito formó parte central de los instrumentos de intervención del PSA, si bien bajo sistemas especiales diferentes a los de mercado, y luego fue complementario de las "donaciones" (subsidios) que a partir de PROINDER se instalan como un instrumento de apoyo principal para estos sectores hacia fines de la década de 1990 (véase Román y Soverna, 2004: 57).

en contextos altamente inestables y la complejidad adicional de una estrategia federal de ejecución. Esto se manifestó en tres aspectos principales:

Las reorientaciones sufridas por cuatro de los seis programas FIDA, cuya ejecución se encontraban en marcha (PNEA, PRODERNEA, PRODERNOA, PRODERPA), y en las evaluaciones de los que concluyeron (PNEA, PRODERNEA y PRODERNOA), cuyos resultados fueron mejores a partir de su reorientación, de lo que se destaca la flexibilidad para adoptar variaciones sobre la marcha.

Los retrasos y los problemas presupuestarios de los programas con financiamiento del presupuesto nacional, como el PSA, y las contrapartes del Gobierno nacional y de las provincias en los programas FIDA.

La ampliación de la población objetivo –de pequeños productores agropecuarios pobres a población rural pobre y vulnerable– y el desplazamiento de los ejes centrales de la estrategia original de intervención acotados a la creación de un mercado integrado por proveedores y demandantes de asistencia técnica y financiamiento por nuevas y diversas acciones (enfoque transversal, aportes no renovables, participación de las organizaciones, etc.).

Los proyectos FIDA de última generación (PRODEAR y PRODERI), en cambio, han sido elaborados en el marco de un contexto internacional que reconoce los déficits institucionales en las reformas económicas promovidas en la década de 1990 y un contexto nacional caracterizado por una mayor intervención del Estado y regulación de la economía. En este escenario la agricultura familiar es reivindicada como agente económico y sus organizaciones promovidas como representación social y política de sectores hasta ahora invisibles; los Gobiernos provinciales y las organizaciones en los territorios pasan a ocupar un lugar importante en la ejecución de los programas; el crédito es desplazado en su importancia por los apoyos económicos no retornables (subsidios); y los aportes de los beneficiarios resultan sustancialmente de menor importancia que antes en las estrategias de combate a la pobreza. Una pobreza que ha dejado de ser concebida en términos absolutos y asistenciales para ser considerada en términos relativos y relacionales.

Las influencias de orden internacional han permeado en mayor o menor medida la política pública nacional en función de las compatibilidades ideológicas y las necesidades financieras del Gobierno de turno. Las coincidencias de una perspectiva de revalorización de la agricultura familiar como actor social y económico, y de una política pública no asistencialista unificada de combate a la pobreza rural es relativamente reciente. El resultado positivo de este cambio se reflejó en el nivel y en el ritmo de ejecución de los proyectos, en el cumplimiento de los compromisos financieros de contraparte, en el aumento de los niveles de inversión para el desarrollo rural en el país, en la expansión de programas regionales a nacionales y en la incorporación más ágil y activa de los socios territoriales –provincias, organizaciones–.

Un factor que ha actuado como limitante de las acciones y los resultados de los programas de desarrollo lo ha constituido la competencia de las diferentes agencias gubernamentales a cargo de los programas, favorecida en las primeras dos décadas por la ausencia de una política y estrategia de desarrollo rural en el país que diera marco y articulara sus acciones autónomas y, posteriormente, por las sucesivas reformas institucionales que dejaron una situación difusa en las competencias de los espacios estatales para la definición de políticas públicas orientadas al desarrollo rural.

En el primer caso, cada programa de desarrollo con su propia fuente de financiamiento, organismo responsable y directrices ocupó el lugar de una política de desarrollo rural inexistente. Las reticencias a las articulaciones y a la cooperación interinstitucional en el máximo nivel fueron irreductibles, por lo cual cada uno se quedó con el pequeño espacio de poder conferido, y quedó reservado, en función de mayor o menor afinidad de los técnicos en los territorios, las posibilidades de colaboraciones coyunturales. Competir por espacios de acción, por clientelas, por colocación de crédito o subsidios, por visibilidad y concepción predominante sobre el desarrollo rural fue un denominador común de los programas al menos hasta la creación del Ministerio de Agricultura, Ganadería y Pesca en el año 2009. Una situación que a pesar de los sucesivos y tímidos intentos de coordinación previos con la Comisión de Desarrollo Rural y el Foro de Políticas Públicas Rurales e iniciativas más estructurales como la creación de la SSAF y la organización de la UCAR –que concentró todos los programas con financiamiento internacional– después aún se mantiene en cierto modo presente.

Las situaciones de cooperación entre técnicos de diferentes programas e instituciones –cuando ocurrieron– demostraron ser altamente eficaces y obtener los mejores resultados (PROMER y Mercado/Feria para ganaderos en Corrientes; las experiencias de PRODERNOA con INTA en Tucumán y Jujuy; los CLERC y las mesas de diálogo provinciales a partir del PRODERPA en las provincias patagónicas, entre otras experiencias).

La segunda cuestión que conspira con la definición y la adopción de una política de desarrollo rural
explícita y la coordinación de los programas que llegan
a los territorios, independientemente de sus fuentes
de financiamiento y agencias públicas responsables,
consiste en la no coincidencia de los espacios de poder
para la definición y la ejecución de esas políticas y las
estructuras formales creadas en un proceso de rees-
tructuraciones que no ha terminado de cristalizar. La
Subsecretaría de Agricultura Familiar –elevada al rango
de Secretaría en 2014–, cuya creación y organización fue
promovida activamente desde la UNC de los programas
FIDA dentro de la cartera de agricultura, fue capturada
desde el inicio de su gestión bajo la órbita de poder
e influencia del Ministerio de Desarrollo Social de la
Nación. Esto contribuyó no sólo una visión diferente
sobre el desarrollo rural –de construcción de ciudadanía
y organización política en el caso de la SSAF–, sino también a la consolidación de estructuras paralelas a partir
de la incorporación de técnicos del PSA como agentes de
la SSAF y la cooptación de las asociaciones rurales que
fueran originalmente promovidas en su organización
por la UNC de los programas FIDA y la REAF –como el
FONAF–. A ello se agrega la competencia por recursos
presupuestarios y control de programas para llegar a
los territorios, incluso los propios del FIDA como fue la
primera etapa de PRODERPA antes de su reorientación,
sin articulación con otros programas de UCAR o del INTA
(una institución autárquica que mantiene su independencia respecto de los programas de desarrollo rural).

Esta situación de competencia política resulta más
evidente en relación con las UNC de los programas FIDA,
hoy a cargo de la UCAR, dadas las características poco

comunes de su equipo de conducción: han permanecido más de una década en sus funciones en un contexto
de alta rotación de funcionarios políticos, cuentan con
recursos humanos altamente capacitados con un fuerte
sentido de pertenencia de equipo e institucional, mantienen activas articulaciones con los poderes políticos
provinciales y con los organismos de financiamiento
internacional, disponen de importantes presupuestos
para llegar a los territorios, han demostrado capacidad
y dinamismo en la ejecución de sus programas y, por
sobre todas las cosas, han generado una capacidad de
reflexión sobre la política pública y de participación en
su diseño y en sus estrategias que no se observa en otros
espacios de la cartera agropecuaria. Esta particularidad
y fortaleza los expone también a una mayor competencia en otros espacios de la política que actúan sobre el
mismo colectivo social.

La situación descripta no sólo tiene consecuencias
en la mayor o menor colaboración de las acciones en
materia de desarrollo rural y en la efectividad de sus
resultados, sino en demostrar la fragilidad temporal de
ciertos logros institucionales alcanzados. La constitución
del FONAF en 2005, la creación de la Subsecretaría de
Desarrollo Rural y Agricultura Familiar en 2008, la activa
participación y las posiciones sustentadas en la REAF
desde su inicio y la creación del Registro Nacional de la
Agricultura Familiar han sido en todos los casos innovaciones institucionales en las que la UNC de los programas
FIDA –actualmente UCAR– ha tenido una participación
importante en su gestación, pero que, en el transcurso de
su evolución, estas innovaciones han perdido su sentido
original o se han estancado. Nuevos sentidos y derroteros
son construidos en función de la captura o de la mayor

injerencia que adquieren sobre estas cuestiones otras agencias del Estado, como es el caso de la Subsecretaría de Desarrollo Rural y Agricultura Familiar primero o de la Secretaría de Agricultura Familiar después, cuyas percepciones sobre el desarrollo rural son diferentes a las de la UCAR en un proceso que –como se ha mencionado en la introducción de este libro– constituye un rasgo distintivo de las políticas públicas. Un proceso en el que diferentes unidades estatales con distintos grados de autonomía, control de recursos, intereses organizacionales y clientelas despliegan sus capacidades de intervención e influyen con orientaciones que pueden ser negociadas, contradictorias y aun conflictivas, y cuyo predominio puede variar en diferentes momentos del proceso.

Los programas con financiamiento del FIDA, a diferencia de otros (PSA, PROINDER), respondieron a un criterio de programa descentralizado con ejecución provincial de los proyectos, mientras que PSA y PROINDER mantuvieron una estructura relativamente centralizada desde el ámbito nacional construida a partir del primero de los programas, a pesar de los esfuerzos del BM por promover una mayor descentralización en las provincias y en los municipios.

La complejidad de esta estrategia no fue tomada con suficiente consideración por los programas FIDA, aunque sí por el PSA que resistió las presiones del BM en la negociación del PROINDER para una descentralización de su ejecución en las provincias y en los municipios.[46] La capacidad institucional en el sector

---

[46] El trabajo de Román y Soverna (2004:57) describe esta negociación y la postura del PSA a partir del estudio realizado sobre capacidades institucionales a escala local elaborado por Craviotti (1996).

público era limitada, especialmente en las provincias, y las relaciones institucionales, económicas y políticas entre los Gobiernos provinciales y el Gobierno federal han sido complejas.

La estrategia descentralizada y federal de ejecución ha limitado en el pasado la efectiva gestión de los programas en determinadas provincias. A las dificultades de adhesión de muchas de ellas, se sumaron los retrasos de ejecución en otras debido a las complejidades administrativas, institucionales y el retraso o la ausencia de los aportes económicos de contraparte.

A ello se agregaba la heterogeneidad de situaciones provinciales en cuanto a capacidades institucionales y recursos humanos capacitados disponibles, y al amplio margen de decisión con que contaban sus funcionarios a cargo de las UPE para reinterpretar los componentes de los programas, establecer las estrategias en el territorio y las formas de aplicar los fondos, sin que la UNC de los programas tuvieran herramientas suficientes más allá del diálogo para imponer una supervisión que garantizara ciertos contenidos mínimos.

Por otro lado, el trabajo con las provincias en el sector de desarrollo rural ha constituido una innovación institucional importante en el país. Esta experiencia acumulada en la modalidad descentralizada de ejecución ha contribuido a crear capacidades institucionales y profesionales antes inexistentes en la mayoría de las provincias que han participado de los proyectos.

No obstante, estas capacidades institucionales –con alguna excepción– se han mostrado frágiles de sostener, especialmente sin el financiamiento aportado por nuevos programas que garanticen la continuidad de la intervención con fondos externos a las propias provincias. Y, aun en esos casos, los cambios políticos de las administraciones provinciales han desplazado –en alguna que otra situación– equipos integrados por recursos humanos capacitados retrocediendo en las capacidades acumuladas y la eficiencia en la ejecución.

Aun así, en la actualidad se reconoce que los programas de desarrollo rural que se implementan en las provincias ya no son considerados una experiencia aislada y externa sino que están insertos en las estrategias provinciales de sus políticas públicas, una condición que también puede ser observada a nivel nacional. En este sentido, los programas de nueva generación han realizado varias modificaciones que contribuyeron a mantener una estrategia descentralizada y federal pero a la vez superaron algunas de las limitaciones más importantes que identificaron las lecciones aprendidas de la experiencia previa: i) los proyectos y los programas cuentan hoy con un mayor compromiso político a partir de la experiencia previa tanto de los programas FIDA como del PROSAP, cuyos responsables son en la actualidad los responsables de la UCAR; ii) se ha simplificado la complicada arquitectura institucional, las relaciones Nación/provincias, la responsabilidad sobre la deuda y los trámites para la transferencia de recursos que han generado excesiva lentitud en la adhesión de las provincias y demoras en la etapa de implementación; iii) los programas han pasado de una competencia regional a una nacional con prioridades regionales, que permite acelerar los tiempos de ejecución con aquellas provincias que tienen mayor agilidad para responder a las condiciones establecidas; iv) la UNC de los programas FIDA tiene la posibilidad de intervenir en forma directa o por terceros (si bien con el acuerdo de la provincia) en aquellas microrregiones que lo consideren necesario; v) la incorporación de las organizaciones de población rural en los territorios como actores intermedios a los que pueden llegarles los recursos para brindar los servicios a sus asociados –con consentimiento pero sin necesidad de mediar a través de la provincia–, constituye un factor adicional para garantizar los contenidos mínimos que requieren cumplirse en una estrategia descentralizada y federal pero con un mayor involucramiento y control desde la UNC.

La estrategia de descentralización en la ejecución de los programas hacia las provincias y hacia las organizaciones resulta coherente con una estrategia de desarrollo territorial rural como la promovida por los estudios realizados para establecer una estrategia de desarrollo rural a nivel país, aunque llama la atención que un actor local que resulta decisivo en este modelo, como son los Gobiernos locales (municipios), resulte inexistente tanto en el discurso como en la ejecución de la mayoría de los programas.

Esta variante en la estrategia del DTR puede explicarse por mayor simplicidad administrativa y de gestión, dada la heterogeneidad de situaciones y la desigualdad de capacidades a nivel municipal que supera holgadamente la de las propias provincias. No obstante, su completa ausencia en el diseño de las estrategias de intervención de los programas debería ser subsanada dado que las dificultades de las distancias de las unidades ejecutoras provinciales y las unidades de coordinación nacionales con los destinatarios en el territorio han sido observadas como un problema en diferentes proyectos –entre otros en el PROMER de Corrientes en el marco del PRODERNEA–.

Otras experiencias, a cargo de PSA o PROINDER, demuestran el rol central jugado por algunos municipios en la coordinación de acciones y programas en el territorio con fuerte impacto social y económico, como las ferias francas en Misiones o la articulación de las asociaciones con cadenas comerciales en el departamento Lavalle en la provincia de Mendoza (Schejtman y Barsky, 2008). Los programas de nueva generación (PRODERPA reorientado, PRODEAR, PRODERI) han comenzado a tener mayor interacción con los municipios, pero estas experiencias reclaman su sistematización en los diseños conceptuales para las intervenciones futuras.

Así como la intervención descentralizada y federal constituye un rasgo distintivo de los programas FIDA en la Argentina, también lo ha sido –aunque con menor exclusividad– una concepción de la pobreza rural en términos relativos y relacionales que contempla la inclusión económica, social y política de una agricultura familiar que trasciende lo agropecuario y otorga prioridad a los sujetos en su rol económico productivo.

La estrategia del Gobierno de la Argentina y del FIDA –también impulsada por el BM en las negociaciones del diseño del PROINDER– establecía dos categorías principales de población objetivo o destinatarios de sus servicios: pequeños productores (categoría que luego se amplía a otras actividades con el concepto amplio de agricultura familiar) y población rural vulnerable (mujeres, jóvenes, aborígenes).

El primer conjunto está compuesto por pequeños agricultores, artesanos, población rural que trabaja en servicios, y por emprendedores de actividades económicas en el medio rural que integran el concepto ampliado de agricultura familiar, con posibilidades de mejorar su nivel de producción y de productividad, cuyos vínculos insuficientes con los mercados de bienes y servicios frenan el desarrollo de sus actividades y mantienen sus ingresos cercanos o por debajo de la línea de pobreza. A diferencia de otros programas, esta población objetivo ha tratado de ubicarse originalmente entre los destinatarios de PSA (pobreza absoluta) y los de Cambio Rural (productores agropecuarios pequeños y medianos con cierto grado de capitalización), al contar con algunos recursos y condiciones potenciales para mejorar su actividad productiva y de articulación a las cadenas de valor.

El segundo grupo de población objetivo está compuesto por la población rural vulnerable, como las comunidades aborígenes, las mujeres y los jóvenes, en los que su inclusión económica requiere paralelamente transformaciones en las conductas sociales y culturales a partir de las cuales suele operarse una discriminación negativa velada en las actitudes cotidianas. Una inclusión tardía con antecedentes en las iniciativas del PROINDER ha sido la incorporación de los trabajadores rurales transitorios para ser atendidos por los programas de nueva generación, justificada por la mayor presencia de indicadores de pobreza rural en este segmento poblacional. No obstante, esta problemática no cuenta en la actualidad (2014) con una presencia importante ni en el discurso ni en los registros de acciones relevantes que se estén llevando a cabo, y por lo tanto tampoco hay metodologías de trabajo ni líneas operativas con este sector.

La población objetivo del primer conjunto es concebida en términos de agente económico productivo y por lo tanto es atendida con servicios no asistencialistas orientados a su consolidación en la producción para el mercado; su situación de pobreza es entendida en términos relativos y relacionales cuya atención requiere, como lo expresan los proyectos de nueva generación, la participación de pobres y de no tan pobres (un 20% de la integración de los grupos o asociaciones pueden ser población no objetivo) en una estrategia de inclusión económica y social.

Para atender a este grupo, la concepción de la estrategia de intervención ha evolucionado desde un enfoque inicial acotado a la autonomía de cada programa y sus instrumentos específicos hacia un enfoque transversal combinando los instrumentos de diversos programas sobre microrregiones, del cual se espera obtener un impacto de transformación en los territorios que permita trascender los resultados puntuales y acotados de los pequeños y medianos proyectos desarrollados hasta la actualidad. No obstante, su aplicación y la efectividad de sus resultados están aún por demostrarse.

La intervención original de los programas a partir de la conformación de pequeños grupos para facilitar el acceso a créditos y su pago y para brindar en forma más económica y accesible capacitación y asistencia técnica, no contribuyó a la constitución de numerosos y relevantes proyectos de integración horizontal o vertical de los productores. Las pocas experiencias relevantes que se registraron fueron más una excepción que el denominador común de los programas, los cuales se caracterizaron mayoritariamente por el desarrollo de pequeños proyectos. Esta perspectiva ha sido reorientada a partir de las lecciones aprendidas en el diseño y en la ejecución de los programas de nueva generación. Si bien no adoptada en todas las provincias, la estrategia de priorizar las acciones con organizaciones de productores preexistentes en los territorios y un enfoque de cadenas de valor (como lo ejemplifica el caso del PRODEAR en Chaco y se propone llevar adelante el nuevo programa con fuente FIDA para la Inserción Económica de Productores Familiares del Norte) permitirían mejorar los resultados de integración horizontal y vertical de los beneficiarios en proyectos de mayor envergadura y sostenibilidad.

Como se ha mencionado, los instrumentos han evolucionado desde un enfoque inicial concentrado en el crédito combinado con asistencia técnica hacia un conjunto de herramientas relativamente innovadoras aunque manteniendo en esencia los ejes básicos de asistencia técnica con capacitación y financiamiento. Esta estrategia se ha enriquecido a partir del otorgamiento de financiamiento para infraestructura y capital de trabajo, para asistencia técnica productiva, para capacitación y asistencia a la comercialización y al agregado de valor, para desarrollo de capital humano y social y para desarrollo institucional en las provincias.

Una población caracterizada por su condición de pobreza, radicación dispersa y elevada diversificación productiva, y que tiene escasa articulación con el principal proveedor público[47] de estos servicios en los territorios, ofrece limitadas posibilidades para la creación de mercados de servicios técnicos y alimenta el debate sobre la escasa validez del enfoque de mercado para la provisión de asistencia técnica a estos sectores. Aun así,

---

[47]   Cabe destacar que esta cooperación también se dificultaba porque el INTA en la década de 1990 se encontraba en una situación de seria retracción institucional y presupuestaria que recién después de 2003 inició su recuperación incluyendo específicamente la problemática de la agricultura familiar (véase Pellegrini, 2013).

las evaluaciones de los diferentes programas FIDA han coincidido en destacar que la asistencia técnica de los proyectos promovió tecnologías que fueron rentables y adecuadas con relación al capital social disponible. Los resultados de la asistencia técnica han sido más extendidos y favorables en lo referente a la expansión de las actividades productivas tradicionales y al aumento de la productividad dentro de los predios, lo que contribuyó a mejoras de la seguridad alimentaria de las familias y a la producción de excedentes para el mercado; en menor medida, esto tuvo algún impacto en aquellas actividades de agregado de valor y en la articulación con las cadenas de valor.

El fortalecimiento presupuestario y de recursos humanos de la institución pública más importante en el desarrollo y difusión de tecnología del país, como es el INTA, su mayor especialización en la agricultura familiar al crear los Centros de Investigación para la Agricultura Familiar (CIPAF), la incorporación de miles de técnicos y extensionistas que participan de programas de apoyo a sectores vulnerables y de la agricultura familiar en los territorios, y la progresiva y creciente participación en los proyectos con los programas de la UCAR y de la SSAF, constituyen condiciones que van en la dirección de superar los límites enfrentados por los primeros programas que, reforzados a partir de convenios interinstitucionales, pueden contribuir a mejorar sustancialmente el alcance y la calidad de los servicios de asistencia técnica.

Por otra parte, el apoyo a la provisión de servicios financieros para el pequeño productor rural ha sido un problema difícil de resolver y continúa siendo un desafío pendiente en un contexto de limitada institucionalidad del sector financiero en la economía rural.

El enfoque de incorporación del pequeño productor a la banca comercial en un contexto con escasa capacidad institucional en el área de las microfinanzas rurales resultó poco adecuado. Los esfuerzos realizados para el involucramiento de la banca comercial en la creación de mercados financieros para pequeños productores y población rural de bajos recursos fracasaron reiteradamente, en buena medida por la resistencia y el desinterés de los bancos.

A ello contribuyó también la escasa racionalidad con que han sido diseñados los componentes en función del contexto socioeconómico de la población objetivo y de determinadas culturas políticas provinciales. Los proyectos productivos y comerciales en situaciones de pobreza difícilmente generan los recursos necesarios en sus primeros pasos para la devolución de los recursos en los tiempos de intervención de los proyectos y, en caso de poder hacerlo, sólo retrasan la velocidad de los procesos para salir de su situación de vulnerabilidad. Por otra parte, en contextos altamente inestables donde los Gobiernos no podían honrar sus compromisos de contraparte y ciertas provincias tenían tradición en distribuir gratuitamente los recursos, difícilmente podía exigirse a los beneficiarios su restitución, incluidos aquellos no percibidos que estaban comprometidos a devolver por los compromisos de garantías solidarias.

Los resultados han sido lo suficientemente desalentadores como para que en los programas de nueva generación del FIDA no se incluya un componente de crédito –una situación en la que PROINDER con financiamiento del BM fue un antecedente importante–. No obstante, con el correr del tiempo los programas han intentado generar algunas alternativas innovadoras.

Especial mención merecen las actividades desarrolladas en favor de poblaciones vulnerables con aportes no reembolsables, así como la creación de fideicomisos y fondos rotatorios gestionados por agencias públicas o semipúblicas, o por cooperativas de productores para proveer asistencia técnica y financiera a sus asociados.

Estas experiencias y algunos casos exitosos en otros países han servido de antecedentes para elaborar una nueva estrategia con el objeto de desarrollar servicios financieros rurales a partir de las organizaciones con ciertas capacidades asentadas en los territorios, mediante transferencias o donaciones por única vez para que organicen un sistema a partir de un fondo rotatorio con el cual financiar las actividades y las inversiones de sus asociados. Dicha administración demanda cierta madurez de las organizaciones que no se da en todos los casos, ni puede surgir espontáneamente sin brindarle a los grupos los apoyos y el tiempo necesario para su consolidación. Ésta es una experiencia reciente cuyos resultados se desconocen, pero que requiere un control y una supervisión estrictos si se aspira a que no se desnaturalice el destino de los fondos y se consolide el sistema sin la necesidad de mantener un flujo constante de recursos para mantener su funcionamiento.

El acceso y la estabilidad en el control de los recursos productivos –en particular la tierra y el agua– forman parte de las problemáticas que hay que considerar como estructurales en la agricultura familiar. No obstante, ésta ha sido una cuestión marginal en la atención de los programas, que ocasionalmente han planteado proyectos de regularización de dominios en algunas provincias y estudios y asesoramientos que contribuyeron a la sanción de una ley de registro de tierras agropecuarias y propiedad de extranjeros. Sin embargo, programas específicos impulsados desde el orden nacional no han podido ser ejecutados debido a serias resistencias de los organismos provinciales encargados de estos temas. En las provincias continúan existiendo poderosos intereses por mantener un *statu quo* jurídico que bloquea una de las condiciones necesarias para consolidar a la agricultura familiar como sujeto económico.

En general, los proyectos han tenido resultados positivos en asistencia a la producción y en menor medida en la comercialización y el agregado de valor, con bajo impacto en la creación de capital social sostenible –al menos hasta la implementación de los programas de nueva generación–, y una mejora en el ingreso de las familias rurales y la seguridad alimentaria de las poblaciones vulnerables. Probablemente los resultados de la creación o consolidación de capital social a partir de políticas públicas no puedan observarse en forma adecuada en el término de intervención de un programa de desarrollo porque suelen ser el producto de procesos a largo plazo. Pero, para lograr esos resultados se requiere su incorporación como objetivo explícito y contar con estrategias orientadas a ese fin que permitan que los beneficios o las mejoras coyunturales aportados por los servicios y los apoyos económicos de los programas tengan un efecto duradero que trascienda la intervención en sí misma.

Algunos proyectos innovadores en materia de servicios, comercialización y producción son descriptos en el Anexo I, como el seguro agrícola para horticultura y el fideicomiso para productores hortícolas en el proyecto PROMER de la provincia de Corrientes, la red de comercialización de artesanías a cargo de mujeres como

PROYECTARTE en la provincia de Formosa, los fondos rotatorios para financiamiento a través de las organizaciones de beneficiarios en la provincia de Tucumán, la articulación a cadenas de valor como la apicultura en Formosa y actualmente en Chaco en varias actividades, los remates-feria para pequeños ganaderos en Corrientes y las organizaciones cooperativas como las de Laguna Blanca en Catamarca o de Alto Verde, Simoca y Bella Vista en Tucumán. Éstas y otras experiencias[48] han significado una clara innovación en materia de nuevos instrumentos de políticas de desarrollo y en las que se destacan como denominador común una amplia participación de múltiples actores y de programas de instituciones que convergen y colaboran en el territorio, y la existencia de organizaciones preexistente de diferente tipo sobre las cuales se organiza o se consolidan las experiencias.

Los resultados de estas experiencias innovadoras no en todos los casos han cumplido con las expectativas generadas en materia de impacto o de dimensión, pero han creado antecedentes y lecciones aprendidas con potencialidad para su consolidación en futuras etapas o réplicas en otros territorios. No obstante, en muchos casos las particulares coincidencias de ciertos factores espaciales y temporales de los actores intervinientes y el grado de libertad que las unidades ejecutoras provinciales han tenido para establecer sus acciones dependiendo en muchos casos de las personalidades y las capacidades de los recursos humanos que coyunturalmente estuvieron a su cargo, limitan o potencian las posibilidades de replicar o innovar en experiencias y procesos.

---

[48]   Véase López *et al.*, 2013; Lattuada, 2014b.

Una restricción adicional a la consolidación de experiencias inicialmente exitosas es la ausencia de un enfoque diacrónico de los proyectos que contemplen la necesidad de consolidación de estas experiencias a partir de una continuidad en los apoyos a los mismos beneficiarios en etapas superiores del desarrollo de sus proyectos. Esto se expresa dentro de un mismo programa y entre programas sucesivos en una misma región. Dada la condición de temporalidad de los programas (4 a 6 años promedio) y la necesidad de conseguir las metas administrativas establecidas en sus diseños, el debate que se plantea es si un mismo grupo que ha recibido servicios puede acceder a nuevos apoyos o, por el contrario, la atención debe dirigirse a nuevos grupos de población objetivo a los que no se ha llegado aún, y habitualmente la decisión se inclina hacia la incorporación de nuevos beneficiarios que ayuden a alcanzar o a superar las metas. Esta situación resulta más evidente cuando programas que en cierto modo constituyen la continuidad de intervención en una región (por ejemplo PRODEAR respecto de PRODERNEA) no registran información sobre el estado de los proyectos que han sido innovadores y exitosos en el primer programa y no se plantean cierto seguimiento y fortalecimiento en la nueva etapa, cuando todo indica que este tipo de experiencias requieren la continuidad de servicios de apoyo por plazos mayores a la duración de los proyectos para su definitiva autonomía y consolidación. En otras palabras, la memoria institucional y la continuidad de apoyos para consolidar los proyectos iniciados que han sido innovadores y potencialmente exitosos deben formar parte de los diseños de los programas y de su posterior ejecución cuando se plantea una estrategia de intervención a mediano y largo plazo.

En cuanto al segundo grupo de población objetivo, el apoyo a las poblaciones vulnerables, incluidos jóvenes, mujeres y comunidades aborígenes, ha sido considerado relativamente satisfactorio en cuanto a las metas alcanzadas por los programas. Estos programas como parte del accionar del Estado a través de políticas públicas han tenido por misión contribuir a la creación de condiciones para que estos sectores participen con mayor equidad en una trama de relaciones económicas, políticas y sociales que son históricamente asimétricas.

No obstante, si los presupuestos reflejan de algún modo el orden de importancia de las cuestiones que tienen que atender por lo programas, podemos observar que estos sectores vulnerables como población objetivo tienen mucha mayor importancia en el discurso que en los recursos destinados a atenderlos. Los componentes de los programas FIDA destinaron al apoyo de comunidades aborígenes sólo el 5% y a otros grupos vulnerables el 3% del costo total invertido (FIDA, 2010a).

Además del bajo nivel de recursos destinados como denominador común, estas poblaciones vulnerables tienen problemáticas muy distintas que requieren capacidades diferenciales para su conceptualización y abordaje, que difícilmente puedan ser resueltas en forma eficaz desde su integración secundaria en los programas de desarrollo rural.

Como se ha observado, las poblaciones aborígenes requieren de una asistencia masiva de infraestructura básica y la generación de capacidades mínimas en su cosmovisión y organización para alcanzar una etapa en la que puedan recibir los servicios reservados a los agentes económico y productivos en proyectos que puedan implicar una mejora sustancial y sostenible de su nivel de vida (en el caso de que por su propia decisión decidan incursionar por ese camino de inclusión). Esto requiere técnicos y profesionales a nivel de la UNC y de las provincias especializados en sus culturas y capacidades de transmisión que incluyan el manejo de su lengua –perfiles que son escasos de encontrar entre los profesionales contratados– y una asistencia técnica que cuente con los recursos necesarios para operar en población dispersa y en zonas poco accesibles (acceso satelital a comunicaciones, medios de movilidad acordes, técnicos con alta disponibilidad de residencia y asistencia fuera de sus centros de radicación). Esto no ha sido impedimento para que algunas experiencias resultaran exitosas, como los grupos de comunidades aborígenes que pasaron de economías recolectoras a productoras a partir de su integración en la cadena apícola de la provincia de Formosa, si bien deben ser consideradas excepcionales en el marco de una problemática cuyo abordaje resulta limitado desde las iniciativas llevadas a cabo por los programas (ver Anexo I).

Las problemáticas de equidad de género y de jóvenes en el ámbito rural son de otro orden y urgencia y las estrategias de intervención, diferentes. El tema mujeres rurales estuvo presente desde los primeros programas de desarrollo rural en la Argentina. Su abordaje evolucionó desde una posición que planteaba la necesidad de otorgar una mayor visibilidad a sus múltiples roles, a sus derechos y a cierto empoderamiento de la mujer a partir de la constitución de grupos y actividades exclusivamente para mujeres, hacia una concepción transversal de género en la que se plantea la integración en condiciones de equidad en las actividades económicas, sociales y políticas que incluyen por igual a hombres y mujeres rurales.

En cualquier caso, las acciones llevadas a cabo han estado enfocadas mayoritariamente a la sensibilización y capacitación de técnicos y funcionarios para que incorporen esta perspectiva de la problemática de género, y sólo excepcionalmente se han instrumentado acciones específicas que contribuyan a garantizar esa equidad en algunos proyectos o acciones –participación en el Foro de la Agricultura Familiar por ejemplo–. Aunque discutidos en el seno de la UNC y mencionados en los diseños de los programas de última generación (PRODEAR y PRODERI), no se han implementado cupos de financiamiento, de participación u otros instrumentos más expeditivos que garanticen la disponibilidad de instrumentos, acciones o recursos específicos reservados a las mujeres rurales. Los programas de nueva generación mantienen la perspectiva transversal en las acciones a llevar a cabo con el objeto de contribuir a la reducción de las brechas de género en el medio rural tanto en la estructura productiva como en la de las organizaciones, y han avanzado con mayor detalle en las actividades que deben contemplar las estrategias de intervención desde una perspectiva de género en sus diseños. No obstante, en la ejecución concreta la temática parecería haberse diluido o no concitar la atención que tuvo en los primeros programas, siendo desplazada en la actualidad por los temas ambientales y de sostenibilidad de los recursos naturales, una problemática –inicialmente planteada por el BM en el diseño del PROINDER– que ha sido activamente promovida desde los organismos financieros internacionales en los últimos años e incorporada con atención prioritaria en el último de los programas FIDA puesto en marcha en el país (PRODERI).

Hasta el momento la problemática de género ocupa un lugar mucho más importante en el discurso de los programas que en las acciones y los resultados, en parte por cierta moda que se ha instalado en los organismos de financiamiento internacional para todos sus programas sin examinar demasiado las diferentes realidades nacionales o sectoriales, y en parte porque la contribución que puede realizarse desde este tipo de programas a la transformación de culturas enraizadas en la sociedad, en el corto lapso de tiempo de su intervención, es muy limitada. En este sentido, una mayor articulación de los programas con ONG y otras instituciones que trabajan sobre el tema en las provincias podrían potenciar las actividades de promoción y capacitación, así como supervisar la adopción por las UPE de la perspectiva transversal de género promovida desde la UNC.

Como en el caso anterior, los programas de desarrollo en la Argentina han otorgado atención especial a la problemática de los jóvenes rurales, en función de la necesidad de una inserción económica y productiva que reduzca su expulsión de las zonas rurales –constituyen el grueso de los migrantes hacia los centros urbanos– así como de movilizar su potencial como agentes promotores del desarrollo rural y dirigentes de las organizaciones que integran el capital social de los territorios.

En este caso, Argentina ha tenido la iniciativa de promover esta cuestión en la agenda regional de la REAF, la cual fue adoptada por el resto de los países para acordar un programa regional focalizado en los jóvenes rurales. La problemática de jóvenes rurales, de importancia en una perspectiva estratégica a mediano plazo, requiere profundizar un trabajo conceptual que defina con mayor precisión el rango de edades que incluye, así como los objetivos específicos y las estrategias acordes para lograr su efectiva inclusión en los territorios respetando las normas legales y éticas relacionadas al trabajo de los jóvenes. En cuanto al objetivo de formar cuadros de dirigentes de organizaciones rurales y promotores de desarrollo, lo simbólico de los discursos adoptados por los programas ha sido más importante que las acciones y los resultados efectivamente alcanzados. Las actividades, en algunas provincias, han consistido en la realización de concursos de proyectos productivos y comerciales para ser llevados adelante por jóvenes, quienes recibieron capacitación para su elaboración y financiamiento para la ejecución de los proyectos seleccionados. Además, se realizaron cursos para formación de agentes de desarrollo y dirigentes rurales y la creación en diferentes provincias de Centros de Jóvenes Emprendedores Rurales. La institucionalización de su problemática, tanto en el marco de la REAF Mercosur como en la creación la Dirección Nacional de Juventud Rural en la estructura del Ministerio de Agricultura, Ganadería y Pesca de la Nación, puede considerarse como la contribución más importante realizada por los programas de desarrollo rural sobre esta cuestión.

Las problemáticas de grupos vulnerables como comunidades aborígenes, género y jóvenes han ocupado un lugar destacado en los programa de desarrollo rural. Pero el tiempo transcurrido y la experiencia realizada señalan que si efectivamente se quiere obtener resultados relevantes en estas cuestiones será necesario diseñar programas específicos para atenderlas, con las estrategias y los recursos adecuados en cada caso.

Esto contribuiría, además, a focalizar y concentrar las acciones sin mayores dispersiones y distracciones en los servicios al primer grupo de población objetivo –agricultura familiar– en cuanto que sujeto económico productivo, fortaleciendo su participación en redes productivas y cadenas de valor, mientras que paralelamente se habilitarían programas específicos para aquellas problemáticas especiales que requieran otros conocimientos y otras capacidades y recursos de intervención.

La ejecución de los programas –como se ha mencionado– ha estado condicionada por las demoras en las adhesiones provinciales, la discontinuidad de los recursos, las diferentes capacidades institucionales y de recursos humanos en las provincias, y en los primeros programas la disponibilidad adecuada del equipamiento necesario para trabajar con población dispersa y en zonas distantes de difícil acceso y comunicación. Aún se mantienen como reclamos de técnicos y responsables de la ejecución provinciales las complejidades burocráticas de tres instancias –fuentes internacionales de financiamiento, administración nacional y administraciones provinciales– para contrataciones, adquisiciones y ejecuciones, así como el desmantelamiento de equipos profesionales entre la finalización de un programa y el inicio de nuevos en contextos donde los recursos humanos calificados en estas problemáticas no abundan.

No obstante, los programas de desarrollo rural en el país han tenido dos tipos de resultados, ambos positivos, más allá de las dificultades encontradas y de las observaciones realizadas. Unos generados por la efectiva ejecución de los programas en la situación de la población y los territorios donde han intervenido, y otros en la instalación e institucionalización en la agenda nacional e internacional de la problemática de la agricultura familiar y el desarrollo rural.

De acuerdo con lo expresado en diferentes talleres participativos por los beneficiarios, en las evaluaciones realizadas al cierre de los diferentes programas y en las entrevistas a informantes calificados (funcionarios provinciales, responsables de las unidades provinciales de ejecución, técnicos de campo), existe coincidencia en destacar los siguientes resultados:

A nivel predial y del territorio:

i. Mejora en la seguridad alimentaria.

ii. Aumento en el ingreso de los beneficiarios.

iii. Incorporación de condiciones básicas de infraestructura comunitaria en poblaciones vulnerables (en particular comunidades aborígenes) y en la infraestructura productiva de pequeños productores.

iv. Crecimiento en el número y en las capacidades de las organizaciones que integran a la población rural.

v. A nivel de los programas y las capacidades de intervención:

vi. Innovación en instrumentos de política que generan experiencias exitosas aunque no necesariamente replicables en otros territorios.

vii. Construcción o fortalecimiento de capacidades institucionales para el desarrollo rural en las provincias inexistentes o poco desarrolladas previas a la intervención. Por ejemplo la creación de la Unidad Provincial de Desarrollo Rural y del Instituto de Desarrollo Rural (Ley 6124/12) de la provincia de Corrientes o la Secretaría de Micro, Pequeña y Mediana Empresa de la provincia de Tucumán.

viii.Formación de miles de técnicos, promotores y dirigentes en las provincias y territorios en materia de desarrollo rural.

A nivel nacional:

i.　Promoción, organización y puesta en funcionamiento del Foro Nacional de la Agricultura Familiar (2004-2008), espacio de interlocución entre el Estado y las organizaciones de la agricultura familiar en el que los programas de desarrollo tuvieron una activa participación para promover la organización y participación de las asociaciones rurales.

ii.　Promoción de iniciativas como el Registro Nacional de la Agricultura Familiar en la Argentina y aportes para la construcción de su sistema de registro de información, y participación en el asesoramiento e implementación del monotributo social rural.

iii. Generación de una valiosa documentación que recoge experiencias sobre el terreno que fueron compartidas y diseminadas a través de los foros de discusión nacionales. Estas actividades, en conjunto, produjeron importantes sinergias que contribuyeron a generar un amplio debate sobre la pobreza rural y las estrategias para combatirla (Comisión de Desarrollo Rural, Foro de Políticas Públicas Rurales y las propuestas de diseño de un sistema y una estrategia nacional de desarrollo rural –Berdegué y Schejtman, 2006; Craviotti y Soverna, 2008–).

iv. Contribución a la instalación en la agenda pública nacional de la agricultura familiar como actor económico, social y político en el país, a partir de la promoción de creación y organización de la Subsecretaría de Desarrollo Rural y Agricultura

Familiar (2008), la definición de la estructura de Ministerio de Agricultura, Ganadería y Pesca (2009) que incluyó a nivel de secretaría la agricultura familiar y el desarrollo rural, y la iniciativa para crear la Dirección Nacional de Juventud Rural, dependiente de la Subsecretaría de Coordinación Institucional del MAGyP en 2011.

v. Fortalecimiento de las capacidades del Estado nacional (presupuestarias, organizativas, y de recursos humanos) en la planificación, gestión y ejecución de programas de desarrollo rural, siendo la UCAR su mejor ejemplo.

En el plano regional e internacional:

i. Participación activa en la creación y el funcionamiento de la REAF Mercosur, que constituye una importante plataforma de diálogo sobre políticas específicas para el desarrollo rural y la agricultura familiar en el Cono Sur.

ii. Generación de mayores capacidades y autonomía en la negociación con diversas fuentes de financiamiento internacional sobre las condiciones de los préstamos y las características de intervención de los programas de desarrollo rural.

En otro orden de cuestiones, el de la gobernanza de las políticas públicas y la participación de los representantes de los destinatarios en las etapas de diseño, ejecución, seguimiento y evaluación de los programas de desarrollo rural promovido desde el discurso de los organismos internacionales, en la inmensa mayoría de los casos su implementación no ha ido más allá de la convocatoria a alguna persona a título individual que represente el papel y cumpla el requisito formal, en encuestas que permitían conocer sus demandas que "amortiguadas" (Román y Soverna, 2004: 52) formaban parte de las discusiones en el diseño, o en la asistencia a talleres previos, durante o posteriores a las intervenciones sobre los diferentes ejes temáticos que los coordinadores de los programas presentaban. En síntesis, una participación esporádica, atomizada, no sistematizada y, en consecuencia, más formal que real.

Los programas con apoyo FIDA no han sido la excepción, al menos hasta los denominados programas de nueva generación (PRODERPA reorientado, PRODEAR y PRODERI), que al asentar sus estrategias de intervención en las organizaciones de población rural, preferentemente ya constituidas, cuentan en teoría con mayores posibilidades de garantizar un cumplimiento más cabal de la participación de los destinatarios.

La necesidad de mejorar el tema de la participación y la representación de los destinatarios ha sido mencionada en todas y cada una de las evaluaciones de los proyectos FIDA. Pero nuevamente aquí el amplio margen de decisión de las provincias puede favorecer o entorpecer el proceso participativo y la calidad de la representación asumida, dada la laxitud con que los diseños de los programas suelen asumir este importante tema.

La constitución del Foro Nacional de la Agricultura Familiar ha sido por fuera de las propias estructuras de organización y representación de los destinatarios/ beneficiarios de los programas el mayor logro en cuanto a una representación de los sectores rurales pobres y vulnerables. No obstante, esta instancia de diálogo entre la agricultura familiar y los Estados nacional y provincial no habría existido sin la activa participación de los programas. Una instancia que ha servido además para que los actores formalizaran posteriormente una construcción jurídica de representación autónoma del Estado –el Foro de Organizaciones Nucleadas de la Agricultura Familiar–, aunque no necesariamente este hecho se traduzca en una autonomía efectiva del Gobierno.

Es de destacar que tanto en el Foro Nacional mencionado como en otras instancias de participación la representación y participación de los grupos vulnerables (mujeres, jóvenes y en particular aborígenes) ha sido reducida cuando no se han tomado iniciativas específicas para promoverla. La UNC de los programas FIDA, por ejemplo, debió recurrir a estrategias de financiamiento adicionales reservadas a la participación de las mujeres en las reuniones del FONAF, así como el PRODERPA reorientado ha intensificado su atención para que las comunidades aborígenes tuvieran una mayor participación en las unidades ejecutoras provinciales y en las mesas de desarrollo territorial provinciales.

La construcción de una efectiva y real representación y participación de la agricultura familiar a partir de las organizaciones de los destinatarios/beneficiarios en los programas de desarrollo rural es una asignatura pendiente que debe ser remediada a partir de diseños más precisos en los documentos de los convenios de préstamo, de la experiencia acumulada en la constitución del FONAF y de una estrategia de consolidación de las organizaciones en el plano económico y organizacional planteada por los programas de nueva generación. La integración de mesas de diálogo por cadenas productivas o territoriales en algunas de las experiencias provinciales llevadas a cabo por los programas de última generación se constituyen en iniciativas válidas en este sentido que podrán ser mejoradas en el futuro.

Numerosos trabajos han dado cuenta de diversos aspectos de la ejecución y de los resultados de los programas de desarrollo rural desde los primeros años de su implementación hasta la actualidad. Las recomendaciones realizadas y la experiencia acumulada abonaron una etapa de reflexión a partir de las nuevas condiciones políticas y económicas posdevaluación. Existe coincidencia en los resultados positivos observados, pero también en que los programas de desarrollo rural no han solucionado el problema de la pobreza rural en la Argentina.

Para algunos autores la modalidad de promover microemprendimientos grupales no ha producido impactos significativos en el territorio, en los mercados regionales, en las organizaciones representativas, ni en la situación económica de la mayoría de los pequeños productores agropecuarios (Manzanal y Nardi, 2008: 498). Para otros, aun en aquellos casos en que los programas han sido implementados en forma exitosa respecto de sus formas y contenidos y se han cumplido las metas establecidas, la situación en el territorio no ha cambiado significativamente en relación con el nivel y la calidad de vida de las personas ni en las condiciones estructurales para su proyección futura (Lattuada, Márquez, Neme, 2012).

Podría concluirse que, si bien en tres décadas se han tenido resultados positivos en los programas implementados en la Argentina, la política de desarrollo rural no ha logrado el impacto esperado en el combate de la pobreza rural y el desarrollo de los territorios.

La definición de una política de desarrollo rural y sus estrategias de intervención continúa esperando el consenso necesario de sus principales gestores y ejecuto-res. Dos visiones o enfoques se encuentran actualmente en el trasfondo de las intervenciones en el territorio: una de carácter organizativo social y político, y otra que prioriza el carácter económico productivo.

En la última década los programas han evolucionado hacia perspectivas de abordajes más integrales tanto en los financiados con fondos externos como en los llevados a cabo por el INTA y por la Subsecretaría de Agricultura Familiar con fondos nacionales.

La SSAF a partir de 2006 incorporó un enfoque de equipos técnicos socioterritoriales interdisciplinarios (López *et al.*, 2013: 12) y el INTA progresivamente ha diversificado los perfiles de los profesionales que brindan asistencia técnica desde la perspectiva del desarrollo territorial rural. Estas iniciativas que pueden ser consideradas como una superación de las restricciones de los enfoques acotados a lo productivo en el espacio predial acentúan la intervención en aspectos organizativos de carácter reivindicativo o social, y desplazan a un segundo plano la prioridad y la importancia de una consolidación estructural de los aspectos económicos de los proyectos y las asociaciones.

Por su parte, la mayoría de los programas con financiamiento internacional se encuentran focalizados en los aspectos económicos productivos, mientras que lo organizativo es contemplado en función del fortalecimiento de los sujetos en el mercado y la integración de las cadenas de valor. No obstante, en el último tiempo, en consonancia con el enfoque transversal sobre microrregiones, la perspectiva promueve la incorporación de criterios aportados por las corrientes de pensamiento del desarrollo humano en las que además del acceso a recursos económicos se procura un aumento de la calidad de vida de los individuos a partir de la cobertura de servicios y los bienes sanitarios, educacionales, culturales, ambientales y políticos.

En cierto modo, durante estas tres décadas se ha profundizado y extendido territorialmente la tensión que Schiavoni (2005) advirtiera y tipificara en las estrategias de desarrollo rural de la provincia de Misiones. Una estrategia populista (asociada a los saberes de los pobladores, su autonomía y su resistencia a la extracción de valor a través del mercado) y otra desarrollista (vinculada al saber de los expertos y la transformación de la situación de la población a partir de las mejoras de sus condiciones de producción e inserción en el mercado). La primera impulsada originalmente por las ONG, a las que progresivamente se sumaron el PSA y la SSAF, y la segunda promovida por las agencias técnicas y de desarrollo provinciales y los programas con fuente de financiamiento internacional –como los concentrados en la UCAR–; mientras que las intervenciones del INTA se fueron desplazando desde la segunda hacia la primera en la atención de los sectores de la agricultura familiar.

Si bien en los territorios estas situaciones suelen presentarse en forma menos esquemáticas o polares que en la teoría, no debería olvidarse que en estas realidades –aún con sus diferencias atendibles– la cobertura de necesidades básicas y la reducción de la brecha de ingresos a partir de actividades económicas estables deberían continuar ocupando una atención prioritaria.

En nuestro país los programas de desarrollo rural deberían concentrar y fortalecer el apoyo a la agricultura familiar con visión de desarrollo territorial y apoyo y coordinación nacional, que posibilite el acceso y control de los recursos productivos –en especial tierra y agua–, la generación de ingresos a partir del desarrollo productivo y agregado de valor local y, especialmente, el fortalecimiento de organizaciones y redes que posibiliten el acceso y la permanencia en mercados y cadenas de valor. La creación de asociaciones y organizaciones sociales, gremiales y políticas sin sólidas asociaciones económicas de base son estructuras frágiles con riesgo de cooptación clientelar, o de disolución ante el cambio de signo político de las fuerzas que controlan el Estado. Por este motivo, resulta imprescindible generar capacidades profesionales y técnicas adecuadas que contribuyan a la consolidación de esas asociaciones económicas. Estas capacidades no predominan en la formación de agrónomos y veterinarios habitualmente contratados por los programas en los territorios, ni tampoco en una diversidad de disciplinas sociales que han sido incorporadas más recientemente. Estas disciplinas, sin desconocer su contribución, no se encuentran preparadas para abordar el núcleo central del problema: consolidar organizaciones económicas de la agricultura familiar dinámicas y sólidas que puedan participar en forma creciente y eficiente en el mercado. Un proceso en el que el Estado se debe mantener alerta y dinámico para intervenir en aquellas coyunturas o situaciones en que sea necesaria su presencia para compensar las situaciones críticas y de asimetrías manifiestas, o para contribuir a resolver las nuevas necesidades que deriven de mayores niveles de complejidad y escala alcanzados en su organización y sus negocios.

Se requiere una estrategia a largo plazo, con intervención de equipos multidisciplinarios –pero integrados con sólidos perfiles especializados en economía, comercialización, administración y experiencia en los negocios agropecuarios– y una fuerte articulación en los territorios con organismos técnicos, asociaciones profesionales y universidades que posibiliten compensar las debilidades de las disciplinas que tradicionalmente han brindado la asistencia en terreno. En este sentido, en la actualidad se cuenta con un factor que puede facilitar este tipo de colaboraciones interinstitucionales a partir de la transversalidad de las acciones que garantiza la presencia de una coordinación de todos los programas de desarrollo rural con financiamiento externo, pero falta avanzar sobre la coordinación necesaria entre esos programas y los de fuentes de financiamiento del presupuesto público.

Adicionalmente, luego de tres décadas de experiencia, el Estado nacional y los Estados provinciales deben esforzarse por consolidar y coordinar un sistema dinámico de registro unificado de beneficiarios y proyectos, así como la asignación de presupuesto propio para la continuidad del apoyo a aquellas iniciativas exitosas y las estructuras de intervención más allá del apoyo temporal que cada programa con financiamiento internacional representa, evitando de este modo reiniciar el ciclo con cada nuevo programa como si antes del mismo nada hubiese existido. Estas iniciativas constituirían la expresión de un efectivo compromiso con el desarrollo rural y la agricultura familiar a largo plazo, que conjuntamente con el ante-proyecto de ley de reparación histórica de la agricultura familiar elaborado por el FONAF podrían ser institucionalizados en una legislación específica.

La tarea de erradicar la pobreza y reducir la vulnerabilidad de amplios sectores de la población rural continúa siendo una asignatura pendiente en un país de ingresos medios pero con una amplia brecha social y económica como la Argentina. Las condiciones actuales para enfrentar ese desafío, donde la agricultura familiar ha logrado ocupar un lugar institucionalizado en la agenda estatal y se han acumulado tres décadas de experiencias y capacidades humanas y organizativas sobre el desarrollo rural –una cuestión sin antecedentes previos–, permite plantear objetivamente expectativas favorables hacia el futuro en la medida que se profundicen los apoyos focalizados hacia este sector de la sociedad a partir de la reflexión y la reorientación de las estrategias en base a las lecciones aprendidas. Para ello, además, se requiere un contexto en que el país en su conjunto recobre la tendencia de crecimiento económico con equidad e inclusión, si se pretende que aquellos esfuerzos contribuyan efectivamente a cerrar las brechas de desigualdad existentes.

FUENTES Y BIBLIOGRAFÍA

Fuentes

Aráoz, L. (2005). *Análisis de las propuestas de estrategia para el desarrollo rural*, SAGPyA (informe inédito), Buenos Aires.

Aráoz, L. y Lotti, A. (2005). *Políticas de desarrollo rural. Propuesta de la Comisión de Desarrollo Rural*, SAGPyA, (informe inédito), Buenos Aires.

Banco Mundial (2001). *¿Qué es el capital social?* Disponible en: http://www.worldbank.org/ poverty/spanish/scapital/index.htm.

— (2007). *Los pobres invisibles. Un panorama de la pobreza rural en la Argentina*, Informe N.º 39947-AR dirigido por Gabriel Demombynes y Dorte Verter, Región América Latina y el Caribe, 25 de junio, Buenos Aires.

Banco Interamericano de Desarrollo (2001). *Iniciativa interamericana de capital social, ética y desarrollo*. Disponible en: http://www.iadb.org/etica/iniciativa.cfm.

Banco Interamericano de Desarrollo y PNUD (2000). Índice de desarrollo de la sociedad civil de Argentina, Edilab, Buenos Aires.

Bolsa de Comercio de Rosario (2013). Disponible en: http://www.bcr.com.ar/pages/gea/estimaProd.aspx (consultado el 04/04/13).

CEDES (2007). *Diagnóstico sobre la contribución de PRODERNEA al capital social de los actores, sus organizaciones y comunidades,* Informe Final, Buenos Aires.

Chudnovsky, D.; Rubin, S.; Cap, E. y Trigo, E. (1999). *Comercio internacional y desarrollo sustentable,* Centro de Investigaciones para la Transformación, Documento de Trabajo, Buenos Aires.

CIET (2007a). *Evaluación de los proyectos apícolas apoyados por el PRODERNEA en la provincia del Chaco,* Informe final, Resistencia.

CIET (2007b). *Sistematización de la experiencia de intervención del PRODERNEA en la producción apícola en la provincia de Formosa,* Informe final, Resistencia.

Centro de Investigación y Formación de la República Argentina (2014). *Adelanto del Informe de Coyuntura N.° 16,* Buenos Aires.

Cifuentes, E. (1999). *Trabajo de campo con pequeños productores. Enfoque de sistemas de producción y género,* SAGPyA, Buenos Aires.

Consorcio PRODERNOA-CADIF-CRISOL-INCLUIR (2008). *Estrategias de desarrollo territorial basadas en el apoyo de organizaciones de productores insertos en cadenas productivas. Sistematización de una experiencia en Tucumán, Argentina.* Informe final, Buenos Aires.

Craviotti, C. (1996). *Capacidad institucional a escala local (informe final),* SAGPyA, Dirección de planeamiento y Desarrollo Agropecuario, PROINDER, Buenos Aires.

— (2011). "Argentina, ocupaciones y fuentes de ingresos de los habitantes rurales: un análisis a partir de las encuestas de niveles de vida y producción". En Ministerio de Agricultura, Ganadería y Pesca de la

Nación, PROINDER, *Estudios e Investigaciones* N.°
27, Buenos Aires.

Craviotti, C. y Soverna, S. (2008), *Propuestas para la
creación de un sistema nacional de desarrollo rural,* Secretaría de Agricultura, Ganadería, Pesca
y Alimentos, (documento de capacitación N.° 4),
Buenos Aires.

CRISOL Proyectos Sociales (2006a). *Evaluación participativa PRODERNEA. Ámbito de acción: Corrientes.*
Informe final (versión preliminar), Buenos Aires.

— (2006b). *Sistematización y lecciones aprendidas del
Proyecto PROMER. Ámbito de acción: Corrientes,*
Informe final, Buenos Aires.

— (2006c). *Sistematización y lecciones aprendidas
de la experiencia Remate Feria. Ámbito de acción:
Corrientes,* Informe final, Buenos Aires.

— (2007). *Evaluación de asistencia técnica PRODERNEA.
Ámbito de acción: Corrientes,* Informe final, Buenos
Aires.

— (2011). *Evaluación Participativa. Proyecto de
Desarrollo Rural de las Provincias del Noroeste
Argentino,* PRODERNOA - FIDA 514-AR, Buenos
Aires.

Cuervo, M.; Martínez Nogueira, R. y Ramos, A. (2006).
Propuesta de institucionalidad, SAGPyA, informe
inédito, Buenos Aires.

Dannini, N. (2007). *PRODERNEA. Análisis de la experiencia de micro seguro agrícola para productores
hortícolas de la provincia de Corrientes,* Buenos Aires.

Dirven, M. (2001). *Entre el ideario y la realidad: capital
social y desarrollo agrícola –algunos apuntes para
la reflexión–.* División de Desarrollo Productivo y
Empresarial, CEPAL, Santiago de Chile.

Elgue, M. y Chiaradía, C. A. (2007). *Formas asociativas para la Agricultura Familiar: Elementos para el análisis funcional normativo de las distintas formas jurídicas,* PRODERNEA – PRODERNOA, SAGPyA, Buenos Aires.

FIDA (2003). *Incorporación de una perspectiva de género en las actividades del FIDA.* Plan de acción para 2003-2006, puesta en práctica del marco estratégico del FIDA (2003-2006), Roma.

FIDA (2012). *Proyecto de Desarrollo Rural de las Provincias del Noroeste Argentino.* PRODERNOA, Informe de Terminación del Proyecto, Buenos Aires.

FIDA-División de América Latina y el Caribe (2006a). República Argentina. *Programa de Desarrollo de Áreas Rurales (PRODEAR).* Informe de evaluación ex ante, Volumen I: texto principal (borrador), Departamento de Administración de Programas, Buenos Aires.

— (2006b). República Argentina. *Proyecto de Desarrollo Rural de las Provincias del Noroeste Argentino (PRODERNOA 514-AR),* Misión de Revisión de Medio Término, Departamento de Administración de Programas, Buenos Aires.

— (2007). *Evaluación Perspectiva de las intervenciones del FIDA y del Programa Regional para el Fortalecimiento de los Aspectos de Género en Proyectos FIDA de América Latina y el Caribe,* PROGENERO.

FIDA-República Argentina (1995). *Argentina: Programa de crédito y apoyo técnico para pequeños productores agropecuarios del noroeste argentino. Evaluación pre-terminal.* Disponible en: www.ifad.org/evaluation/publichtml/eksyst/doc/prj/region/pl/argentina/r225arbs.htm

— (1997). *Préstamo N.°* 417-AR: Contrato de préstamo entre la República Argentina y el Fondo Internacional de Desarrollo Agrícola, Proyecto de Desarrollo Rural de las Provincias del Noreste de Argentina (PRODERNEA), Buenos Aires.

— (2000). *Préstamo N.°* 514-AR: Convenio de préstamo entre la República Argentina y el Fondo Internacional de Desarrollo Agrícola, Proyecto de Desarrollo Rural de las Provincias del Noroeste de Argentina (PRODERNOA), Buenos Aires.

— (2002). *Proyecto de Desarrollo Rural de las Provincias del Noreste de Argentina (PRODERNEA),* Misión de Reorientación, Buenos Aires.

— (2006). *Préstamo N.°* 648-AR: Convenio de préstamo entre la República Argentina y el Fondo Internacional de Desarrollo Agrícola, Proyecto de Desarrollo Rural de la Patagonia (PRODERPA), Buenos Aires.

— (2008a). *Proyecto de Desarrollo Rural de la Patagonia (PRODERPA), préstamo N.°* 648-AR, Enmienda al Convenio de Préstamo, Buenos Aires.

— (2008b). *Proyecto de Desarrollo Rural de las Provincias del Noreste Argentino. PRODERNEA.* Informe de Terminación del Proyecto, Buenos Aires.

— (2008c). *Préstamo N.°* 713-AR: Convenio de préstamo entre la República Argentina y el Fondo Internacional de Desarrollo Agrícola, Programa de Desarrollo de Áreas Rurales (PRODEAR), Buenos Aires.

— (2010a). *Evaluación del Programa en el país,* Informe N.° 2223-AR, Buenos Aires.

— (2010b). *Proyecto de Desarrollo Rural de la Patagonia (PRODERPA),* préstamo N.° 648-AR, Enmienda al Convenio de Préstamo, Buenos Aires.

— (2011). *Programa para el Desarrollo Rural Incluyente (PRODERI)*, Informe de Diseño del Programa. Texto Principal, Buenos Aires.

— (2011a). *Programa para el Desarrollo Rural Incluyente (PRODERI)*, Diseño Final, Texto principal y anexos, Buenos Aires.

— (2011b). *Programa para el Desarrollo Rural Incluyente (PRODERI)*, *Documento de Trabajo N.° 1. Pobreza, focalización y género*. Diseño final, Buenos Aires.

— (2011c). *Programa para el Desarrollo Rural Incluyente (PRODERI)*. *Documento de Trabajo N.° 2. Medio ambiente, recursos naturales y cambio climático*, Diseño final, Buenos Aires.

— (2011d). *Programa para el Desarrollo Rural Incluyente (PRODERI)*. *Documento de Trabajo N.° 3. Posicionamiento de la agricultura familiar en el mercado de productos*, Diseño final, Buenos Aires.

— (2011e). *Programa para el Desarrollo Rural Incluyente (PRODERI)*. *Documento de Trabajo N.° 4. Desarrollo de negocios rurales. Modelos de producción, de vinculación a mercados, de integración a cadenas de valor y otros*, Diseño final, Buenos Aires.

— (2011f). *Programa para el Desarrollo Rural Incluyente (PRODERI)*. *Documento de Trabajo N.° 5. Financiamiento de la agricultura familiar*. Diseño final, Buenos Aires.

— (2011g). *Programa para el Desarrollo Rural Incluyente (PRODERI) Documento de Trabajo N.° 6. Planificación, seguimiento, evaluación y gestión del conocimiento*, Diseño final, Buenos Aires.

— (2011h). *Programa para el Desarrollo Rural Incluyente (PRODERI) Documento de Trabajo. Marco institucional y organizacional para la implementación,* Documento final, Buenos Aires.

— (2011i). *Programa para el Desarrollo Rural Incluyente (PRODERI) Documento de Trabajo N.° 8. Costos y financiamiento del programa,* Diseño final, Buenos Aires.

— (2011j). *Programa para el Desarrollo Rural Incluyente (PRODERI) Documento de Trabajo N.° 9. Análisis financiero y económico del Programa,* Diseño final, Buenos Aires.

Foro Nacional de la Agricultura Familiar (2006a). *Documento de Mendoza,* Mendoza.

— (2006b). *Documento de Parque Norte,* Buenos Aires.

Foro de Políticas Públicas Rurales (2006a). *Minuta de la primera reunión,* inédito, Buenos Aires.

— (2006b). *Minuta de la segunda reunión,* 07 de junio, inédito, Buenos Aires.

— (2006c). *Minuta de la tercera reunión,* 28 de junio, inédito, Buenos Aires.

— (2006d). *Documento Institucional. Recomendación al Secretario de Agricultura, Ganadería, Pesca y Alimentos según lo establecido por Resolución SAGPyA N.° 133/2006,* SAGPyA, Buenos Aires.

Gargicevich, A. (2010). *Propuesta de Organización del PROFEDER. INTA. Coordinación Nacional de Transferencia y Extensión.* Documento interno, Buenos Aires.

— (coord.) (2011). *Encuentro nacional del PROFEDER,* Ediciones INTA, Buenos Aires.

Gargicevich, A.; Merchante Navarro, G. E.; Walter, P. A.; Arroquy, G.; Fabiani, A.; Carrapizo, V.; Espina, H.; Arregui, J. (2010). *Las estrategias del PROFEDER para el apoyo del desarrollo territorial. Estrategias y experiencias para el trabajo en extensión*, XV Jornadas Nacionales de Extensión Rural y VII del MERCOSUR, Asociación Argentina de Extensión Rural, Potero de los Funes, San Luis.

Gorenstein, S. (2008). *Diagnóstico sobre la institucionalidad provincial. Aportes para la nueva fase del PROINDER*, Secretaría de Agricultura, Ganadería, Pesca y Alimentos, Buenos Aires-INDEC.

Instituto Nacional de Estadísticas y Censos (1988). *Censo Nacional Agropecuario 1988*, Buenos Aires.

— (2002). *Censo Nacional Agropecuario 2002*, Buenos Aires.

— (2001). *Censo Nacional de Población y Vivienda 2001*, Buenos Aires.

- (2010). *Censo Nacional de Población y Vivienda 2010*, (datos provisorios), Buenos Aires.

— (2010a), *Encuesta Permanente de Hogares*, Buenos Aires.

— (2010b), *Censo Nacional de Población, Hogares y Vivienda 2010*, Buenos Aires.

— (2012), *Encuesta Permanente de Hogares*, Buenos Aires.

Instituto de Promoción de la Carne Vacuna Argentina (IPCVA) (2012). www.ipcva.com.ar

Instituto Nacional de Tecnología Agropecuaria (1992). *Situación de los medianos y pequeños productores rurales de la región pampeana: diagnóstico y propuestas*, INTA, Buenos Aires.

— (1993). *Situación de los medianos y pequeños productores rurales de las regiones extra-pampeanas: diagnóstico y propuestas*, mimeo, Buenos Aires.

— (2004). *Plan Estratégico Institucional 2005-2015*, INTA, Buenos Aires.

— (2006). *Desarrollo con enfoque territorial*, inédito, Buenos Aires.

INTA, Coordinación Nacional de Transferencia y Extensión (2010). *Las estrategias del PROFEDER para el apoyo del desarrollo territorial. Estrategias y experiencias para el trabajo de extensión.* Disponible en: http://agro.unc.edu.ar/~extrural/Gargicevich.pdf.

Instituto de Promoción de la Carne Vacuna Argentina (2012). www.ipcva.com.ar

Kremenchutsky, S.; Kalwill, J.; Wainfield, M.; Diehl, F.; Perret, G.; Higuera Rubio, D. (2008). *Valorar y aprender: evaluación participativa de las acciones del PRODERNEA destinadas a la población aborigen. Chaco y Formosa*, Bifronte, Buenos Aires.

Lattuada, M.; Nogueira, M. E.; Urcola, M. (2013). *El Fondo Internacional de Desarrollo Agrícola (FIDA) en los países de ingresos medios: el caso de argentino*, Fundación para el Desarrollo Regional en los Países del MERCOSUR Ampliado, Montevideo.

López, A. R. *et al.* (2013). *Argentina, experiencias de desarrollo rural: sistematización y revalorización de saberes.* Ministerio de Agricultura, Ganadería y Pesca de la Nación, Buenos Aires.

Ministerio de Agricultura, Ganadería y Pesca de la Nación (2009). *Boletín de difusión. Actividad caprina y ovina 2009*, Buenos Aires.

— (2010). *Programa de Desarrollo de Áreas Rurales (PRODEAR)*, Manual Operativo, Buenos Aires.

— (2011). *Proyecto de Desarrollo Rural de la Patagonia (PRODERPA)*, Manual Operativo, Buenos Aires.

Márquez, S. (2004). *PRODERNEA y PRODERNOA en el marco de una estrategia de desarrollo territorial*, RIMISP, Buenos Aires.

— (2005). *Una propuesta de estrategia de salida para el PRODERNEA*, PRODERNEA-PRODERNOA, Buenos Aires.

— (2007). *Un año del Foro. Crónica, realizaciones y perspectivas del ejercicio del diálogo político desarrollado por el Foro Nacional de la Agricultura Familiar*, PROINDER, Buenos Aires.

Ministerio de Economía, República Argentina (2013). http://www.mecon.gov.ar/peconomica/basehome/dnper_complejos_exportadores.htm.

Naciones Unidas (1992). *Desarrollo Humano. Informe 1992*, Bogotá.

Neiman, G. (coord.) (2007). *Encuesta a productores agropecuarios de las provincias de Chaco y Misiones*, Informe final. PRODERNEA, Buenos Aires.

Neme, J. y Márquez, S. (2005). *Hacia una política de desarrollo en las áreas rurales*, inédito, Buenos Aires.

— (2006). *Aportes a la discusión conceptual*, inédito, Buenos Aires.

Novacovsky, I. (2007a). *PRODERNEA. Evaluación de impacto, provincia de Corrientes*, Informe final, Buenos Aires.

— (2007b). *PRODERNEA. Evaluación de impacto, provincia de Formosa*, Informe final, Buenos Aires.

Observatorio Social (2012). "La pobreza crónica en la Argentina". *Serie Informes de coyuntura del Observatorio Social*, Informe 29, Buenos Aires.

Pirone, F. (2012). *Con nuestras voces, con nuestras manos: una agenda de la juventud para la transformación de los territorios rurales*, UCAR-MAGyP, Buenos Aires.

Programa de Naciones Unidas para el Desarrollo (2008). *Informe de desarrollo humano. Argentina*, Buenos Aires.

PRODERNEA-FIDA (2003). *Reglamento operativo*, SAGPyA, Buenos Aires.

— (2007). *Manual operativo*, SAGPyA, Buenos Aires.

PRODERNEA-UNC (2008a). *Talleres Provinciales, Consolidado Final-Chaco*, inédito, Buenos Aires.

— (2008b). *Talleres Provinciales, Consolidado Final-Corrientes*, inédito, Buenos Aires.

— (2008c). *Talleres Provinciales, Consolidado Final-Formosa*, inédito, Buenos Aires.

— (2008d). *Talleres Provinciales, Consolidado Final-Misiones*, inédito, Buenos Aires.

PRODERNOA (2009). *Proyectos en marcha: monitoreo y evaluación de los emprendimientos de PRODERNOA en la Provincias de Tucumán,* coordinado por Ana Reises, Bifronte, Buenos Aires.

PROINDER (2003). *Los programas de desarrollo rural ejecutados en el ámbito de la SAGPYA,* Serie Estudios e Investigaciones 1, Dirección de Desarrollo Agropecuario, Secretaría de Agricultura, Ganadería, Pesca y Alimentación, Ministerio de Economía y Producción, Buenos Aires.

— (2006). Memoria de los talleres regionales de desarrollo rural, PROINDER, Buenos Aires.

Programa Social Agropecuario (1993). *Programa Social Agropecuario. Documento Base,* mimeo, SAGyP, Buenos Aires.

Quiroga, M. del C. y Canet, V. (2006). *Taller regional de técnicos y responsables de FACA,* Informe Fondo de Apoyo a las Comunidades Aborígenes (FACA), 3 al 5 de abril, Resistencia.

Ramos, Á. (dir.) (2014). *Sistematización de experiencias de intervención territorial en el sector de la Agricultura*

Familiar. Innovación y sostenibilidad, UCAR, Buenos Aires.

Registro Nacional de la Agricultura Familiar (2014). Caracterización estadística por región. Ministerio de Agricultura, Ganadería y Pesca, Secretaría de Agricultura Familiar. Disponible en: http://www.renaf.minagri.gob.ar/documentos/InformeNacional2014.pdf (consultado el 22/11/2014).

Román, M. y Soverna, S. (2005). "Análisis financiero de programas de desarrollo rural basados en la demanda". Serie Documentos de Formulación, número 5. Dirección de Desarrollo Agropecuario. Componente de Fortalecimiento Institucional de PROINDER.

SAGPyA-FIDA (2004). *PRODERNEA-PRODERNOA. Informe anual 2003. Actividades, resultados y lecciones aprendidas*, Buenos Aires.

— (2005). *PRODERNEA-PRODERNOA. Informe anual 2004. Actividades, resultados y lecciones aprendidas*, Buenos Aires.

— (2006). *PRODERNEA-PRODERNOA. Informe anual 2005. Actividades, resultados y lecciones aprendidas*, Buenos Aires.

— (2007). *PRODERNEA-PRODERNOA. Informe anual 2006. Actividades, resultados y lecciones aprendidas*, Buenos Aires.

— FIDA (2008). *PRODERNEA-PRODERNOA. Informe anual 2007. Actividades, resultados y lecciones aprendidas*, Buenos Aires.

SAGPyA-PRODERNEA-PRODERNOA (2008). *Voces del nordeste rural: seis historias de vida de quienes se apoyaron en PRODERNEA para concretar sus proyectos*, Bifronte, Buenos Aires.

Soverna, S. *et al.* (2005). *Lineamientos para discutir la estrategia de desarrollo rural nacional*, inédito, Buenos Aires.

Torres, F. (2002). *Coordinación del Desarrollo Rural en la SAGPyA*, Informe FIDA-Mercosur, 3° borrador, Buenos Aires.

Universidad Católica Argentina (2011). *Observatorio de la Deuda Social*. Buenos Aires.

Unidad para el Cambio Rural (2012a). *Informe de Gestión 2010-2011,* Ministerio de Agricultura, Ganadería y Pesca de la Nación, Buenos Aires.

— (2012b). *Manual de organización y funciones*, Ministerio de Agricultura, Ganadería y Pesca de la Nación, Buenos Aires.

— (2012c). *Lineamientos y procedimientos para pueblos indígenas*, Ministerio de Agricultura, Ganadería y Pesca de la Nación, Buenos Aires.

Bibliografía

Aguilar Villanueva, L. (2006). *Gobernanza y gestión pública,* Fondo de Cultura Económica, México.

— (2007). "El aporte de la política pública y de la nueva gestión pública a la gobernanza", *Revista del CLAD Reforma y Democracia*, número 39.

Arzeno, M.; Ponce, M. y Villarreal, F. (2011). "Las contradicciones en el rol de los técnicos de desarrollo rural. Análisis de dos casos en el norte argentino", en *VII Jornadas Interdisciplinarias de Estudios Agrarios y Agroindustriales*, Buenos Aires, CIEA-UBA, del 1 al 4 de noviembre.

Balsa, J. (2007). *El desvanecimiento del mundo chaca-rero. Transformaciones sociales de la agricultura bonaerense: 1937-1988,* Universidad Nacional de Quilmes, Bernal.

Barán, P. (1969). *Economía política del crecimiento,* México, Fondo de Cultura Económica.

Barsky, O. (1990). *Políticas agrarias en América Latina,* Imago Mundi, Buenos Aires.

Baudrón, S. (1993). "Programa de crédito y apoyo técnico para pequeños productores del noroeste argentino", en Flores, G. (comp.), *De agricultor a pequeño empresario con crédito agrícola. Experiencias y procesos futuros,* PROCEDER, INDAP, IICA, Santiago de Chile, p. 77-84.

Berdegué, J. y Schejtman, A. (2006). *Propuesta de estrategia,* informe inédito), SAGPyA, Buenos Aires.

Bocco, A. E.; Alturria, L.; Antoniolli, E. R.; Dubini, D. (2008). "Análisis participativo del proceso de transformación productiva e institucional en el departamento de Lavalle, Provincia de Mendoza", en Schejtman, A. y Barsky, O. (comp.), *El desarrollo rural en la argentina. Un enfoque territorial,* Siglo XXI, Buenos Aires.

Bourdieu, P. (1980). "Le capital social", en *Actes de la Recherche* 3, Francia.

Cardoso, F. H. y Faletto, E. (1971). *Dependencia y desarrollo en América Latina,* Siglo XXI, México.

Cardoso, F. H. (1974). "Las contradicciones del desarrollo asociado", *Revista Paraguaya de Sociología,* Asunción, año 11, N.° 29, enero-abril.

— (1977), "La originalidad de la copia: la CEPAL y la idea de desarrollo", *Revista de la CEPAL,* segundo semestre.

Cowan Ros, C. (2010). "De la producción del capital social a la proyección de las luchas simbólicas en el territorio. Estudio de caso de la Puna y Quebrada de Humahuaca", en Manzanal, M.; Arceno, M. y Nussbaumer, B. (comps.). *Territorios en construcción, actores, tramas y gobiernos, entre la cooperación y el conflicto*, Ciccus, Buenos Aires, pp. 225-253.

Craviotti, C. (2014a), "La agricultura familiar en argentina: nuevos desarrollo institucionales, viejas tendencias estructurales", en Craviotti, C. (comp.), *Agricultura Familiar en Latinoamérica. Continuidades, transformaciones y controversias*, Ciccus, Buenos Aires.

— (2014b), "Agricultura familiar - agronegocios: disputas, interrelaciones y proyectos", *Territorios*, N.° 30, Bogotá, pp. 17-37.

Darnhofer, I.; Bellon, S.; Dedieu, B.; Milestad, R. (2008). "Adaptive farming Systems – A position paper", *WS 3: Adaptive farming systems, 8th. European IFSA Symposium*, 6-10 339, Clemont-Ferrand, Francia.

De Janvry, A. y Sadoulet, E. (2000). "Rural Poverty in Latin America: Determinants and Exit Paths", *Food Policy*, 25.

Dos Santos, T. (1969). *Socialismo o fascismo*, Lima, UNMSM.

— (1970), *La dependencia política económica de América Latina*, Siglo XXI, México.

Escobar, A. (1988), *La invención del Tercer Mundo. Construcción y deconstrucción del desarrollo*, Norma, Bogotá.

— (2012), "Más allá del desarrollo: postdesarrollo y transiciones hacia el pluriverso", *Revista de Antropología Social*, N°. 21.

Esteva, G. (2000), "Desarrollo". En Viola, A. (comp.), *Antropología del desarrollo. Teorías y estudios etnográficos de América Latina*, Paidós, Barcelona.

Evans, P. (1996). "El Estado como problema y como solución", *Desarrollo Económico*, Buenos Aires, Volumen 35, N.° 140.

Furtado, C. (1970). *Desarrollo y subdesarrollo*, Eudeba, Buenos Aires.

Galafassi, G. (1994). "Manejo y apropiación del medio natural por una comunidad de pastores de altura", *Ruralia*, 5.

Germani, G. (1965). *Política y sociedad en una época en transición. De la sociedad tradicional a la sociedad de masas*, Paidós, Buenos Aires.

— (1969). *Sociología de la modernización*, Paidós, Buenos Aires.

González Casanova, P. (1970). *Sociología del desarrollo latinoamericano*, UNAM, México.

Gras, C. y Hernández, V. (coords.) (2013), *El agro como negocio. Producción, sociedad y territorio en la globalización*, Biblos, Buenos Aires.

Gunder Frank, A. (1973). *Subdesarrollo o revolución*, Era, México.

Hoselitz, B. (1962). *Aspectos sociológicos del desarrollo económico*, Hispano Europea, Barcelona.

Lahera Parada, E. (2002). *Introducción a las políticas públicas*, Fondo de Cultura Económico, Santiago de Chile.

Lattuada, M. (1986). *La política agraria peronista (1943-1983)*, CEAL, Buenos Aires (2 Tomos).

— (1988). *Política agraria y partidos políticos (1946-1983)*, CEAL, Buenos Aires.

— (2000). *Cambio rural. Política y desarrollo en la argentina de los '90,* CED-Arcasur Editorial, Buenos Aires.

— (2011). *Formas asociativas económicas no cooperativas en el agro. Hacia una estrategia de investigación,* Instituto Interamericano de Cooperación Agrícola (IICA), Buenos Aires.

— (2014a). "Políticas de desarrollo rural en la Argentina. Conceptos, contextos y transformaciones", *Temas y debates. Revista universitaria de Ciencias Sociales,* N.° 27, Rosario.

— (2014b). *Las asociaciones económicas no cooperativas de la agricultura familiar. Estudios de caso y lecciones aprendidas en sus procesos de surgimiento y consolidación,* INTA-IICA-MAGyP, Buenos Aires.

Lattuada, M.; Márquez, S.; Neme, J.(2012). *Desarrollo Rural y Política. Reflexiones sobre la experiencia argentina desde una perspectiva de gestión,* Ediciones Ciccus, Buenos Aires.

López Castro, N. y Prividera, G. (comps.) (2011). *Repensar la agricultura familiar. Aportes para desentrañar la complejidad agraria pampeana,* Ciccus, Buenos Aires.

Manzanal, M. (2006) "Regiones, territorios e institucionalidad del desarrollo rural". En Manzanal, M.; Neiman, G. y Lattuada, M. (comps.), *Desarrollo rural. Organizaciones, instituciones y territorios,* Ciccus, Buenos Aires.

— (2010). "Desarrollo, poder y dominación. Una reflexión en torno a la problemática del desarrollo rural en Argentina". En Manzanal, M.; Villarreal, F. (orgs.), *El desarrollo y sus disputas en territorios del norte argentino.* Ediciones Ciccus, Buenos Aires.

— (2012). "Poder y desarrollo. Dilemas y desafíos frente a un futuro ¿cada vez más desigual?". En; Manzanal, M. y Ponce, M. (2012), *La desigualdad ¿del desarrollo? Controversias y disyuntivas del desarrollo rural en el norte argentino,* Ciccus, Buenos Aires.

Manzanal, M. y Nardi, M. A. (2008). "Modelos de intervención de los proyectos de desarrollo rural en la Argentina a partir de 1995". En: Schejtman, A. y Barsky, O. (comps.), *El desarrollo rural en la argentina. Un enfoque territorial,* Siglo XXI, Buenos Aires.

Marshall, T. H. y Bottomore, T. (2005), *Ciudadanía y clase social,* Losada, Buenos Aires.

Marshall, T. H. (2005). "Ciudadanía y clase social". En: Marshall, T. H. y Bottomore, T., *Ciudadanía y clase social,* Losada, Buenos Aires.

Muchnick, J. (2006). "Sistemas agroalimentarios localizados: evolución del concepto y diversidad de situaciones", en *III Congreso Internacional de la Red SIAL "ALTER 2006",* 18-21 de octubre, Baeza.

Murmis, M. (1993). "Algunos temas para la discusión de la sociología rural latinoamericana: reestructuración, desestructuración y problemas de excluidos e incluidos", *Ruralia,* N.° 5, setiembre, pp. 43-68.

Neiman, G.; Bardomás, S.; Berger, M.; Blanco, M.; Jiménez, D.; Quaranta, G. (2006a). *Los asalariados del campo: diagnóstico y políticas,* Ediciones Ciccus, Buenos Aires.

Neiman, G.; Berger, M.; Arroñade, S.; Francisco, F.; Goldfarb, L.; Karol, A.; Mingo, E.; Neiman, M. (2006b). "Diversidad de las formas de representación de intereses entre organizaciones de pequeños productores del agro argentino: base social, reivindicaciones y articulaciones". En Manzanal, M.;

Neiman, G.; Lattuada, M. (comps.), *Desarrollo rural. Organizaciones, instituciones y territorios,* Ciccus, Buenos Aires, pp. 177-210.

Nogueira, M. E. (2014), "¿Cambios en la gestión estatal del desarrollo rural? Reflexiones a partir de la creación de la Unidad para el Cambio Rural. Ministerio de Agricultura, Ganadería y Pesca. Argentina (2009-2014)", *Revista Pampa. Revista Interuniversitaria de Estudios Territoriales* (en prensa).

Nogueira, M. E. y Urcola, M. (2013), "La agricultura familiar en las políticas de desarrollo rural, ¿hacia una nueva agenda pública? La experiencia reciente en Argentina (1990-2011)", *Revista Interdisciplinaria de Estudios Agrarios,* número 39, segundo semestre.

North, D. (2003). *Instituciones, cambio institucional y desempeño económico,* Fondo de Cultura Económica, México.

Obschatko, E. S. de (2009). *Las Explotaciones Agropecuarias Familiares en la República Argentina. Un análisis a partir de los datos del Censo Nacional Agropecuario 2002,* MAGyP-IICA, Buenos Aires.

Obschatko, E. S. de; Basañes, C. C.; Martini, G. D. (2011). *Las Cooperativas Agropecuarias en la República Argentina: diagnóstico y propuestas,* Ministerio de Agricultura, Ganadería y Pesca de la Nación - IICA Argentina, Buenos Aires.

Obschatko, E. S. de; Foti, M. del P.; Román, M. (2006). *Los Pequeños Productores en la República Argentina. Importancia en la Producción Agropecuaria y en el Empleo en base al Censo Nacional Agropecuario 2002,* SAGPyA- IICA, Buenos Aires.

Observatorio Social (2012). "La pobreza crónica en la Argentina". *Serie Informes de coyuntura del Observatorio Social,* Informe 29, Buenos Aires.

Oszlak, O. (2009). "Implementación participativa de políticas públicas: aportes a la construcción de un marco analítico". En: AA. VV. *Construyendo confianza. Hacia un nuevo vínculo entre estado y sociedad civil,* CIPPEC, Vol. II, pp. 9-47.

Oszlak, O. y O'Donnell, G. (1981). *Estado y políticas estatales en América Latina: hacia una estrategia de investigación,* Centro de Estudios y Sociedad (CEDES), Documento G.E., CLACSO/N.° 4, Buenos Aires.

Parsons, T. (1966). *Estructura y procesos en las sociedades modernas,* Instituto de Estudios Políticos, Madrid.

Pellegrini, P. (2013). "Etapas institucionales de la investigación agropecuaria en la Argentina. Evolución del personal y del presupuesto del INTA entre 1958 y 2010", en *VIII Jornadas Interdisciplinarias de Estudios Agrarios y Agroindustriales,* CIEA-UBA, 29 de octubre al 1 de noviembre, Buenos Aires.

Pereira, H. (1996). "Las organizaciones de los productores en relación a la reconversión productiva y agroindustrial". En: AA. VV. *Seminario sobre reconversión de los sistemas de producción agrícolas y agroindustriales en el cono sur de América,* FAO – SAGYP - INTA, Pergamino, Argentina, pp.171-194.

Panel Independiente sobre la Agricultura para el Desarrollo en América Latina (2013). *Agricultura y Desarrollo en América Latina: gobernanza y políticas públicas,* Teseo-PIADAL, Buenos Aires.

Prebisch, R. (1950). "El desarrollo económico en América Latina y algunos de sus principales problemas", CEPAL, Santiago de Chile.

— (1967). *Hacia una dinámica del desarrollo latinoamericano,* Colección Cuadernos de América, Ediciones de La Banda Oriental, Uruguay.

— (1974). *Capitalismo y subdesarrollo en América Latina,* Siglo XXI, Buenos Aires.

Putnam, R. (1993). *Making democracy work. Civic traditions in modern Italy,* Princeton, Princeton University Press.

Ramos, Á. (2010). "Reunión especializada de agricultura familiar (REAF-MERCOSUR). Constitución, funcionamiento, resultados", presentación realizada en *AIAF Encuentro continental de América,* 13 y 14 de noviembre, Brasilia.

Ritz, G. (2002). *El desarrollo, historia de una creencia occidental,* Universidad Complutense, Madrid.

Rosanvallon, P. (2008). *La contrademocracia. La política en la era de la desconfianza,* Manantial, Buenos Aires.

Rostow, W. W. (1961). *Las etapas del crecimiento económico. Un manifiesto no comunista,* Fondo de Cultura Económica, México.

Rouquié, A. (1983). *Poder militar y sociedad política en la Argentina – II, 1943-1973,* Emecé, Buenos Aires.

Schejtman, A. y Barsky, O. (comps.) (2008). *El desarrollo rural en la argentina. Un enfoque territorial,* Siglo XXI, Buenos Aires.

Schejtman, A. y Berdegué, J. (2004). "Desarrollo Territorial Rural", *Debates y Temas Rurales,* N.° 1, RIMISP, Santiago de Chile.

Schejtman, A. y Ramírez, E. (2004). *Desarrollo territorial rural. Aspectos destacados de experiencias en procesos en América Latina*. Fondo Mink´a Chorlavi.

Schiavoni, G. (2001). "Organizaciones agrarias y constitución de categorías sociales. Plantadores y campesinos en el nordeste de Misiones (Argentina)", *Estudios Regionales*, año 10, N.° 20, Universidad Nacional de Misiones, pp. 7-21.

— (2005). "El experto y el pueblo: las organización del desarrollo rural en Misiones (Argentina)", *Desarrollo Económico. Revista de Ciencias Sociales*, vol. 45, N.° 179; pp. 435-452.

— (2010). "Describir y prescribir: la tipificación de la agricultura familiar en la Argentina". En: Manzanal, M. y Neiman, G. (comps.). *La agricultura familiar del MERCOSUR. Trayectorias, amenazas y desafíos*, Ciccus, Buenos Aires, pp. 43-59.

— (2013), "Objetivación y medida: el registro de la agricultura familiar en Misiones". En: Manzanal, M. y Ponce, M. (orgs.), *La desigualdad ¿del desarrollo? Controversias y disyuntivas de desarrollo rural en el norte argentino*, Ciccus, Buenos Aires.

Sen, Amartya (1983). "Los bienes y la gente", *Comercio exterior*, vol. 33, N.° 12.

— (1985). "Cuál es el camino del desarrollo", *Comercio exterior*, vol. 35, N.° 10.

Soverna, S. (2013). "Una lectura de las políticas de desarrollo rural en la Argentina a partir de la sistematización de algunas experiencias", en *VIII Jornadas de Estudios Agrarios y Agroindustriales*, Facultad de Ciencias Económicas, Buenos Aires, octubre y noviembre.

Stiglitz, J. (2002). *El malestar en la globalización*, Santillana, Madrid.

Streeten, P. (1986). *Lo primero es lo primero. Satisfacer las necesidades humanas básicas en los países en desarrollo*, Técnos, Madrid.

Sunkel, O. (1971). *El subdesarrollo latinoamericano y la teoría del desarrollo*, Siglo XXI, México.

— (1995). *El desarrollo desde adentro. Un enfoque neoestructuralista para América Latina*, Fondo de Cultura Económica, México.

Urcola, M. y Nogueira, M. E. (2014), "La lógica familiar del desarrollo rural en la década actual. Una mirada desde las políticas de familia", ponencia presentada en la X Bienal del Coloquio de Transformaciones Territoriales de AUGM, Córdoba, noviembre.

Valcárcel, M. (2006). *Génesis y evolución del concepto y enfoques sobre el desarrollo*, Departamento de Ciencias Sociales, Pontificia Universidad Católica del Perú, documento de investigación, Lima.

Williamson, J. (1991). *El cambio de las políticas económicas de América Latina*, Gernika, México.

— (2003). *Después del Consenso de Washington: relanzando el crecimiento y las reformas en América Latina*, Universidad de Ciencias Aplicadas, Lima.

ANEXO I: ALGUNOS PROYECTOS DESTACADOS EN LAS INTERVENCIONES DE LOS PROGRAMAS FIDA

Los proyectos productivos o comerciales de grandes dimensiones en valor o número de integrantes no han sido mayoritarios en las intervenciones FIDA, que habitualmente se focalizaron en pequeños grupos. No obstante, existen algunas experiencias innovadoras de cierta envergadura que merecen ser destacadas. Aunque sus resultados no hayan cubierto la totalidad de las expectativas generadas constituyen notables ejemplos de lecciones aprendidas sobre los proceso de desarrollo rural.

La sistematización de experiencias ha sido el proceso de reflexión crítica mayormente utilizado en el marco de los programas de desarrollo rural, con el objetivo de reconstruir experiencias que resulten significativas para generar aprendizajes y difundir contenidos que permitan aportar nuevos conocimientos, alertar sobre riesgos potenciales y orientar la direccionalidad de acciones de intervención en futuros programas y proyectos.

La descripción de algunos proyectos seleccionados ha sido posible a partir del acceso a documentos de consultorías contratadas por los programas para sistematizar o evaluar estas experiencias, y a los aportes de las entrevistas realizadas a diferentes informantes calificados (funcionarios, técnicos y beneficiarios –ver Anexo II–) a partir de los cuales se han expuesto sus principales fortalezas, debilidades y resultados.[49]

---

[49] Existen numerosas experiencias producto de las intervenciones de otros programas como las de INTA (Lattuada, 2000; Gargicevich,

1. Proyecto Mercado (PROMER), provincia de Corrientes

La sistematización realizada de esta experiencia por CRISOL (2006b) posibilita un detallado análisis del proceso, los resultados y las lecciones aprendidas de un proyecto piloto considerado innovador y relevante en los aspectos productivos, comerciales y financieros de los proyectos FIDA.

A partir del inicio del PRODERNEA en la provincia de Corrientes, se pusieron en marcha actividades de diagnóstico sobre la dinámica productiva y de comercialización de los productos frutihortícolas, especialmente en el marco de su referente de intercambio comercial: el Mercado de Concentración de la ciudad de Corrientes (en adelante "el Mercado").

Los primeros estudios sobre los problemas de articulación entre la oferta de productos frutihortícolas locales y la demanda del Mercado se remontaban al año 1995, cuando la Secretaría de Agricultura de la Nación, en una investigación realizada junto con el Consejo de Administración del Mercado, había detectado ya un desplazamiento de los productos agrícolas locales por la llegada masiva de producción de otras provincias cercanas, especialmente de Misiones.

Esta información fue compartida con la Asociación de Productores y Mayoristas de Alimentos Perecederos de Corrientes (APIMAP), que reúne a todos los actores que concurren al Mercado, y movilizó a un grupo de productores y a algunos puesteros a realizar gestiones

2011), o PSA, PROINDER y la Subsecretaría de Agricultura Familiar (López *et al.*, 2013) que no son incluidas aquí pero que el lector puede consultar, entre otras, en las fuentes mencionadas.

con instituciones del Estado en la búsqueda de apoyos para revertir esta situación.

En este marco se realizó, a mediados de 2004, el primer encuentro entre un grupo de productores y puesteros del Mercado y su interventor. En esa reunión se acuerda priorizar proyectos encaminados a generar una producción acorde a la demanda real del Mercado. Este consenso actuó como catalizador para la consecución de apoyo estatal, que permitiría el inicio del Proyecto PROMER al año siguiente.

La Coordinación Provincial de PRODERNEA[50] retomó las iniciativas y los diagnósticos realizados por los actores del Mercado para la puesta en marcha de un proyecto que replanteara el tipo y el modo de producción agrícola del cinturón verde de la Provincia de Corrientes, adaptándolo a los cambios requeridos por el mercado en términos de diversidad, calidad, cantidad y frecuencia.

El proyecto elaborado buscaba dar respuesta a la inadecuada relación entre la oferta y la demanda del mercado de frutas y hortalizas, y proponía que gran parte de la producción que llegara de otras regiones para ser vendida en Corrientes fuera producida en la misma provincia. Las dificultades mencionadas justificaron la realización de una experiencia piloto orientada al desarrollo de pequeños productores frutihortícolas y a la construcción de un entramado entre estos y los puesteros (compradores) del Mercado.

La orientación de las acciones para reactivar la producción se basaron en un diagnóstico que identificaba cuatro dificultades relevantes que había que superar:

---

[50] En este proyecto se dio la coincidencia de que el secretario de la Producción de la provincia era a la vez el máximo responsable del Mercado, lo que facilitaba la intervención del programa.

La escasa articulación entre los productores y los puesteros, evidente en la masiva presencia de los productores en los espacios de venta directa del Mercado (la Playa) y en la escasa relación con los intermediarios y los puestos de venta.

La escasa capacidad innovadora de los productores, de producción tradicional, y que tiene su reflejo en la rigidez de la tecnología empleada y de las prácticas de cultivo.

El limitado acceso de los pequeños productores locales a créditos bancarios adecuados a su perfil socioeconómico y productivo.

La insuficiente organización de los productores agrícolas que implica una escasa capacidad para influir en la demanda y contrarrestar el peso de la importación de productos desde otras provincias.

Por lo tanto, la estrategia contenida en el diseño del proyecto contemplaba una serie de actividades focalizadas a superar aquellos obstáculos. Éstas eran:

Apertura de líneas de crédito especiales y adaptadas a los perfiles de la población beneficiaria: puesta en marcha del fideicomiso. Estas líneas de crédito se orientaron fundamentalmente a promover la innovación tecnológica y a mejorar los suministros agrícolas, al mismo tiempo que se constituyó en una herramienta financiera favorable a la autogestión de organizaciones de productores. El fideicomiso planteó una nueva modalidad crediticia dentro del programa, que significó un valor agregado y que funcionó como prueba piloto a nivel nacional y le dio su particularidad al PROMER entre el conjunto de proyectos del PRODERNEA.[51]

---

[51]   La elección del fideicomiso como herramienta financiera fue el resultado de una serie de discusiones que se inician en 2004 en la

Elaboración de planes de producción con los beneficiarios, con el fin de adecuarlos a la demanda existente desde el Mercado. Se buscaba diversificar la producción a través de la combinación de técnicas tradicionales con tecnologías innovadoras y nuevos cultivos frutihortícolas de demanda creciente en el Mercado.

Acompañamiento técnico a los productores beneficiarios durante sus procesos de producción y comercialización. Para tal fin se contrataron técnicos con amplios conocimientos en el campo de la producción frutihortícola.

Búsqueda de articulación entre las mejoras productivas esperadas y los mecanismos de comercialización de dicha producción en el Mercado.

Para llevar adelante estas acciones se constituye un fondo de fideicomiso en el que: i) el fiduciante, que aportó un capital de US$ 50.000 fue la UPE con fondos del PRODERNEA, además del pago de la asistencia técnica y de proveer un *software* para la administración del proyecto; ii) el fiduciario (administrador del fondo) fue

---

sede de PRODERNEA en Buenos Aires con la participación de la UNC y de dos consultores externos contratados. Como resultado de este trabajo, se delineó una herramienta financiera plausible de ser utilizada en el PRODERNEA, el fideicomiso, novedosa como modalidad de otorgamiento de créditos a poblaciones vulnerables. Esta alternativa resultó viable porque el propio reglamento operativo del PRODERNEA preveía la posibilidad de desarrollar instrumentos innovadores, denominados "instrumentos de autogestión financiera". El objetivo explícito de esos instrumentos era constituir organizaciones de productores (las denominadas "organizaciones autogestionarias"), que luego serían las responsables de llevar adelante actividades productivas conjuntas. El fideicomiso se pensó como una figura transitoria que contribuiría a generar las condiciones para que, en un futuro, los propios beneficiarios asumieran la autogestión del proyecto.

el Mercado; iii) los beneficiarios (15) fueron los productores del cinturón verde de la ciudad de Corrientes. Estos productores recibieron financiamiento para sus emprendimientos vinculados con la demanda del Mercado.

Se conforma además un Comité Asesor, compuesto por un integrante del Mercado, un integrante de la UPE, un representante de los productores y un miembro consultivo de la UNC (con voz pero sin voto). Sus principales atribuciones son: i) indicar qué productores pueden ser beneficiarios; ii) señalar qué puesteros pueden recibir financiamiento comercial; iii) determinar oportunidades de venta (principalmente, generar acuerdos entre productores y puesteros); iv) manejar los incumplimientos y las situaciones de mora.

El perfil preferencial de productores es el de frutihortícolas del cinturón verde de Corrientes, con las siguientes características: i) ingresos netos prediales y extraprediales (ingresos brutos-gastos directos) que no superen el equivalente por familia a la línea de pobreza; ii) que no excedan las 25 ha de tierras aptas (en caso de que la superficie total fuese mayor, pero involucre tierra carente de aptitud agrícola, la UPE deberá justificarlo especialmente); iii) que utilicen predominantemente mano de obra familiar; iv) que no tengan deudas vencidas (individuales) con el PRODERNEA ni con otros programas oficiales de crédito; v) que constituyan una asociación de productores.

El Mercado firmaría contratos de préstamo con los productores, aprobados previamente por el comité, para otorgarles los insumos pedidos. Las solicitudes de los productores debían ser analizadas por un ingeniero agrónomo de la UPE. Se establecieron dos tipos de contrato con los productores: a) contrato de canje (el préstamo se devuelve en una cantidad de bienes estipulada por el contrato); b) contrato de mutuo acuerdo (el préstamo se cancela una vez realizada la comercialización con el pago de un valor acordado previamente en el contrato).

Resultados: en mayo de 2005 se realizó el primer desembolso del fideicomiso en una cuenta del Banco de Corrientes habilitada exclusivamente para tal fin con un estimado de 60 meses (5 años) de vigencia. A la fecha de la sistematización realizada por CRISOL (octubre de 2006) 13 de los 15 productores ya habían devuelto los "créditos de operación" recibidos para la primera campaña. De este modo, se verifica un alto grado de reconocimiento por parte de los productores respecto a la flexibilidad y las facilidades que recibieron a la hora devolver el crédito otorgado.[52]

Los beneficiarios fueron seleccionados manteniendo los criterios que estableció el PRODERNEA para el conjunto de sus proyectos, esto es: pobladores rurales, que residan en el campo o en poblados de menos de 2.000 habitantes y reúnan, además, tres criterios específicos establecidos por el PROMER: i) estar ubicados en un radio de no más de 20 km del Mercado; ii) tener vehículo de transporte u otro medio para trasladar sus

---

[52] Si bien el fideicomiso, tal como fue diseñado para este proyecto, se mantuvo prácticamente invariable, se implementaron algunos ajustes derivados de procesos evaluativos internos sobre su funcionamiento. La tasa de interés con la que se otorgaban los créditos se redujo del 7% anual al 5% a partir del 31 de agosto de 2005. La administración de los créditos también tuvo que resolver el problema que surgió por la diferencia de ritmos entre los dos tipos de crédito que otorgaba el fideicomiso, que llevaban en la práctica a una superposición de los créditos de inversión (de largo plazo) con los créditos de operación (de corto plazo). Esta situación, no prevista originalmente, provocó la apertura de cuentas corrientes por cada productor, y unificó los compromisos crediticios.

productos al Mercado; iii) concurrir frecuentemente al Mercado a vender sus productos.

Una vez seleccionados los 15 productores, se desarrollaron, incluso antes de la puesta en marcha del proyecto, las actividades de asesoría técnica con el grupo de beneficiarios. Estas actividades culminaron con la elaboración de planes de producción frutihortícolas que podrían responder a la demanda.

Una vez elaborado el plan comercial y recibido el desembolso, se diagramó un listado de los insumos necesarios para el grupo de productores y se realizaron los pedidos a los respectivos proveedores.

El Ministerio de Producción, Trabajo y Turismo de la Provincia aportó gratuitamente las semillas y la tierra necesarias para la producción. La Universidad del Nordeste, a partir de un convenio realizado con los administradores del fondo, utilizó las semillas para elaborar los plantines que luego se entregaban a los productores.

Proveedores escogidos por los responsables de la asistencia técnica y de la administración del proyecto en base a relaciones de confianza previamente establecidas, posibilitaron contar con condiciones de cierta flexibilidad en la venta de los insumos y de la infraestructura requerida (por ejemplo adelantando los productos antes de recibir el dinero en los casos de dificultades administrativas que demoraban el pago).

Cada uno de los integrantes del grupo realizó su producción en forma individual en su propia chacra, tomando, con asesoría de los técnicos, las decisiones sobre qué, cuánto y cómo producir. Algunos beneficiarios, a partir de cambios en los precios de mercado, decidieron incluso modificar su "plan de trabajo" original para incorporar otro tipo de producciones. Estas situaciones fueron acordadas con los técnicos y posteriormente comunicadas al resto de las autoridades que interactúan con el proyecto (administrador, UPE, etc.). Los créditos de inversión fueron utilizados para la compra de tecnología productiva que, una vez adquirida, es trasladada a las chacras de los productores e instalada con la asesoría y la participación de los técnicos. Las principales inversiones de infraestructura se orientaron a la instalación de sistemas de incorporación de fertilizantes, riego, invernáculos, bombas de agua.

Dado que la tecnología y los insumos eran generalmente de mejor calidad que los utilizados por los productores antes de incorporarse al PROMER, casi todos ellos pudieron aumentar significativamente sus volúmenes de producción y mejorar la calidad del producto. En efecto, el impacto en la producción constituye el componente del proyecto más reconocido y valorado por todos los actores participantes.

Los responsables del proyecto remarcan el logro de un "cambio de mentalidad" en productores que, acostumbrados a formas tradicionales de producción, fueron incorporando paulatinamente nuevos cultivos y tecnologías de producción avanzadas que modificaron radicalmente su rutina de trabajo y que hicieron más eficiente la producción en sus chacras.

Los productores destacan fundamentalmente el incremento de la productividad y la mejora en sus condiciones de trabajo logradas gracias a la inversión en tecnología. La incorporación de riego ocupa un lugar privilegiado en el discurso de todos los actores, dado que posibilitó la continuidad de la actividad de los beneficiarios en un contexto de reiteradas sequías que llevaba a la descapitalización de los productores de la zona. La incorporación de ésta y otras tecnologías de producción explicaría desde la perspectiva de los productores tres ventajas con respecto al modo de producción que tenían antes del proyecto: i) mayor diversificación productiva; ii) mayor volumen de la producción; iii) capacidad de resistencia frente a los efectos de la sequía que sufre desde hace más de dos años la provincia de Corrientes.

Esta valoración positiva del componente productivo del proyecto ha sido relativizada por algunos actores que en función de la dinámica del Mercado sostienen que el impacto logrado resulta insuficiente para el cumplimiento de los objetivos del proyecto. Las opiniones que se muestran más cautelosas en cuanto al impacto alcanzado vienen especialmente de los puesteros y personal de la UPE, quienes tildan de positivo pero insuficiente el nivel de producción alcanzado, especialmente si se tiene en cuenta la dimensión del problema de desabastecimiento de productos locales en el Mercado. Esta limitación en el alcance logrado deriva, de acuerdo con estas opiniones, del pequeño número de productores beneficiados.

Esta visión reconoce el valor positivo de la asesoría técnica aplicada, pero advierte sobre la insatisfacción registrada en relación con la frecuencia con que dicho acompañamiento se desarrolla en el predio de los productores. Una visión que coincide con la de los propios técnicos quienes argumentan como causa principal la falta de medios para movilizarse al campo.

Cada uno de los beneficiarios del proyecto se encargó personalmente de la comercialización de su propia producción. Si bien algunos de ellos tienen más de un destino de venta (mercados de otras provincias, verdulerías locales, etc.), su espacio de comercialización por excelencia es el Mercado, hacia donde trasladan los cajones con su producción en forma personal o con la colaboración de algún amigo o familiar.

Una vez en el Mercado, venden a través de dos mecanismos:

Venta "en playa libre": es la modalidad más extendida. Los beneficiarios venden personalmente su producción, encargándose ellos mismos de acomodarla en el Mercado, fijar el precio por cajón y realizar el intercambio con los compradores. En algunos casos, los productores que optan por esta modalidad no logran vender la totalidad de su producción y la trasladan de regreso a sus chacras.

Venta a puesteros: algunos de los productores del grupo venden la totalidad de su producción a mayoristas que tienen puestos de venta en el Mercado y que luego la revenden a verduleros y otros centros.

Si existía una clara unanimidad entre los diferentes actores del PROMER en cuanto al impacto positivo que el proyecto tuvo en el nivel de producción de los beneficiados, la evaluación de los cambios que el proyecto trajo en la comercialización es mucho más moderada.

Esta visión es compartida fundamentalmente por quienes coprotagonizan de manera directa los intercambios comerciales (productores y puesteros), que coinciden en que la existencia de PROMER no ha tenido mayor incidencia en la dinámica del Mercado (que sigue fuertemente influenciado por la presencia de mercadería externa a la provincia) ni en la forma de venta de cada productor beneficiario, que en su gran mayoría persiste en su tradicional mecanismo de venta de productos, esto es, de manera directa (en playa libre).

Los puesteros por su parte, si bien destacan cierto incremento en el volumen y en la calidad de la producción de los productores del proyecto, no identifican mayores cambios en el nivel de comercialización que diariamente se da en el Mercado, ni sienten tampoco que el PROMER haya tenido algún impacto en la comercialización en su puesto. Sólo tres puesteros de todos los que operan en el Mercado tienen relación comercial con productores del grupo PROMER, por lo que su nivel de integración al proyecto y su participación de las decisiones ha sido prácticamente inexistente.

Algunos evalúan que el proyecto sirvió a los productores para aumentar su frecuencia de venta en el mercado, aunque esta afirmación no coincide con las esgrimidas por la mayoría de los beneficiarios, quienes afirman que visitan el Mercado entre 2 y 4 veces a la semana como lo hacían antes del PROMER.

No obstante existe un consenso generalizado entre los responsables del proyecto en la necesidad de su extensión incorporando un mayor número de productores con el objeto de alcanzar el volumen y la frecuencia exigida por la demanda del Mercado, y aún en la posibilidad de replicar la experiencia en otras localidades como Paso de los Libres o Bella Vista. En el mismo sentido, estos actores coinciden en que el fortalecimiento del componente de comercialización constituye una prioridad para próximas fases de implementación.

La consolidación de una organización de productores es considerada una prioridad por parte de los responsables de la UPE en la consolidación o extensión del proyecto, considerada una pieza clave para que el proyecto logre impactar globalmente en la demanda del Mercado de Concentración. Ésta favorecería un proceso de autogestión que facilitaría una progresiva autonomía de los productores beneficiarios del apoyo que reciben del programa. No existía al momento de la evaluación un consenso acerca del modelo de organización al que se aspira en el futuro (asociación, cooperativa, organización informal, etc.).

En cuanto a la continuidad de las acciones del PROMER, la principal conclusión de los testimonios recogidos por nuevas sistematizaciones (Ramos, 2014) es que la duración de las actividades del proyecto no permitió el empoderamiento de los destinatarios y la sostenibilidad de las acciones. Los tiempos del proyecto debieron haber sido mayores para permitir alcanzar la maduración de las inversiones y la estabilización de los sistemas productivos y, de este modo, asegurar por más tiempo el apoyo financiero y técnico.

El mecanismo del fideicomiso fue ágil y oportuno para disponer de la producción en el momento que la misma lo exigía. Mientras estuvo efectivo el PRODERNEA, los niveles de repago eran aceptables y existía un control técnico, institucional y financiero, pero sobre todo social sobre el cumplimiento de los compromisos con el fondo. Una vez que el PRODERNEA finalizó, las tasas de amortización de las deudas cayeron. Factores institucionales vinculados con la informalidad del sistema de recupero de los fondos y falta de respaldo político desde el Gobierno provincial contribuyeron al deterioro del funcionamiento del fideicomiso, pensado como un fondo rotatorio alimentado por la propia actividad de producción y comercialización. De esta manera, al cumplirse el plazo de ejecución del proyecto, "nadie sabía dónde teníamos que ir a pagar". El fideicomiso estaba agotado y la decisión política, mediada por un cambio de Gobierno, fue no seguir financiando las acciones iniciadas. En opinión de los beneficiarios el proyecto se quedó a mitad del camino (Ramos, 2014: 51).

Aunque en la actualidad no se registran acciones concretas de continuidad de dicho proyecto, desde la perspectiva de la Unidad Nacional de Coordinación de los programas FIDA esta experiencia piloto reunió una serie de estrategias rectoras que fueron promovidas en el marco de la ejecución y diseños de otros programas: i) el indelegable e imprescindible rol del Estado como mediador en las experiencias de desarrollo; ii) la necesidad de concentrar esfuerzos en lograr la articulación entre actores locales y entre eslabones de una cadena de valor, en el marco de los vínculos rural-urbanos; iii) la importancia de fortalecer la participación de los productores familiares en dichas cadenas productivas; y iv) la pertinencia de desarrollar herramientas y estructuras financieras adaptadas a las necesidades de estos productores, con perspectivas de autogestión.[53]

2. Seguro agrícola para productores hortícolas, provincia de Corrientes

La sistematización realizada de esta experiencia innovadora (Dannini, 2007) brinda una descripción del proceso de formulación del Proyecto Piloto de Cobertura

---

[53]   Además de la evaluación de CRISOL ya citada sobre esta experiencia, existen medios audiovisuales que la relatan: "De la tierra correntina al mercado de todos: Horticultores familiares que organizan su oferta para atender la demanda –Provincia de Corrientes– PRODER-NEA". Este video y otros del programa se encuentran disponibles en http://64.76.123.202/site/areas/prodernea/90-Videos/index.php (consultado el 08.12.14).

para Producción Bajo Invernáculos para pequeños productores hortícolas así como de sus resultados a partir de las opiniones de los representantes de las aseguradoras, los propios asegurados y los técnicos de programa.

El microseguro es un instrumento de reciente desarrollo dentro del ámbito de lo que genéricamente se denomina "microfinanzas" y en ese momento era una innovación en el país. Su función está asociada al otorgamiento de microcréditos. Ambos instrumentos en forma complementaria ayudan en el combate contra la pobreza y la marginación. Cada uno cumple su función específica, el microcrédito financia microemprendimientos que permiten a las familias incrementar sus ingresos y contribuir a que superen situaciones de pobreza o de indigencia. El microseguro, por su parte, actúa en caso de ocurrir algún evento previsto que provoque la pérdida de parte o todo del patrimonio de la familia al restituirlo y evitar que caiga nuevamente por debajo de la línea de pobreza. El microseguro protege el patrimonio de las familias y evita la volatilidad del ingreso dando mayor seguridad al repago del microcrédito (Dannini, 2007).

Situación de los productores hortícolas del programa: en la provincia de Corrientes el PRODERNEA brindó apoyo a un total de 110 pequeños productores de hortalizas y flores bajo cubierta (invernáculos). Parte de este apoyo se realizó a través del otorgamiento de subsidios y microcréditos para la inversión en infraestructura productiva para expandir la producción, lograr una mayor eficiencia y mejorar su nivel de ingresos.

Los productores hortícolas que fueron financiados por el programa realizaban esta actividad con anterioridad en terrenos de su propiedad (unidades productivas de no más de 3 o 4 ha de superficie). Se dedicaban en su mayoría a la explotación a cielo abierto de hortalizas de hoja verde (lechugas, apio, espinaca, acelga, etc.) y su producción estaba basada fundamentalmente en el trabajo familiar y se caracterizaba por un alto grado de informalidad económica. El resto de los factores eran de escasa importancia puesto que la tierra en la periferia de la ciudad de Corrientes es de escaso valor, requiere muy poco capital en estructura productiva o de trabajo y la gestión se limita a la programación de la producción para satisfacer la demanda en el mercado concentrador local. El acceso al crédito y al financiamiento de los insumos era prácticamente nulo entre estos productores y su actividad estaba sometida a altos riesgos climáticos y de mercado.

En este contexto, los técnicos del programa detectaron una oportunidad para mejorar la ecuación económica a partir de la financiación. En el mercado concentrador local se comercializaban, provenientes de otras zonas del país, algunos productos, como tomate, chaucha y pimientos, que podían ser producidos localmente. Su producción requería inversión en activos al requerir invernáculos y sistema de riego. Esta inversión tenía el repago asegurado puesto que estaba garantizada la colocación del producto en el mercado local que sustituía la producción proveniente de otros orígenes.

De este modo, los productores tomaron créditos para destinar parte de sus explotaciones al cultivo bajo invernadero. En promedio cada uno invirtió recursos como para montar 7 unidades productivas (2.800 m2) aunque el 55% de los productores sólo cubrieron entre 1 y 4.[54]

---

[54]   Una unidad productiva (un invernáculo de 8 m x 50 m) requería, a
        valores de 2007, una inversión de unos $ 3.000, que incluía el valor

El proyecto se desarrolló con éxito hasta que un evento climático afectó algunos invernaderos y los dañó de tal manera que quedaron fuera de producción. El hecho mostró una debilidad del proyecto. Como la inversión era financiada con endeudamiento, ante la pérdida accidental de los activos, el productor agropecuario se quedaba con la obligación de pagar la deuda, y sin los ingresos extras que generaban los activos. Para reponerlos, el productor tenía que recurrir a un endeudamiento adicional lo que ponía en riesgo el repago por sobreendeudamiento. La alternativa de no reponerlo también resultaba traumática, porque el productor debía pagar la deuda y ya no contaba con los ingresos extras que aportaba el activo.

Planteado el problema entre los referentes de los equipos de gestión del programa se llegó a la conclusión de que el instrumento más apropiado para resolverlo consistía en la protección de los activos con un instrumento de seguro o microseguro que repusiera las pérdidas accidentales.

Proceso de desarrollo del proyecto piloto de cobertura para producción bajo invernáculos: las autoridades nacionales del programa trasladaron la inquietud a la Oficina de Riesgos Agropecuarios (ORA), dependiente

---

de la estructura, los plásticos de la cubierta, la mano de obra para el montaje y el sistema de riego. Las inversiones se financiaron con un crédito a una tasa de interés del 5% con un año de gracia y 4 años de amortización mediante cuotas mensuales. El periodo de producción de ocho meses generaba una producción anual por unidad que generaba un ingreso estimado entre $ 27.000 y $ 54.000, y de los cuales debía destinarse al costo de producción unos $ 3.200, el 45% para el pago de la mano de obra y el resto destinado a cubrir costos de los insumos necesarios como semillas, fertilizantes, agroquímicos, etc.

de la SAGPyA, quien realizó un relevamiento de las alternativas disponibles en los distintos países que ya contaban con este tipo de coberturas. También se tomó contacto con las compañías de seguro que operan localmente en el sector agropecuario y se constató que ninguna tenía vigente coberturas para invernaderos y menos aún para la agricultura familiar.

Considerando estas cuestiones, la ORA invitó a las compañías del ramo a participar en el análisis de viabilidad y posterior intervención en la elaboración de una propuesta. Como resultado de estas gestiones dos compañías de seguro (La Segunda y Sancor Seguros) y una compañía de reaseguro (Munich Re) aceptaron desarrollar un programa piloto de seguros.

La decisión de la industria aseguradora en participar del programa piloto se vinculó a la posibilidad de desarrollar un producto nuevo, para un mercado nuevo, ligado a pequeños productores sin acceso al seguro. El presente programa piloto no se presentó en esta primera etapa como una alternativa de negocio rentable debido al bajo volumen de prima estimado.

La cobertura de seguros para productores bajo invernáculos fue contratada con el *pool* de compañías La Segunda-Sancor en una única póliza colectiva que amparó a todos los agricultores y cubrió a los asegurados contra los daños provocados por granizo, viento o incendio sobre las estructuras, los plásticos de los techos y laterales de los invernaderos cuya magnitud obligue al reemplazo de las partes afectadas o a la reparación de las existentes. También cubrió el daño causado por los mismos factores sobre los frutos de los cultivos (tomate, pimiento y chaucha), pero en este caso la cobertura operaba a partir de producido el cuajado (cuando aparece el fruto). Además se contempló una cobertura de heladas sobre los frutos de tomate, pimiento y chaucha que regiría solamente en los casos de afectación a posteriori de la destrucción de plásticos de las estructuras por la acción de viento/granizo, y sólo por 10 días corridos contados a partir del evento o hasta la reparación.[55]

El periodo de cobertura establecido fue anual a partir del momento de la contratación de la póliza para los invernaderos y para los cultivos al alcanzarse los estados de cuajado de frutos. La cobertura preveía un deducible de 20% sobre el daño causado por los factores amparados. Este mecanismo de copago consiste en que el asegurado que sufre un daño, tome a su cargo un porcentaje de la pérdida (en este caso el 20%).

Habitualmente este tipo de pólizas requieren la inspección previa de los riesgos que hay que cubrir para verificar que los bienes cumplan las condiciones necesarias para poder ser asegurados. Generalmente, estas tareas son realizadas por profesionales independientes, pero, dado que las sumas aseguradas eran relativamente pequeñas y el peso de los honorarios de los profesionales tiene un costo significativo, las compañías decidieron confiarles esta tarea a los técnicos del programa con

---

[55] La póliza excluyó explícitamente las afectaciones por agentes climáticos que no sean granizo o viento; las incidencias de agentes biológicos, aun cuando su acción resultare favorecida por la acción de agentes climáticos cubiertos; las afectaciones sobre plantas que determinaran pérdidas parciales o totales, aun si ello tuviere lugar por la acción de agentes climáticos cubiertos; las afectaciones de heladas sobre producción de frutos si los plásticos de las estructuras no hubieren sido destruidos previamente por factores en cobertura; los incendios como consecuencias de negligencia o actos dolosos por parte del asegurado o dependientes o personas contratadas; y los equipos de riego, en cualquiera de sus componentes, y los plásticos para canaletas.

la finalidad de aprovechar sinergias y además ahorrar costos.

Ejecución y resultados: en diciembre de 2006, en lo que consistió la primera etapa del proyecto, se aseguró infraestructura productiva por una superficie de 105.545,6 m2 (equivalente a 10,6 ha) y los cultivos declarados para el correspondiente ciclo productivo que representaban casi el 90% de la superficie.

Durante los primeros meses de estar vigente la cobertura, 17 productores que no habían sido alcanzados por el plan, luego de ver como estaba funcionando el sistema, solicitaron ser incluidos en el programa y fueron aceptados cubriendo un total de 56 certificados de productores hortícolas asegurados. Aprovechando la emisión de estos nuevos certificados y ante un sensible incremento de los costos de reposición de materiales para la construcción de invernaderos, se acordó entre PRODERNEA y las compañías aseguradoras incrementar los valores de sumas aseguradas de la totalidad de certificados vigentes. De este modo, la suma asegurada paso de $ 839.904 a $ 1.528.269,39, es decir que se incrementaba en un 81%.

A diez meses de la vigencia del seguro los productores con siniestros fueron 22 y las indemnizaciones pagadas alcanzaron los $ 215.000. Estos datos permiten afirmar que desde el punto de vista subjetivo del asegurado, el proyecto piloto cumplió con las expectativas, puesto que se arribó a la concreción de la cobertura.

En este sentido, los resultados obtenidos por el plan piloto fueron claramente favorables a los asegurados, ya que el programa tuvo una alta siniestralidad. Los resultados preliminares a dos meses de concluir la cobertura muestran una recaudación de primas de $ 64.500

contra un pago de siniestros por $ 215.000, es decir, una siniestralidad del 333%, es decir que por cada cien pesos que las compañías cobraron de prima debieron pagar trescientos treinta y tres en calidad de siniestros (Dannini, 2007).

Las compañías de seguros: de acuerdo con lo evaluado por las compañías aseguradoras, el periodo de cobertura fue muy reducido para determinar si los resultados se deben a un año con un comportamiento climático extraordinario o, por el contrario, si se trató de una vulnerabilidad de los bienes asegurados mayor a la prevista que resultaron dañados por eventos relativamente normales. Cada una de estas causas requeriría respuestas completamente diferentes. De tratarse del primer caso, bastaría con un pequeño ajuste en la cobertura y en el costo del seguro. Si, en cambio, se tratara de la segunda, estaríamos ante la aparición de un costo oculto que obligaría a un replanteo del proyecto. Los técnicos de campo del programa se inclinan por la primera y argumentan que nunca antes se había verificado en la zona tal frecuencia e intensidad de tormentas. Un resultado adverso como el obtenido, sólo se puede corregir de dos maneras: se aumentan los ingresos ajustando la prima o se disminuyen los costos a partir de una limitación en la cobertura que consiste en la imposición de algunas cláusulas que disminuyan las indemnizaciones ante el daño.

Los productores asegurados: 6 de los 56 asegurados hubieran sufrido importantes retrocesos en sus niveles de ingresos si el seguro no hubiese sido implementado. El nivel de satisfacción de los asegurados con el producto fue inversamente proporcional al de las aseguradoras. Los asegurados tuvieron una alta valoración de los beneficios del aseguramiento, ya sea por haber recibido una indemnización, ya sea por haber percibido las ventajas del aseguramiento a través de lo ocurrido con algún vecino. Esta alta valoración se trasladó también a los productores agropecuarios que no integraron en el programa de financiamiento, quienes se acercaron espontáneamente a los técnicos del programa para consultar específicamente por el acceso al seguro.

De acuerdo con entrevistas realizadas por Dannini (2007), los asegurados tuvieron una escasa participación en el diseño y en la contratación de la cobertura y no fueron adecuadamente informados por los técnicos.[56] Al ser la prima del seguro íntegramente subsidiada, la percepción de las bondades del producto se debió más al goce de los beneficios sin costo alguno que a un cabal conocimiento del instrumento.

La evaluación del consultor externo contratado por el programa (Dannini, 2007) sostiene que el proyecto tuvo en general un diseño sólido en lo que se refiere a la cobertura, con excepción de la prima que podría ser corregida (aumentada) y la debilidad de concentración de los activos asegurados en una única zona que provocaron una mayor correlación entre los siniestros.

Con respecto a los procesos del negocio y el diseño institucional se destaca la importancia de la contratación colectiva de la póliza y la intervención de los técnicos en el proceso, pero se advierte también que la continuidad del sistema se encuentra estrechamente ligada a la continuidad del programa de financiamiento.

---

[56]   Todos tuvieron dificultad para explicar el alcance de la cobertura de seguro contratada y, consultados sobre el costo del producto, ninguno pudo contestar ni siquiera un valor aproximado del costo del seguro (Dannini, 2007).

En este sentido, Dannini (2007) recomienda dos aspectos a mejorar: i) la creación de una asociación intermedia (cámara, cooperativa, asociación civil) mediante la cual se puedan canalizar las actividades colectivas, entre ellas, sin duda, la contratación de la póliza; ii) la capacitación y la participación de los asegurados en el aseguramiento. Según el consultor, la verdadera conciencia aseguradora nace del conocimiento profundo de las características y del funcionamiento de este instrumento financiero y, en este caso, dicho conocimiento llegó sólo hasta el nivel de los técnicos y no de los propios beneficiarios.

3. Remate feria ganadera en Mercedes, provincia de Corrientes

La sistematización de esta experiencia ha sido realizada por CRISOL (2006c) e integra el conjunto de experiencias piloto relevantes de PRODERNEA.

La organización de un remate feria con pequeños productores nace como respuesta a la necesidad de generar sistemas alternativos para la comercialización de la hacienda que contribuya a mejorar sus ingresos. Tanto el INTA de Mercedes como el PRODERNEA jugaron un rol importante en la génesis de esta iniciativa innovadora para 100 pequeños productores ganaderos cuya primera experiencia se concretó en abril de 2006.

Los técnicos de la agencia del INTA Mercedes cuentan con una amplia trayectoria de trabajo con los pequeños productores en tecnología, organización de la producción y comercialización. El último aspecto constituye uno de los desafíos más importantes para la mayoría de los pequeños productores y fundamentalmente para quienes realizan una actividad ganadera, puesto que sus posibilidades comerciales se reducen frecuentemente a la venta directa en las chacras por los recursos limitados con los que cuentan (CRISOL, 2006c).

Los pequeños productores ganaderos de la zona se encuentran dentro de un círculo difícil de trascender por la escasa cantidad de cabezas de las que disponen y la imposibilidad de asumir el costo del trasladado del ganado y el alquiler de un puesto en una sociedad rural para participar de un Remate Feria. A estas condiciones estructurales de la producción ganadera a pequeña escala deben agregarse también los inconvenientes generados por la sequía que presionan a los productores a vender su hacienda a los compradores que se presentan espontáneamente en sus chacras, lo que define condiciones desventajosas para el productor. Éste termina vendiendo su hacienda a un precio inferior al valor de mercado y el círculo se completa con las escasas posibilidades para la adquisición de nuevos animales derivadas de este proceso comercial (CRISOL, 2006c).

Con anterioridad al año 2006 comenzaron a desarrollarse las primeras experiencias alternativas de comercialización para pequeños productores en Mercedes. Así nacieron los eventos que organizaba el INTA, en los que presentaba la tecnología disponible para los pequeños productores. Paulatinamente ellos comenzaron a llevar algunos productos para comercializar allí. Se fue gestando de esta manera un sistema de mercadeo que actualmente ha adquirido forma de feria.

En ella, los pequeños productores vendían sus excedentes (generalmente alimentos derivados de la producción agropecuaria y apícola, como quesos, huevos, dulces, miel y, en ocasiones también artesanías confeccionadas con lana, cuero, etc.). Los primeros encuentros no tuvieron una frecuencia determinada pero, en función de los resultados obtenidos y de la permanencia en la participación de los productores, en la actualidad se realizan cada 3 meses en la plaza central de Mercedes y ha crecido en organización (CRISOL, 2006c).

Desde la perspectiva de representantes del INTA y del PRODERNEA la feria constituye un importante antecedente para la realización del Remate Feria. No obstante, existía consenso en que la participación de la ganadería en la feria era escasa y no resolvía las dificultades de comercialización de los pequeños productores del rubro.

Dado que Mercedes es una zona ganadera, todos los proyectos financiados por PRODERNEA pertenecían a este rubro y consistían mayoritariamente en la compra de vacas y toros de buena calidad con el objetivo de realizar ganadería de cría y obtener una mejora en la genética.

Los funcionarios y técnicos del PRODERNEA coincidieron en el diagnóstico de que los proyectos pueden ser exitosos en cuanto que logren la reproducción del ganado y obtengan mejoras en la constitución genética. No obstante, estos dos aspectos no hubieran rendido frutos si no se tomaba en cuenta la importancia de sortear las dificultades en la comercialización de la hacienda con las que cuentan estos productores. Teniendo en cuenta estas dificultades y sobre la base del sistema de mercadeo implementando en la zona, surge el proyecto de realizar un Remate Feria para pequeños productores.

El remate feria es la modalidad de venta por excelencia de los grandes y medianos productores ganaderos, pero hasta el momento no había sido una opción para los pequeños productores, ya que implicaba capacidades y costos que por su misma condición no podían asumir (CRISOL 2006c).

La organización: el mayor problema para la participación de los pequeños productores en este tipo de experiencias consiste en la disponibilidad de recursos para financiar los gastos involucrados en todo remate. Dichos costos fueron asumidos por el PRODERNEA a través de una línea de financiamiento FAM (Fondo de Acceso al Mercado) implementado en el año 2005. Se trata de un subsidio no reembolsable dirigido a pequeños productores. De esta manera quedaron establecidas las condiciones para organizar el Remate Feria. La idea original de realizarlo en el campo no fue posible, entre otros factores, por falta de garantía en las condiciones de higiene y sanidad, y finalmente se decidió llevarlo a cabo en la Sociedad Rural de Mercedes, lugar habitual de realización de todos los Remates Feria de la zona (CRISOL 2006c).

La organización del evento comenzó unos meses antes de la convocatoria a los productores. Para difundir la información sobre el remate, los técnicos comenzaron a realizar entrevistas individuales a productores con 5 o 6 meses de anticipación. Tenían la intención de dar a conocer la propuesta y obtener información sobre las expectativas que la experiencia les despertaba. Por tratarse de una innovación era esperable que despertara inquietudes o incertidumbre.

El 26 de abril de 2006 se llevó a cabo el Remate Feria en las instalaciones de la Sociedad Rural del Municipio de Mercedes donde participaron productores provenientes de quince parajes. Si bien este evento contó con particularidades específicas, sus mecanismos y procedimientos generales pueden considerarse como los habituales para cualquier remate ganadero: una concentración de animales en la que hay una parte oferente –productores– y una parte demandante –compradores–. El intermediario entre ambos fue el consignatario. Se trató entonces de un sistema de intercambio comercial del ámbito ganadero fundamentado en un encuentro organizado de la oferta y la demanda, en el que se garantizó –a diferencia de la venta directa de ganado en las chacras– el cumplimiento de los requisitos fiscales, sanitarios y administrativo-contables (CRISOL, 2006c).

Concurrieron aproximadamente 100 pequeños productores, un número superior al habitual que participaban en este tipo de remates. Los principales protagonistas de la oferta en el remate fueron pequeños productores ganaderos, muchos de ellos sin experiencia previa de participación activa en remates (CRISOL, 2006c).

La logística para el transporte del ganado estuvo a cargo del INTA y de la UPE del PRODERNEA en Corrientes. Esta última asumió también el costo de la contratación del transporte que permitió la carga del ganado. Para hacer posible la movilización de los animales, fue necesario gestionar los permisos sanitarios y de transporte. Dichos permisos fueron tramitados –de acuerdo con la normativa vigente– 48 horas antes del remate, en un proceso en el que colaboraron tres organismos: SENASA, FUCOSA y PRIAR.

Resultados: el balance general de la jornada dio como resultado la venta de la totalidad de la hacienda ingresada independientemente de su calidad: 1.400 cabezas por un total de $ 570.000.

La casi totalidad de los técnicos y funcionarios destacaron como uno de los aspectos positivos del remate la posibilidad que tuvieron los productores de vender toda su hacienda. Generalmente los pequeños productores encuentran dificultades para vender parte de su ganado. Éste es el caso de algunas categorías que no son aceptadas o "bien vistas" por los compradores y algunos animales de "mala calidad" o con algún defecto físico. El remate permitió vender la totalidad de la hacienda presentada que, según afirmaron, no habría sobrevivido en el campo debido a la intensa sequía de la época (CRISOL, 2006c).

La participación de los pequeños productores en un remate feria es un hecho sin precedentes en la Sociedad Rural de Mercedes. Si bien algunos de ellos ya habían participado de eventos similares, para la gran mayoría constituyó su primera experiencia. El trabajo articulado entre las instituciones organizadoras –INTA y PRODERNEA– fue destacado y valorado por la mayoría de las personas vinculadas al evento.

No obstante, existieron problemas para el pago a los productores. Dos fueron las causas detectadas: la ausencia de monotributistas u otro tipo de registro comercial entre los productores participantes y la escasa cultura bancaria de los mismos (CRISOL, 2006c).

Las ventajas mencionadas por los productores de su participación en este sistema son las siguientes: i) la presencia de mayor cantidad de compradores que incrementa las posibilidades de venta; ii) la posibilidad de vender la hacienda dentro de un marco regulado que mejora las condiciones de negociación con los compradores en comparación con el sistema de comercialización en las chacras; iii) el hecho de haber sido un remate con costos subsidiados dado que reconocen sus limitaciones para asumir la totalidad de los costos involucrados en la actividad; iv) la venta por kilo que da más seguridad que la venta "al bulto" como se realiza en el campo (CRISOL, 2006c).

Teniendo en cuenta la baja cantidad de cabezas por productor, el criterio de clasificación y agrupación del ganado fue por categoría y peso promedio y en los lotes convergieron animales de diferentes dueños y en diferente estado que fueron ofrecidos y vendidos por lote sin precio base. Esta decisión despertó cuestionamientos y opiniones controvertidas entre los productores dado que no resulta equitativa al aporte efectivo realizado por cada uno.

Por su parte, los técnicos y funcionarios del INTA y PRODERNEA sistematizaron una serie de lecciones aprendidas de la experiencia que tomaron en cuenta para futuras acciones: i) uniformar la calidad genética de los rodeos a partir de dar continuidad a la asistencia técnica de los productores para obtener ganado de mayor calidad y vender a precios más altos; ii) modificar la fecha de realización del Remate para que sea en los meses de febrero o marzo, cuando es necesario comenzar a reducir el número de animales en el campo para mantener una adecuada nutrición de los planteles; iii) simplificar los mecanismos logísticos y sanitarios-administrativos para carga, transporte y comercialización; iv) modificar la clasificación de la hacienda a partir de la constitución de lotes de animales por grupos correspondiente a cada productor; v) promover la asociación y una mayor autonomía de los pequeños productores con el objeto de disminuir el nivel de subsidio del PRODERNEA y garantizar la sostenibilidad de la iniciativa en el futuro; v) promover el aumento de la participación de los productores en el proceso organizativo y gerencial que conlleva el proceso de preparación del remate feria (CRISOL, 2006c).

Para dar continuidad a la organización de los remates se acordó la creación de un fondo mediante el aporte del 1% del precio de cada animal vendido. Estos recursos son administrados por el Consejo de Desarrollo Local. En cada paraje existe un consejero que integra la Comisión Directiva del Consejo de Desarrollo Local del Centro-Sur Correntino, asociación con personería jurídica conformada por los pequeños productores ganaderos de Mercedes. Los grupos primarios constituidos por paraje les dieron pertenencia a los productores y les permitieron afrontar de manera conjunta la realización de las diversas tareas requeridas para participar en los remates. La interacción de los productores en este espacio y de los productores con los técnicos permite evaluar y analizar de manera constante los pasos dados, errores y aciertos en la ejecución. Esto constituye un aspecto muy importante para la continuidad (Ramos, 2014).

Las acciones del proyecto tuvieron continuidad en la medida que fueron asumidas como una política del Gobierno provincial. En la actualidad, la experiencia del Remate Feria de ganado en Mercedes se ha replicado en varias localidades de toda la provincia (Virasoro, Bella Vista, La Cruz, Monte Caseros, Esquina, Colonia Pando, Goya, Santo Tomé, Itá Ibaté y Corrientes capital). Desde aquella feria piloto a la actualidad, el sistema comercial para pequeños productores ganaderos de Corrientes se ha ido incrementando con presupuesto exclusivo del Ministerio de la Producción provincial y el apoyo del PRODEAR a partir de la participación de sus técnicos en la convocatoria, organización y capacitación de los productores para que asistan de los eventos.[57]

4. Proyectarte: red de artesanas aborígenes, provincia de Formosa

Uno de los proyectos más relevantes de los programas FIDA en el país por el número de mujeres involucradas, su pertenencia a comunidades aborígenes dispersas y el grado de organización alcanzado para la producción y la comercialización de artesanías ha sido el Proyecto para el desarrollo de las artesanías aborígenes (Proyectarte) en la provincia de Formosa.

Este proyecto realizado en el marco del PRODERNEA trabajó con población wichi en el departamento de Ramón Lista y con población qom del Río Bermejo. El objetivo fundamental del proyecto fue mejorar la organización y la calidad de la producción y la comercialización de las artesanías de estas comunidades. El programa participó de Proyectarte inicialmente durante dos años y realizó un desembolso total de US$ 90.260.

Las evaluaciones del proyecto (Kremenchutzky *et al.*, 2008) mencionan la tradición de las provincias del NEA en experiencias de este tipo, particularmente con comunidades aborígenes a partir de las acciones desde la década de 1960 de las misiones anglicanas y luego a través de la conformación del Instituto de las Comunidades

---

[57]   Esta experiencia se encuentra documentada también en medios audiovisuales de fácil y rápido acceso: "A lo grande. Un remate feria para pequeños ganaderos –Provincia de Corrientes– PRODERNEA". En: http://64.76.123.202/site/areas/prodernea/90-Videos/index. php.

Aborígenes (ICA). La ejecución de Proyectarte se llevó adelante a través de la Fundación Gran Chaco (FGCH), cuya estrategia consistió en la conformación de una red de agrupaciones de artesanas sobre la base de una capacitación permanente que permitiera la producción de artesanías con comercialización fluida y sustentable. Con este fin, los objetivos específicos fueron organizar una red de talleres, desarrollar el sistema de comercialización, mejorar la calidad de la producción y valorizarla.

La intervención consistió en la conformación de cinco agrupaciones de artesanas. Cada agrupación tuvo coordinadoras y tanto éstas como sus miembros fueron variables en número.

Las poblaciones wichi y qom incluidas en el proyecto presentaban una organización familiar de las relaciones sociales, políticas y económicas que define, a su vez, sus pautas de asentamiento. Como indican Kremenchutzky *et al.* (2008), incluso los mecanismos de reciprocidad se sustentan en la familia, más allá de la comunidad de pertenencia. En el hogar, la figura del hombre es central y organizadora. Las mujeres dependen de un modo directo de las decisiones tomadas por los varones. Las mujeres adultas se encargan de las tareas domésticas: producción de artesanías y recolección de frutos y materias primas. Esto ocurre a partir de los 12 años aproximadamente. Los hombres, en cambio, realizan las labores temporales y el "mariscar" (recolectar frutos del bosque y cazar). Cada comunidad tiene un cacique y un dirigente. El primero es un cargo vitalicio y hereditario regulado y remunerado por la Ley Integral Aborigen de 1984. El cacique ocupa un lugar central en la comunidad ya que es el encargado de la asignación y distribución de los recursos disponibles.

En este contexto general, las beneficiarias del programa fueron mujeres adultas, cuya edad estaba comprendida entre los 18 y los 58 años. La mayor parte de ellas estaba casada y con hijos. Su nivel educativo era la primaria incompleta, unas pocas habían realizado estudios secundarios y un número menor estudios terciarios. Entre las últimas se mencionan las especializaciones en enfermería y magisterio (maestro especial de la modalidad aborigen). Todas las coordinadoras de los grupos comprendían el español pero no lo hablaban.

El proyecto se inicia en marzo de 2003 con un plazo de 2 años de ejecución. No obstante, en 2008 aún se estaban ejecutando fondos disponibles y evaluando las posibilidades de su continuidad. Entre 2004 y 2005 la ejecución se vio interrumpida en una de las comunidades (Lote 8) por la oposición de los hombres al desarrollo del proyecto, situación que luego fue superada.

Proyectarte

Circuitos	Agrupaciones	Cantidad de grupos/comunidades	Cantidad de artesanas beneficiarias	Etnia
Circuito Chaguar (Departamento Ramón Lista)	Lote 8 María Cristina Santa Teresa	13 grupos 6 grupos 6 grupos	127 114 117	Wichi
Circuito Lana (Departamento Río Bermejo)	La Rinconada Vaca Perdida	8 comunidades 2 comunidades	51 52	qom

Fuente: Kremenchutzky *et al.* (2008).

En cuanto a la ejecución del proyecto, la UPE formoseña en este caso decidió delegar las acciones en la Fundación Gran Chaco, que ya estaba trabajando en la integración de proyectos de desarrollo territorial en la región al que sumó Proyectarte. Por ello, las beneficiarias del proyecto lo asocian de modo directo con la fundación. Al mencionar el PRODERNEA, se lo reconoce desde la presencia del coordinador en un plano secundario.

Las evaluaciones del proyecto (Kremenchutzky *et al.*, 2008) han mostrado un alto grado de satisfacción entre las beneficiarias, no sólo en términos de impactos de calidad y cantidad del producto sino también en la posibilidad real de expandir y desarrollar su actividad a partir de la experiencia de trabajo como artesanas. No obstante, dado que la fundación fue el vehículo de la venta, las beneficiarias consideraron, en algunos casos, que los precios obtenidos fueron bajos en relación con el trabajo realizado.

Los principales logros –destacados por las propias beneficiarias– se vincularon con la organización, la mejora de técnicas e innovaciones para la confección de artesanías y, asimismo, la calidad del producto elaborado. También el trabajo con distintos actores y la sinergia institucional que potenció los alcances del proyecto, propiciando, por ejemplo, la extensión del mismo a iniciativas apoyadas por el Consejo Nacional de la Mujer y el PROFAM (INTA).

En definitiva, el caso de Proyectarte es una experiencia reconocida y exitosa, a pesar de las debilidades expuestas por las propias beneficiarias en términos del dinero obtenido, ya que se sustentó en la integración de dos problemáticas claves en la lógica conceptual de los programas FIDA: género y comunidades aborígenes. Sin embargo, cabe mencionar que esta experiencia constituye un ejemplo de la libertad de interpretación y acción que tuvieron las Unidades Provinciales en la ejecución de los programas FIDA. Este proyecto adoptó una perspectiva de mujer rural y no de género y transversal como la promovida desde la UNC.

Además, a pesar de su relevancia en términos del número de mujeres de las comunidades aborígenes participantes, el grado de organización y nivel de mercado alcanzado, y su valor como proyecto innovador, no existe un grado de consenso pleno en la evaluación positiva de la experiencia entre los miembros de la UNC por el grado de dependencia de los destinatarios en relación a la Fundación que actuó como organizadora y comercializadora.

La experiencia presenta visiones encontradas entre la UNC y la UPE, por el papel que jugaba y jugaría la FGCH como ONG, pero también por aspectos burocráticos vinculados con la aplicación de criterios y normativas diferentes entre los tres niveles de actuación (Nación, provincia y territorio), no solamente en relación con la fundación sino también con otras instituciones participantes (Ramos, 2014).

La provincia de Formosa no participa actualmente del PRODEAR (continuación del PRODERNEA) y la fundación no ha logrado acceder a otros recursos que contemplen el financiamiento del Fondo Rotatorio que proveía el programa. No obstante, las posibilidades de continuidad de la experiencia se basan en gran medida en la presencia, experiencia acumulada y confianza generada por la FGCH, que cuenta con la capacidad para movilizar recursos de diferentes fuentes. Luego de la finalización del proyecto, la fundación no sólo logró sostener las acciones iniciadas con Proyectarte sino también desarrollar otras complementarias.

En este sentido, se ha sumado al "Programa de Formación Continua" del Ministerio de Trabajo de la Nación para dictar cursos de capacitación en la implantación de chaguar, se ha realizado un convenio con el INTI para el desarrollo de una hiladora de la fibra del chaguar, se está participando en el "Programa de Desarrollo Productivo para el Sector Textil" (FONTEX) del Gobierno provincial, se ha obtenido una donación de la empresa Samsung para la instalación de un centro informático equipado con computadoras conectadas a Internet y se han realizado acuerdos con la Fundación Los Grobo para la comercialización de las artesanías. Estas acciones se suman a otras que no se encuentran vinculadas con el desarrollo de las artesanías, pero que incluyen a integrantes de las mismas comunidades aborígenes.

5. Proyectos apícolas, provincias de Chaco y Formosa

La cadena de valor apícola cuenta con la particularidad de ofrecer una escasa complejidad. La miel sufre una exigua transformación física y son pocos los agentes que intervienen en la etapa de procesamiento. Dicha cadena se organiza en torno a cinco funciones básicas: la provisión de insumos, la producción de miel y de otros productos de la colmena, el acopio de los productos, el agregado de valor por diferenciación o fraccionamiento y la comercialización. Es muy frecuente que un mismo actor cumpla más de una función, lo que releva el escaso nivel de estructuración y especialización. Por estos motivos, presenta amplias ventajas para su impulso en el marco de acciones de desarrollo.

Si bien no responden exactamente a la definición de *clusters*,[58] los proyectos apícolas del PRODERNEA en Chaco y Formosa constituyeron las experiencias que más se acercan a ese concepto y a una estrategia de intervención focalizada en una cadena productiva para lograr procesos de desarrollo productivo, organizacional y comercial.

En el marco de los estudios realizados por el CIET (2007a y 2007b) se obtiene información detallada de las experiencias provinciales chaqueña y formoseña que evolucionaron de formas muy diferentes y dejaron numerosas lecciones aprendidas. A ello se agrega información aportada por las entrevistas a informantes calificados en la provincia de Chaco durante la ejecución del PRODEAR (junio de 2013) que ha profundizado su ejecución por cadenas productivas, entre las que tiene especial relevancia la apicultura en el marco de esta estrategia (5.3).

El inicio de la intervención del PRODERNEA en la cadena de valor apícola se sitúa en el año 2000 para el

[58]   Los *clusters* son agrupamientos territoriales en los que participan establecimientos de la agricultura familiar, microempresas, asociaciones y empresas de diversas dimensiones que participan en diferentes eslabones de una cadena de valor con el objeto de definir e implementar estrategias de diagnóstico y mejoramiento del conjunto de la cadena y con ello generar beneficios en cada uno de los eslabones que la integran. Los *clusters* conforman en los territorios rurales lo que la literatura denomina "sistemas agroalimentarios localizados" (SIAL), organizaciones de producción y servicios asociadas por sus características y su funcionamiento a un territorio específico, donde el medio, los productos, las personas, las instituciones, su saber hacer, sus comportamientos alimentarios y sus redes de relaciones se combinan para generar una forma de organización agroalimentaria en una escala espacial determinada, la que puede jugar un rol catalizador importante en el desarrollo territorial (Muchnick, 2006).

caso chaqueño y en 2003 para el caso formoseño en el marco del incipiente desarrollo de la actividad provincial en ambas provincias. Este proceso coincidió con un periodo en que la producción agropecuaria familiar atravesaba una profunda crisis, originada en la desfavorable estructura de precios relativos de los productos, agravada, en el caso chaqueño, por la disminución de la actividad económica ocasionada por las recurrentes inundaciones que afectaron a la provincia.

La transición experimentada en el escenario nacional a partir del año 2002 y el ajuste del tipo real de cambio produjeron un incremento de la rentabilidad de los sistemas productivos agropecuarios. En este marco, la cadena de valor apícola comenzó a transitar un escenario que brindó condiciones para lograr un mayor dinamismo a partir de un ambiente propicio para el negocio apícola en la región.

Se instrumentó a través del apoyo a proyectos productivos grupales con asistencia técnica, capacitación y financiamiento para adquisición de colmenas y salas de extracción. La mayoría de los beneficiarios estaban comprendidos en los criterios empleados para la definición de la población objetivo del programa: productores agropecuarios, familiares y empresariales, que desarrollaban otras actividades de renta y de autoconsumo. Alrededor de 2.500 productores y 60.000 colmenas en el caso chaqueño (CIET, 2007a) y 800 productores y 17.000 colmenas para el caso formoseño (CIET, 2007b). Este segmento incluye, además, a un grupo de actores sociales que desarrollaban actividades no agropecuarias y que habían adoptado la apicultura como una fuente secundaria de ingresos. El desarrollo tecnológico era marcadamente heterogéneo, con un acotado número de apicultores que exhibía altos niveles de productividad. Los rendimientos variaban de acuerdo al manejo de los apiarios y al régimen de las precipitaciones que influye sobre la floración de las especies autóctonas. La producción de miel por colmena en el Chaco fluctuaba entre 15 y 25 kg/año y la producción provincial variaba entre 900 y 1.500 toneladas anuales (CIET, 2007a), mientras que en Formosa la producción de miel por colmena se situaba en torno a una media de 25 kg/año y la producción provincial alcanzaba las 425 toneladas anuales (CIET, 2007b). En este marco, los productores familiares coexistían con otros productores que habían adoptado la actividad con una visión de negocios y que pasaron a constituirse en los impulsores del desarrollo de la cadena de valor apícola.

La apicultura en ambas provincias poseía todas las características de una cadena de valor emergente que presenta una escasa estructuración horizontal y vertical. La base productiva estaba conformada por un número disperso de productores, situación que reducía los espacios disponibles para la articulación de proyectos productivos grupales. La adopción de tecnologías de productos y procesos resultaba heterogénea y acentuaba las diferencias que se manifestaban entre los distintos segmentos o estratos productivos, en particular en los aspectos referidos a la posibilidad de visualizar a la actividad como una opción para mejorar los ingresos.

5.1. La intervención del PRODERNEA en la cadena apícola formoseña

En el caso de la provincia de Formosa el programa utilizó a las organizaciones preexistentes en el territorio para coordinar la instrumentación de la intervención

en apoyo de la apicultura familiar y estableció alianzas
estratégicas con otras instancias gubernamentales y no
gubernamentales que intervinieron en la cadena de valor.
Ésta es la principal y más relevante diferencia respecto
del caso chaqueño. Esta estrategia se manifestó con
toda su potencialidad en el trabajo desarrollado en las
comunidades aborígenes del Oeste formoseño a través
de la articulación con la Asociación Cooperadora del
Proyecto de Apoyo a Egresados del Centro Educativo
de Nivel Medio N.º 2 para Comunidades Autóctonas
y Sectores Marginales (PROPAE).[59] Asimismo, a través
de la articulación con el Ministerio de la Producción
se estableció un esquema para el cofinanciamiento de
algunas inversiones (salas de extracción) y para la comercialización de la miel, utilizando para esta finalidad el
Fondo Fiduciario Provincial (FONFIPRO). Estas alianzas
estratégicas contribuyeron a potenciar la intervención
del programa y a fortalecer el proceso de transformación
productiva e institucional que se desarrolló en torno a
la apicultura familiar en Formosa.

Si bien no todas las asociaciones estaban conformadas jurídicamente, al funcionar como grupos contaban
con un adecuado conocimiento de los actores que pasaron a constituirse en beneficiarios del programa. Esta
condición permitió que las asociaciones asumieran un
papel importante en la estrategia de intervención en la
cadena de valor y también en el repago del préstamo

---

[59]   En el oeste formoseño, el programa instrumentó su estrategia de
intervención a través de cuatro asociaciones constituidas en las
comunidades aborígenes, cuyos integrantes (198 productores de los
cuales 150 poseen las cuotas sociales sin mora en la cooperadora
del PROPAE) adoptaron la apicultura como una alternativa para la
generación de ingresos familiares.

otorgado. El programa trabajó con los referentes de los grupos apícolas constituidos en el territorio para diseñar la estrategia de intervención en la cadena de valor, decidiendo que las asociaciones ejerzan una función de facilitación para la incorporación de beneficiarios dado el conocimiento previo que poseían de las personas que expresaban su intención de desarrollar la actividad y se comprometían a la devolución del préstamo.

La intervención del programa en la cadena de valor sustentada en las asociaciones y los grupos de apicultores permitió mitigar el efecto de la dispersión geográfica que generalmente se observa entre los beneficiarios. Asimismo, potenció los mecanismos de integración horizontal que permitieron aumentar la cohesión y facilitar, en última instancia, la inserción a la cadena de valor. La decisión de operar por fuera de las asociaciones no resultó significativa en la experiencia formoseña y se circunscribe a casos aislados, justificados por la urgencia que manifestaban algunas familias en disponer de ingresos monetarios.

La mayoría de los grupos pasaron de un esquema productivo orientado a la comercialización local en bajos volúmenes de miel fraccionada a la comercialización asociativa de miel a granel. La inserción de las asociaciones en la cadena de valor como comercializadoras de miel en tambores les permitió recibir un mejor precio por el producto, y las organizaciones rescataron el conocimiento adquirido para vincularse con los compradores a través de operatorias en las cuales no tenían experiencia previa. En este sentido, el cambio de la modalidad de producción constituyó un aspecto valorado positivamente por los integrantes de las asociaciones, que reconocieron el aporte que representó para la obtención de ingresos. Los tenedores de colmenas para autoconsumo continuaron presentes, pero se fortaleció el perfil del productor comercial de miel.

Las asociaciones y los grupos de apicultores formoseños poseían conformaciones dispares, desde el punto de vista de sus integrantes y de los polos territoriales de desarrollo apícola identificados en la provincia. Las asociaciones del oeste provincial estuvieron constituidas por aborígenes, mientras que en el centro-este resultaba preeminente la participación de beneficiarios con un perfil de productores agropecuarios, con pobladores cuya principal fuente de ingresos era de origen no agropecuario –profesionales, docentes– y una reducida incidencia de las actividades agropecuarias en la estructura de sus ingresos familiares.

Las asociaciones constituidas en las comunidades aborígenes estaban articuladas por el PROAPE, cuya cooperadora contaba con una sala fija de extracción y una sala móvil utilizada para brindar servicios a las comunidades más alejadas. A su vez, el PROAPE oficiaba de acopiador y comercializador de la producción, como así también de proveedor de insumos para el proceso productivo. El PROPAE distribuyó las colmenas en forma individual entre los integrantes de las comunidades que manifestaban intenciones de iniciarse como apicultores.

Esta asociación (PROAPE) constituyó uno de los pocos casos que lograron avanzar en la comercialización de miel fraccionada, situación que evidencia el desarrollo que alcanzaron en la integración horizontal y vertical de la cadena de valor. Sin embargo, la experiencia muestra que la transición desde un esquema de recolección que caracteriza a las comunidades aborígenes a un sistema productivo constituye un proceso que requiere la continuidad de la intervención a efectos de consolidar los resultados alcanzados. En este marco, una cuestión prioritaria a resolver fue la calidad de la asistencia técnica al manifestarse en los apiarios serios problemas en el manejo productivo y sanitario de las colmenas, y contar solamente con el apoyo brindado por promotores locales sin remuneración.

El desarrollo productivo alcanzado a partir de la intervención del programa en el oeste formoseño resultó significativo gracias al apoyo del PROAPE y la experiencia previa en el desarrollo de la apicultura, instrumentada por el Programa de Desarrollo Integral de Ramón Lista (DIRLI) y por algunas comunidades religiosas. Sin embargo, las comunidades aborígenes, articuladas por el PROAPE en su función de organizador de la cadena de valor apícola territorial, aún necesitan resolver los problemas originados por la ausencia de una figura jurídica que les permita mejorar la comercialización.

En cuanto a los productores del centro-este de la provincia, el Fondo Fiduciario Provincial (FONFIPRO) contribuyó con $ 1.488.000 en tres años para el financiamiento de la comercialización de la producción, lo cual fue valorado positivamente por las asociaciones de productores (CIET, 2007b). Con este apoyo se pagó un anticipo a los productores, que permitió comercializar el producto en el momento oportuno y aumentar la capacidad de negociación del precio con los compradores.

Las asociaciones también manifestaron su disposición a trabajar con microcréditos, participando en la administración y en el recupero de los préstamos, para superar la situación generada por algunos funcionarios políticos que inciden sobre la posibilidad de recupero de los créditos al promover su no devolución y considerarlos un subsidio (CIET, 2007b). Desde las asociaciones de ambas regiones formoseñas se reconoció que la demanda que posee la miel a granel actúa como una limitante para avanzar en el proceso de fraccionamiento, dada la posibilidad de colocar un producto en el mercado luego de la extracción y sin avanzar en la integración vertical de la cadena de valor. Desde la visión de las asociaciones (CIET, 2007b), la prioridad consistiría en aumentar el volumen de producción, para lo cual resulta necesario densificar las tramas productivas conformadas en torno a la figura de estas organizaciones. Una vez alcanzado este objetivo la mayoría plantea que podrían pasar al fraccionamiento de la miel.

El programa financió la adquisición de 10.932 colmenas que representaba alrededor del 65% de la capacidad potencial de producción provincial. La distribución del financiamiento para la adquisición de colmenas o la construcción de salas de extracción en esta provincia destinó un 19% de los recursos a los proyectos apícolas de las comunidades aborígenes (CIET, 2007b).

La construcción y el equipamiento de las salas de extracción contribuyeron al fortalecimiento de las asociaciones, que pasaron a representar un espacio de encuentro entre los beneficiarios. Estas organizaciones, además, dinamizaron las capacitaciones, la asistencia técnica y la comercialización, lo que permitió constatar la obtención de mejores resultados a través del trabajo grupal. Las asociaciones contrataron la asistencia técnica que se encontraban en situación de brindar respuestas adecuadas a sus demandas específicas, pese a que esta situación no era aceptada por algunos técnicos de la UPE (que concentraban la oferta del servicio).

La Mesa Apícola Provincial, integrada por las asociaciones con las cuales interactuó el programa, representó un espacio de encuentro entre éstas y de articulación con el Ministerio de la Producción. La intervención del programa potenció la capacidad de las asociaciones para vincularse con el Ministerio y, a través de éste, con los organismos nacionales responsables de la aplicación del marco regulatorio sectorial (SENASA, INAL). En este marco las asociaciones pasaron a constituirse en las referentes sectoriales del Ministerio y de la representación provincial en el Consejo Apícola Nacional. En este sentido, la articulación de las intervenciones del programa con las instancias públicas provinciales formoseñas contribuyó a mejorar la eficiencia de las acciones orientadas al desarrollo competitivo de la cadena de valor apícola.

Sin lugar a dudas el proyecto apícola en Formosa ha tenido resultados altamente positivos dado su impacto en la cadena apícola provincial, el grado de articulación logrado con las organizaciones existentes, la transformación de economías recolectoras en productoras en las comunidades aborígenes, la mejora sensible en el ingreso de sus participantes y la construcción institucional e interinstitucional que significó la participación de los diferentes actores de la cadena apícola. Esto ha generado una serie de lecciones aprendidas que fueron de gran utilidad para el diseño de los programas FIDA de nueva generación (como el PRODEAR) y sus estrategias de intervención que, como veremos en el aparatado siguiente, se han plasmado en acciones y estrategias de intervención concretas (por cadenas productivas) que tienden a propiciar procesos de desarrollo rural y de promoción de las organizaciones de la agricultura familiar.

5.2. La intervención del PRODERNEA en la cadena apícola chaqueña

En el caso de la provincia de Chaco, el PRODERNEA no utilizó a las organizaciones preexistentes para articular la estrategia de intervención en apoyo de la apicultura familiar y tampoco se establecieron alianzas estratégicas con otros programas, gubernamentales y no gubernamentales, que se encontraban operando en el territorio e interviniendo en la cadena de valor. En sus inicios el programa fue visualizado como una herramienta financiera del Ministerio de la Producción chaqueño y la injerencia de esta instancia en su ejecución resultó notoria. El bajo desempeño del programa en la primera fase de actuación y la necesidad de reunir a seis productores que aceptaran constituir garantías solidarias, incidió sobre el proceso de constitución de los grupos. A esto se sumó la urgencia para realizar los primeros desembolsos, situación que originó la conformación de dos grupos apícolas (uno de criollos y otro de aborígenes), cuyos proyectos productivos fueron definidos por los técnicos de la UPE con la participación de la UNC.

Los resultados del programa fueron dispares y aislados. Los técnicos a cargo de la formulación de los proyectos impusieron su percepción de la actividad apícola en los planteos inducidos a los productores, haciendo abstracción de la disponibilidad de recursos económicos de los beneficiarios, cuestión que condujo al fracaso de varios emprendimientos. La excepción a esta realidad estuvo representada por los grupos formados por técnicos que poseían experiencia laboral en otros programas de desarrollo rural o en aquellas zonas en donde las falencias de las propuestas técnicas fueron suplidas por las condiciones ambientales favorables para la producción apícola, como la presencia de una elevada población de enjambres y una abundante flora melífera.[60]

En este escenario, algunos proyectos alcanzaron un nivel de desarrollo en donde la apicultura logró generar ingresos suficientes para realizar la devolución de los préstamos, mientras que en otros resultó evidente la imposibilidad de encarar este proceso.[61]

La elevada dispersión geográfica de los grupos limitó su integración horizontal, mientras que la debilidad de los mecanismos utilizados para articular la estrategia

---

[60]   Varios grupos de productores apícolas se constituyeron en zonas donde el desmonte generado por el avance de la frontera agrícola produjo una elevada población de enjambres silvestres que fueron utilizados para la formación de las colmenas. Ésta fue una consecuencia positiva inesperada en el marco de los efectos negativos sobre el ambiente y los recursos naturales que suelen adjudicarse a los avances de la frontera agrícola en zonas de montes o naturales. Dicha situación incentivó el desarrollo de la apicultura al garantizar a los productores la obtención de una cosecha segura por la existencia de una abundante flora melífera cultivada.

[61]   La devolución de los préstamos no fue contemplada por algunos grupos, pese a los compromisos formales asumidos, situación estrechamente vinculada con el mecanismo de inducción utilizado para su constitución y con la inadecuada selección de los integrantes. La asistencia financiera, con un mecanismo de garantía solidaria, obstaculizó inicialmente la constitución de los grupos y la deserción de algunos integrantes fue utilizada como argumento para no efectuar la devolución de los préstamos. En este sentido, cabe reconocer que en un contexto donde el Estado provincial fue condonando sistemáticamente y durante décadas las deudas contraídas por el sector primario resultó difícil instrumentar un programa que planteaba la devolución solidaria de los préstamos.

de intervención con otras instancias gubernamentales y no gubernamentales que se encontraban apoyando la apicultura familiar tampoco facilitaron la integración de los beneficiarios. En este sentido, la debilidad de las acciones tendientes a inducir y fortalecer el desarrollo organizativo de los grupos constituyó un déficit importante en la asistencia técnica y financiera.

La autogestión de los grupos, sobre la que debían asentarse las posibilidades de garantizar el cumplimiento de los objetivos del programa, no se alcanzó. La mayoría ostentó un escaso desarrollo organizacional y los grupos representaron una suma de individualidades. El programa generó capacidad de autogestión individual, aspecto que se manifestó en los conocimientos adquiridos por los productores para mantenerse en la actividad. Sin embargo, los resultados en la integración horizontal resultaron escasos, siendo pocos los productores que utilizaron la estructura del grupo para vincularse con los proveedores y con los compradores de la producción. La mayoría de los proyectos que lograron resultados productivos no han asegurado su sostenimiento temporal debido a la debilidad que manifestaron en su vinculación con el mercado.

Algunos grupos lograron permanecer activos debido al claro liderazgo de alguno de sus integrantes, otros lograron avanzar en la integración horizontal y vertical de la cadena de valor constituyendo una asociación (Cooperativa Apícola Chaco y COSEBA), y otros ya estaban asociados a alguna cooperativa, aunque esta situación organizacional no fue tenida en cuenta por el programa para canalizar la asistencia técnica y financiera.

En el caso de las comunidades aborígenes, si bien se encontraban transitando las primeras fases de su desarrollo, mostraron posibilidades de consolidación por las ventajas que brindaba el hecho de compartir las mismas pautas culturales e identitarias (CIET, 2007a). La distribución del financiamiento para la adquisición de colmenas en el Chaco indica que se destinó el 25% del total a proyectos desarrollados en las comunidades aborígenes. Esta situación resulta relevante si se considera que además la intervención del programa posibilitó el desarrollo de una actividad de renta en comunidades donde primaba una cultura de recolección. Durante la ejecución de los proyectos se mejoraron las condiciones de producción y comercialización de las comunidades y los beneficiarios manifestaron un alto grado de satisfacción al posibilitarles acceder a ingresos monetarios. No obstante, a pesar de que la intervención del programa dejó capacidad productiva instalada (colmenas, salas de extracción) y conocimientos entre los beneficiarios sobre la aplicación de prácticas de manejo de los apiarios, en la actualidad no se observa una clara continuidad en esta línea productiva por parte de las comunidades aborígenes en el marco del PRODEAR (ver apartado 5.3.).

La debilidad organizacional señalada constituyó también una limitante para alcanzar una eficiente integración vertical y control de la cadena de agregación de valor territorial. Este proceso resultó inconcluso debido a que no se avanzó en el fraccionamiento de la miel, en el marco de las disposiciones higiénicas y sanitarias vigentes, aunque algunos apicultores contrataban este servicio con terceros. Sin embargo, debe reconocerse que en la mayoría de los proyectos productivos apícolas la estrategia de comercialización promovida consistió en la venta grupal de miel a granel y complementariamente en la venta individual de miel fraccionada en el mercado local.

Los referentes entrevistados (CIET, 2007a) reconocen que la venta de miel fraccionada permitió lograr un mayor beneficio económico, aunque fue escasa la difusión de mecanismos financieros que les permitiera diferir las ventas de miel a granel en el momento oportuno para evitar la estacionalidad de los ingresos de la apicultura. Esta situación no fue extensiva a todos los grupos, dado que aquellos vinculados a organizaciones preexistentes (cooperativas) contaban con instrumentos de financiamiento (*warrant*) para diferir las ventas y negociar mejores condiciones de precios. Otros (COSEBA, integrada por tres grupos apícolas) utilizaron de manera exitosa instrumentos financieros del programa, como el Fondo de Acceso a Mercados (FAM), organizando un sistema rotatorio de préstamos para la compra de insumos.

En cambio, el financiamiento del capital de trabajo otorgado por el programa constituyó un aspecto de suma importancia para todos los beneficiarios ante las manifiestas dificultades observadas para acceder a recursos requeridos para el desarrollo de la actividad, tanto entre aquellos integrados al sistema productivo que ya disponían como para quienes con esta actividad decidieron incorporarse al sistema económico como nuevos productores apícolas (jóvenes rurales y pobladores periurbanos y urbanos).

La información disponible (CIET, 2007a) muestra que el programa financió la adquisición de 6.583 colmenas en la provincia, de las cuales sólo el 60% se encontraban activas al momento del informe realizado y representaban el 6% de la capacidad potencial de producción provincial.

El programa también financió la construcción o el equipamiento de salas de extracción en cuatro grupos chaqueños. Estas inversiones concentraron alrededor del 35% del financiamiento otorgado a los proyectos apícolas y permitieron avanzar en la integración vertical de la cadena de valor. Sin embargo, estas poseen una elevada capacidad ociosa al concentrar sus operaciones en los meses de cosecha y están notoriamente sobre-dimensionadas dadas las dificultades demostradas en la prestación de servicios a los grupos y a terceros. La imposibilidad que manifestaron las salas de extracción de alcanzar un beneficio económico que se ubique por encima del costo de operación constituyó un impedimento objetivo para efectuar la devolución de los préstamos.

Los mecanismos de comercialización desarrollados se consolidaron en la mayoría de los casos en torno a la figura del acopiador, mientras que los grupos no adquirieron la capacidad necesaria para asumir la gestión de este proceso. La presencia del acopiador resultó imprescindible en un contexto en donde la mayoría de los productores carecía de movilidad, estaban dispersos geográficamente y no habían desarrollado estrategias autónomas de vinculación con los actores externos del territorio –que tampoco fueron promovidas desde la UPE–.

La intervención del programa en la cadena de valor apícola chaqueña se dio en un ambiente institucional caracterizado por reducidas instancias generadas para la articulación de las acciones desarrolladas en apoyo de la producción familiar. Se establecieron escasas y dificultosas acciones de colaboración con el Programa Social Agropecuario (PSA)[62] y el INTA.[63]

Los mecanismos de articulación con el Ministerio de la Producción de Chaco también resultaron débiles, pese a que el subsecretario de Desarrollo Rural actuaba como coordinador de la UPE del PRODERNEA. Las causas de esta situación fueron atribuidas en una primera instancia a que desde el ministerio se asumía que la atención de las demandas de los productores familiares correspondía al PRODERNEA, y a las diferencias de enfoques y criterios que se manifestaban entre los técnicos del programa y del ministerio. Estas cuestiones comenzaron a superarse cuando el ministerio decidió asumir la responsabilidad de coordinar todas las intervenciones públicas que involucraban a la cadena de valor con la finalidad de potenciar el impacto de estas en el mejoramiento de su competitividad. Como se verá más adelante estas acciones rinden fruto años más tarde en el marco del PRODEAR en esta provincia (ver apartado 5.3).

La institucionalidad de la cadena de valor comenzó a presentar un escenario más auspicioso al construirse en torno al Consejo Asesor Apícola Provincial de la provincia, instancia integrada por representantes de

---

[62]　En una primera etapa surgieron algunos acuerdos a través de los cuales el PRODERNEA financiaría los proyectos y el PSA brindaría la asistencia técnica. Posteriormente las diferencias entre las coordinaciones provinciales de ambos programas imposibilitaron la continuidad de los trabajos iniciados y el planteo de nuevas alternativas.

[63]　Las acciones resultaron muy acotadas aunque existió reconocimiento entre los técnicos sobre la importancia de las prácticas de manejo productivo desarrolladas por esta institución a través del PROAPI (CIET, 2007a).

las asociaciones zonales de productores (siete) y por el Ministerio de la Producción, cuyo objeto era asesorar a las autoridades en todo lo referente a la actividad apícola. En su primera fase de operación el Consejo representaba un órgano consultivo y luego pasó a cumplir funciones resolutivas, tomando decisiones que involucran a la cadena de valor. La maduración de este espacio de articulación de actores podrá verse en el apartado siguiente (5.3.) en el marco del actual Plan Apícola Provincial llevado adelante por el Ministerio de la Producción chaqueño con el apoyo del PRODEAR.

5.3. La estrategia de intervención por cadenas productivas del PRODEAR en el Chaco

La estrategia actual de intervención por cadenas productivas y de apoyo a las organizaciones de productores de la UPE de Chaco en el marco del PRODEAR presenta algunos cambios significativos que merecen ser destacados respecto del enfoque de trabajo y planificación del desarrollo de la provincia que primaba durante la implementación del PRODERNEA.

A fines de 2009, el Gobierno provincial creó el Ministerio de la Producción y definió su estrategia de intervención y sus presupuestos a partir de una red de programas por cadenas de valor destinadas a intervenir en sistemas productivos específicos. En el marco de esta estrategia provincial, el PRODEAR articuló sus acciones funcionando como una herramienta de las políticas del ministerio bajo esta lógica y ha priorizado aquellas cadenas que mayor relevancia tienen para los pequeños productores. Inicialmente, estas cadenas fueron cinco: caprina, apícola, fruti-hortícola, foresto-ganadera y de artesanía. Recientemente (2013) se han incorporado las cadenas porcina y láctea.

Paralelamente, se definió como segundo eje estratégico el fortalecimiento de las organizaciones de productores como un modo de generar procesos de desarrollo e inserción sostenibles de los pequeños productores en las cadenas de valor. La estrategia de intervención provincial en la actualidad pone especial énfasis en la integración horizontal y vertical de los productores a las cadenas, siendo las organizaciones el eje de trabajo del programa.

El siguiente cuadro presenta los montos aprobados y desembolsados de los 76 proyectos por cadenas correspondientes a 62 organizaciones de productores que integran 3.615 familias en el marco del PRODEAR en la provincia de Chaco.

Financiamiento de proyectos PRODEAR por cadenas productivas en Chaco

Cadenas	Monto aprobado	%	Monto desembolsado	N° proyectos	N° Organizaciones	Familias beneficiadas
Caprina	$ 7.554.933	34%	$ 7.404.933	17	15	689
Apícola	$ 4.965.536	22%	$ 4.509.536	21	15	735
Fruti-hortícola	$ 3.263.312	15%	$ 2.625.986	14	13	592
Foresto-ganadera	$ 3.241.397	14%	$ 3.051.132	9	6	275
Porcina	$ 800.000	4%	$ 256.100	2	2	42
Lactea	$ 400.000	2%	$ 90.000	1	1	18
Artesanía	$ 738.940	3%	$ 317.680	3	3	394
Proy. Especiales	$ 1.420.011	6%	$ 1.066.486	9	7	870
Total	**$ 22.384.128**	**100%**	**$ 19.321.853**	**76**	**62**	**3.615**

Fuente: Área de Seguimiento e Información UPE-PRODEAR-Chaco al 30/06/13

Como puede observarse, las cuatro primeras cadenas son las que cuentan con mayores proyectos financiados (61), fondos otorgados y cantidad de organizaciones
(49) y familias (2.291) comprendidas por el programa.
A pesar de que la cadena vinculada a la producción de
artesanías cuenta con menores fondos y organizaciones
(3), es relevante en cuanto a la cantidad de familias
beneficiarias (cerca de 400), especialmente dentro del
componente FACA. Las otras cadenas (porcina y láctea)
no son significativas aún por su reciente incorporación
al esquema de financiamiento del programa. En el rubro
"proyectos especiales", se incluyen aquellos proyectos de
interés del programa pero que no se encuadran dentro
de las cadenas prioritarias definidas por la provincia.
Este rubro incluye, entre otros, proyectos vinculados
con el acceso al agua, capacitaciones, desarrollo de
infraestructura comunitaria o de la producción avícola.
    La articulación del programa a la nueva lógica del
Ministerio de la Producción por cadenas ha permitido en
poco tiempo lograr una ágil ejecución de fondos gracias
a las ventajas que implica el apoyo a organizaciones ya
consolidadas y a la formalización de aquellas que todavía
no lo habían hecho pero que en la práctica funcionaban
como grupos asociativos de productores, logrando de
este modo ejecutar proyectos de mayor envergadura e
impacto económico que los realizados en el marco del
PRODERNEA.
    Esta nueva etapa de los programas FIDA en la pro-
vincia de Chaco puede apreciarse con mayor claridad si
comparamos la experiencia de los grupos de apicultores
durante el PRODERNEA con la actual integración de
las organizaciones de productores apícolas en un Plan
Apícola Provincial en el marco del PRODEAR.

En mayo de 2013 el Gobierno provincial chaqueño lanzó un Plan Apícola reuniendo la experiencia acumulada sobre esta cadena de valor durante los años precedentes con el apoyo del PRODERNEA y el PRODEAR. El plan tiene como objetivos desarrollar las ventajas competitivas de la producción apícola chaqueña y promover y afianzar el progreso de la actividad en la provincia. A la fecha, la provincia contaba con 16 organizaciones formales de apicultores y 2.400 productores inscriptos en el Registro Nacional de Productores Apícolas con un total de 85.000 colmenas. Cuenta además con 14 salas de extracción fijas y 2 móviles, 1 sala de fraccionamiento y 2 plantas homogeneizadoras (la mayoría de estas salas en proceso de habilitación). El plan se propuso como meta alcanzar las 200.000 colmenas y una producción de 3.750 toneladas de miel para 2015.

Para el logro de estas metas el plan plantea el fortalecimiento de los tres principales eslabones de la cadena: producción, procesamiento y comercialización. Los proyectos apícolas financiados por el PRODEAR se articulan con dicho plan de acuerdo a las necesidades y problemas detectados en la cadena en el marco de un plan estratégico provincial.

En términos productivos, se planteó el incremento del número de colmenas y del volumen de miel producida por las organizaciones de productores apícolas, así como también la diversificación de la producción y la mejora en su calidad. Para ello, el PRODEAR contribuyó con el soporte técnico de la actividad, el financiamiento de proyectos con fondos rotatorios administrados por las organizaciones, y la reactivación y el fortalecimiento de las organizaciones a través del componente FOCO (Fondo de Capitalización de Organizaciones), así como el apoyo junto con el Ministerio de Educación y el Ministerio de la Producción provincial al Programa de Jóvenes Apicultores. Este programa propone incorporar a la actividad a 200 jóvenes que cursen los últimos años de los colegios agrotécnicos y de las Escuelas de Familias Rurales (EFA) a través de cursos de capacitación en producción apícola y la posibilidad de formular proyectos que puedan ser financiados por el programa.

Para el eslabón del procesamiento se planteó la consolidación de una red de salas de extracción y procesamiento que cubran las necesidades de los productores de todo el territorio provincial. Uno de los problemas más importantes detectados en la cadena refiere al grado de informalidad con que se desarrollan las operaciones comerciales por no tener la habilitación del SENASA de las salas de procesamiento (cuestión que obliga a los productores a vender en el mercado informal y con menores precios). De este modo, el PRODEAR financió proyectos de readecuación de la infraestructura en salas de extracción a cargo de las organizaciones de productores con el objeto de lograr la habilitación requerida. Los técnicos del programa han supervisado las operaciones de acuerdo con los criterios del organismo de control, lo que agilizó los trámites y los tiempos para la puesta en funcionamiento de las salas. El programa también financió la construcción de nuevas salas y la adquisición de equipamiento en lugares donde se requería con el debido apoyo técnico y capacitación.

En cuanto a la comercialización, dado que en la actualidad la mayoría de la producción se comercializa a granel para exportación, se pretende promover el agregado de valor a partir del fraccionamiento, avanzar en los procesos de diferenciación y certificación, participar en ferias y eventos locales donde las organizaciones apícolas puedan ofrecer sus productos, y establecer alianzas estratégicas con el sector privado.

El Consejo Apícola Provincial se presenta como un espacio de reunión y concertación de los actores vinculados a la cadena donde se suelen plantear problemas de precios, pero también de índole productiva y organizacional. Éste es convocado por el ministerio de la producción y está integrado por representantes de los productores organizados en cada una de las cuencas apícolas, instituciones públicas nacionales y provinciales involucradas en la cadena apícola, referentes técnicos del INTA-PROAPI (Proyecto Integrado de Desarrollo Apícola), la Universidad Nacional del Nordeste, el Servicio Nacional de Sanidad y Calidad Agroalimentaria (SENASA) y otros organismos.

Al 30 de junio de 2013, el PRODEAR-Chaco destinó el 22% de sus fondos ($ 4.965.536) al financiamiento de 21 proyectos apícolas correspondientes a 15 organizaciones y 735 familias. De los proyectos financiados, 14 corresponden a la línea de financiamiento FAE para la mejora de instalaciones, construcción de salas de extracción, compra de equipamiento, etc. y 7 a la línea FOCO para el fortalecimiento de la capacidad organizacional y productiva (incremento y recuperación de colmenas) de las asociaciones apícolas. Según informes técnicos del programa, en el periodo 2012-2013 se logró un crecimiento de la escala de producción del 100% y un incremento productivo del 80%. Durante este periodo, el 90% de los productores fueron asistidos por el Ministerio de la Producción y el 65% contó con algún financiamiento del PRODEAR, con la asistencia en terreno de 1 técnico cada 100 apicultores.

La actual experiencia del PRODEAR en el marco de la cadena apícola chaqueña permite observar cierta madurez de sus actores participantes: se ha podido capitalizar las capacidades latentes en la provincia en términos de recursos naturales y humanos a partir de experiencias anteriores vinculadas a la ejecución del PRODERNEA. Algunos de los grupos y técnicos que perduraron en forma dispersa luego de la finalización de aquel programas, hoy enfrentan procesos de consolidación organizacional y económica en el marco de proyectos financiados por PRODEAR y del Plan Apícola provincial lo que permite la formación de cooperativas formalmente constituidas, crecer en volumen y calidad de su producción y fortalecer su posición en el proceso de comercialización.

El caso de la Cooperativa Palmares de Basail es un ejemplo de este proceso. En el año 2011 se constituyó como una cooperativa agropecuaria integrada por 24 socios. Si bien su principal actividad es apícola (genera alrededor del 50% de sus ingresos), la cooperativa por estatuto se encuentra abierta a incorporar otros productos y actividades. Sus asociados son pequeños productores agropecuarios con un alto grado de diversificación de sus actividades en la chacra como la horticultura y la ganadería. El grupo base de la actual cooperativa proviene de la unión de dos grupos conformados entre los años 2000 y 2002 en el marco de los proyectos de PRODERNEA (uno de la localidad de Basail y otro de Cote Lai) a los que se sumaron nuevos integrantes en un periodo posterior a la culminación de aquellos proyectos. La experiencia de participación en los grupos PRODERNEA les permitió a un grupo de jóvenes acceder a servicios de asistencia técnica, capacitación y ayuda económica para mejorar la calidad de una actividad que, por aquel entonces, realizaban como tarea residual en las tierras de sus padres. Como jóvenes hijos de productores y dada la escasez de tierra con la que contaban, la apicultura se presentó como una actividad viable. El claro liderazgo de algunos de sus integrantes y del técnico de terreno, que siguió asistiéndolos una vez finalizado el PRODERNEA, les permitió fortalecer el grupo, incrementar su producción y consolidarse en esta actividad económica.

En este periodo administraron en forma eficiente durante más de 8 años un fondo rotatorio para la compra de insumos, inicialmente constituido por $ 15.000 derivados de aportes del PRODERNEA originalmente destinados a la construcción de una sala de extracción. Dado que el monto asignado no podía cubrir los costos de dicha construcción, decidieron utilizarlo para la compra de insumos que luego reponían anualmente con un pequeño interés. Esta estrategia les permitió autofinanciarse para persistir en el tiempo a pesar de la ausencia del Estado y del programa, financiando en pequeña escala a nuevos apicultores, comprando colmenas, mejorando la calidad de la miel producida, creciendo en volumen de producción, y vinculándose con otros apicultores para fortalecer su capacidad comercial. El fondo rotatorio creció a $ 65.000 y además posibilitó la adquisición de un terreno donde actualmente se construye una sala de extracción.

En la actualidad la cooperativa cuenta con 2.045 colmenas en producción con una capacidad productiva promedio de 35.000 kg de miel anuales, las que se comercializan a granel en tambores para exportación. Con el apoyo técnico del PRODEAR pudieron constituirse formalmente como cooperativa, fortaleciéndose frente a otros actores para la oferta del producto y para la compra de insumos. También están terminando la construcción de una sala de extracción financiada por el PRODEAR, que se presentaba como una necesidad de la zona dado que la más cercana se encuentra a 110 km y porque se considera un "cuello de botella" problemático de la actividad productiva y comercial. El PRODEAR además les otorgó recursos a través del FOCO con el objeto de posibilitar el financiamiento de los asociados para aumentar el volumen de producción a 160.000 kilos anuales en cinco años con un promedio de 200 colmenas por productor y también para sumar jóvenes apicultores, estudiantes de las Escuelas de Familia Agrícola (EFA) en el marco del Programa Jóvenes Apicultores.

La intervención del programa en el marco de la política provincial de apoyo a la apicultura, contrasta notoriamente con el precedente del PRODERNEA en esta materia. De focalizar en pequeños grupos creados *ad hoc* de 4 a 6 productores, se pasó a un apoyo a las organizaciones ya consolidadas o en proceso de consolidación con la consigna de que éstas incorporen a los productores dispersos. Además de una intervención acotada a lo productivo, se pasó a una visión integral de la cadena donde se privilegian los eslabones vinculados con el procesamiento y la comercialización como forma de elevar los ingresos y la productividad. Por último, la estrategia donde los créditos y subsidios eran administrados por el programa y la UPE fue desplazada por un procedimiento donde los fondos rotatorios son administrados por los beneficiarios a partir de sus organizaciones las cuales a su vez crecen y se consolidan en el proceso.

Llama la atención la ausencia de las comunidades aborígenes entre los grupos beneficiarios del PRODEAR en la cadena apícola, dado que habían sido actores importantes de proyectos durante el desarrollo del PRODERNEA (con grupos emblemáticos como Miel de la Tierra). Durante esta etapa las comunidades aborígenes registran actividades apoyadas por el componente FACA en otras cadenas como la caprina, fruti-hortícola o de artesanías.

El PRODEAR-Chaco cuenta con 9 proyectos para la capitalización de las organizaciones (FOCO) aprobados de los cuales 7 corresponden a organizaciones de la cadena apícola (198 beneficiarios) y 2 a las de la cadena foresto-ganadera (41 beneficiarios). Esto demuestra el grado de consolidación organizacional en una actividad que en la etapa anterior había demostrado escasos resultados, y que la nueva estrategia de intervención ha permitido revertir. No obstante esta situación no se replica con los mismos resultados en otras cadenas como la caprina la que cuenta con un alto grado de informalidad en sus organizaciones.

6. Mesa local y cooperativa de Laguna Blanca, provincia de Catamarca

La experiencia de la Mesa Local de Laguna Blanca en la puna catamarqueña proporciona otro ejemplo importante de trabajo con organizaciones con un impacto positivo en el capital social y en la integración cooperativa en el marco del PRODERNOA.

Laguna Blanca es una comunidad de pastores de altura ubicada en el departamento de Belén al norte de la provincia de Catamarca. La ganadería regula y centraliza casi la totalidad de la vida comunitaria. Tiene efectos en la división del trabajo por edad, en la localización de las viviendas y en los movimientos migratorios internos y estacionales de los miembros de las familias de la zona (Galafassi, 1994).

La actividad principal de la comunidad está vinculada con la obtención de fibra de vicuña. Al recuperarse la población local de vicuñas, especie que había permanecido protegida por riesgo de extinción frente a la caza indiscriminada y furtiva, se retomó su explotación sustentable. Con ella se recuperaron las técnicas tradicionales de la comunidad para la esquila que consiste en la formación de un cerco con mallas y telas con las que rodeaban a las vicuñas cuando éstas bajaban a tomar agua y se las esquilaba.

En este contexto, el principal problema se originaba en la utilización de la materia prima dado que la producción de ponchos de esta lana de muy alto valor internacional se realizaba en la localidad de Belén, y hasta ese momento los pobladores de Laguna Blanca sólo actuaban como proveedores de la fibra. Para organizar la producción y generar alternativas productivas y rentables en ambas localidades se promovió la creación de la Mesa Local de Laguna Blanca.

Esta mesa posibilitó la búsqueda de consensos y la cooperación entre las familias y los actores locales, en la medida en que estableció un acuerdo de trabajo en la comunidad sobre el uso sustentable de la lana de vicuña con manejo de animales en silvestría. En 2006, la intervención de PRODERNOA se materializó en un proyecto que comprendía apoyos a la producción de artesanías, desarrollo turístico sustentable y fortalecimiento institucional de la Mesa Local con un primer desembolso de $ 64.000. En este marco, se brindaron servicios de capacitación a 30 artesanos de Belén y de Laguna Blanca y se aprovisionó de telares para producir los tejidos. A partir de esta experiencia se trabajó también en la organización y el diagnóstico de problemas en otras comunidades de la Puna como La Guardia, San Isidro y San Vicente, entre otras.

PRODERNOA participó activamente en este proyecto que permitió recuperar los saberes artesanales ancestrales de la comunidad, articulando acciones con otros actores locales: municipios, INTA, la Comisión para la Vicuña de Catamarca y los propios pobladores en la organización sustentable de la producción y comercialización conjunta de la lana de vicuña.

Producto de estas acciones se formó una cooperativa integrada por 27 socios, que han acordado un estatuto por el que sus miembros se comprometen al cuidado, a la preservación y al manejo sustentable de los recursos naturales en el entorno de la laguna. Complementariamente a la obtención de la fibra de vicuña, la cooperativa inició una estrategia de diversificación de actividades a partir de la implementación de un proyecto de turismo cultural en el que participan activamente los pobladores de la región (FIDA 2010a).[64]

---

[64] De esta experiencia han quedado registrados relatos, actividades y discusiones en tres videos que están disponibles en acceso libre en la página web de la UCAR: "Con nuestras manos: La construcción de la Mesa Local de Laguna Blanca", "Hilos del Sol. La esquila de vicuñas en Laguna Blanca" y "Hecho en Laguna Blanca. La lana y fibra de llama valorizadas en manos de Ana y otros jóvenes de la Puna".

7. Asociación de Pequeños Productores Minifundistas, provincia de Tucumán

La sistematización realizada de esta experiencia por representantes de varios actores institucionales (Consorcio PRODERNOA-CADIF-CRISOL-INCLUIR, 2008) posibilita una detallada descripción de la estrategias de desarrollo territorial basadas en el apoyo a organizaciones de productores insertos en cadenas productivas de la provincia de Tucumán en el marco del PRODERNOA. Partiendo del interrogante: "¿de qué manera los procesos de organización de los productores inciden en la transformación de la producción y en el acceso a los mercados?", dicho informe pretende transmitir las lecciones aprendidas de la experiencia de conformación de la Asociación de Pequeños Productores Minifundistas de Tucumán (APPMT).

La APPMT se encuentra geográficamente ubicada en la localidad de Alto Verde y cuenta con una población aproximada de 1.500 personas. Tiene como zona de influencia los departamentos de Río Chico, Chicligasta, Tafí del Valle y La Cocha.

La APPMT está integrada por alrededor de 300 productores minifundistas que se dedican a diversas actividades agrícolas. Aproximadamente el 65% de los productores asociados son horticultores dedicados al cultivo de papa. Se caracterizan por una superficie promedio de explotación de entre 1 y 3 ha, en su mayoría arrendadas o en aparcería; una capitalización media de $ 15.000 (equivalente a US$ 5.000 en ese momento); la producción de papa como cultivo principal y secundariamente maíz, tomate, pimiento y hortalizas de hoja.

La constitución de la APPMT fue el resultado de la interacción de varios programas de distintas organizaciones sociales e instancias gubernamentales con pequeños productores de la zona que buscaban una salida a la situación de crisis en la que se encontraban los productores de la zona.

Para dinamizar las transformaciones productivas necesarias se contó con el apoyo de PRODERNOA, cuyo aporte en proyectos de crédito y donación a grupos de productores de la asociación fue equivalente a US$ 275.000. El Programa Social Agropecuario (PSA) por su parte aportó US$ 345.000 y el Centro Andino de Desarrollo, Investigación y Formación (CADIF) US$ 300.000. Los montos movilizados por la propia APPMT en vinculación con otros actores alcanzó los US$ 284.000. Estos fondos fueron aplicados a actividades productivas directas, de servicios a la producción y a la comercialización.

En este caso puede observarse como los procesos organizativos y los cambios en los procesos productivos se retroalimentaron, ya que si bien la organización de los pequeños grupos de productores giró en torno al objetivo explícito de fortalecer los factores productivos, éstos sirvieron como estrategia de consolidación de la organización ya que permitieron constatar las ventajas de asociarse a medida que se iba avanzaba en formas cada vez más complejas de trabajo conjunto.

Etapas de transformación productiva: los primeros pasos de interrelación entre organización y producción se llevaron a cabo a partir de la compra y uso común de herramientas e insumos como un modo de abaratar los costos de la producción y acceder a la tecnología moderna en reemplazo de la maquinaria obsoleta disponible. Esto posibilitó un aumento de la cantidad de tierra para siembra y de la demanda de mano de obra. A ello se agregó la necesidad de unificar la producción para comercializarla grupalmente.

El funcionamiento grupal facilitaba el acceso a líneas de crédito y eventualmente a subsidios que se respaldaban con garantías grupales y la aplicación de un reglamento interno. Esta estrategia, facilitada en muchos casos por relaciones de amistad o parentesco, posibilitó asumir mayores responsabilidades en relación con los mayores recursos obtenidos y una conducta de cumplimiento de los compromisos. De este modo, cada grupo iniciaba un proyecto y accedía a un crédito o subsidio para la compra de insumos y herramientas en común: de riego, fumigadoras y otros implementos pesados adquiridos en conjunto.

Para lograr un mejor rendimiento de los cultivos en cada grupo los productores contaban con el asesoramiento de los técnicos. En el proceso de fortalecimiento de la organización de la producción la capacidad de los grupos se fue incrementando, al tiempo que se ampliaba la cantidad de herramientas comunes y el acceso a mejor tecnología.

A partir del mejoramiento de las condiciones tradicionales de producción y luego de institucionalizar la asociación, los productores avanzaron sobre otros eslabones de la cadena productiva siguiendo un esquema de reconocimiento de las limitaciones existentes y de planificación de soluciones posibles. Uno de los resultados de este proceso fue la puesta en práctica de acciones comunes para la producción de su propia papa semilla.

La primera campaña de producción de papa semilla se realizó con el apoyo de un proyecto presentado al

Ministerio de Desarrollo Social tucumano que facilitó en forma de subsidio la compra de papa semilla inicial. Los resultados de la primera cosecha fueron buenos pero no alcanzaron para cubrir las necesidades de todos los asociados. La experiencia debió sortear una serie de dificultades y desafíos tales como: i) el costo del traslado de herramientas desde Alto Verde hasta Tafí del Valle; ii) el costo del arrendamiento de parcelas para la producción, a lo que se sumaba la dificultad de conseguirlas ya que en general la producción de papa semilla es monopolio de los grandes productores que compiten por el arrendamiento de las mismas; iii) el cultivo de papa semilla implica el abandono de otras actividades productivas en la propia parcela; iv) el riguroso proceso de autorización para la siembra y certificación de las semillas que debe renovarse anualmente.

La resolución progresiva y exitosa de los diferentes desafíos posibilitó un eslabonamiento para atrás en la cadena productiva beneficioso para los productores y abrió expectativas de acceder al mercado en un eslabonamiento hacia adelante. Los técnicos de PRODERNOA apoyaron técnicamente tanto la gestión de la certificación por parte del SENASA como luego el control y seguimiento técnico del proceso de producción de papa semilla. En el año 2007 y con el apoyo técnico de PRODERNOA y financiero del Ministerio de Desarrollo Social de la Nación se inauguraron dos cámaras de frío en el local donde funciona la asociación, cedido por el Instituto Provincial de Acción Cooperativa y Mutual (IPACyM). Este financiamiento se logró gracias a la prolija administración y ejecución de un proyecto anterior, lo que refuerza a su vez la organización y la autoestima de los productores. Según relatan los productores (Consorcio

PRODERNOA-CADIF-CRISOL-INCLUIR, 2008), se trata de un logro fundamental tanto para fortalecer la producción como para encarar el mercado de provisión de papa semilla en mejores condiciones al posibilitar el mantenimiento del producto en condiciones adecuadas por un mayor plazo de tiempo.

En las cuestiones relativas a la comercialización, los productores identificaron una serie de dificultades a enfrentar: i) escasa experiencia de acceso al mercado; ii) larga distancia al Mercado Central de Tucumán que implicaba altos costos de flete; iii) informalidad fiscal de la mayoría de los productores que actuaba como barrera de acceso al mercado formal; iv) debilidad en la capacidad de negociación para influir en los precios y las condiciones de pago; y v) alto grado de dependencia de los intermediarios.

Cambiar la relación con el mercado, que estuvo históricamente subordinada al intermediario (dispuesto a adquirir la producción sin facturación pero a precios muy inferiores a los del mercado formal), supuso para los pequeños productores de la zona la apertura de nuevas vías de comercialización y una estrategia de su producción orientada al mercado. Para afrontar esta nueva etapa consideraron necesarias una serie de acciones orientadas a ese objetivo tales como: i) diversificación de productos; ii) generación de servicios alternativos destinados a los productores y consolidación de los existentes; iii) promoción de la investigación científica y tecnológica de la producción; iv) formación y capacitación sobre el gerenciamiento de los negocios productivos orientado a la comercialización y la calidad; v) promoción del desarrollo y de las potencialidades de PyMES agropecuarias, industriales y de servicio; vi) formulación de planes locales para promocionar el desarrollo de la agroindustria; vii) apertura de un mercado local que absorba la producción de los pequeños y medianos productores; viii) desarrollo de una estrategia socio-organizativa que estimule el asociativismo de manera que puedan lograrse exportaciones conjuntas.

La conformación de cooperativas: las perspectivas abiertas por la comercialización plantearon la necesidad de generar otras formas de organización que faciliten el proceso de inserción al mercado. Es en este marco es donde surge la necesidad de crear cooperativas para el desarrollo de actividades económicas dado que la APPMT es una asociación civil sin fines de lucro cuya actividad principal es de carácter gremial y reivindicativa, y cuya forma legal implica serias limitaciones para la comercialización de los productos de sus asociados.

La cooperativa abre la posibilidad de comercializar en otros mercados y con otras condiciones, por ejemplo con organismos gubernamentales o mercados regionales, suponiendo para los productores la necesidad de unificar criterios y lograr una calidad uniforme. El marco de la cooperativa es distinto al marco de la asociación, pero al mismo tiempo se pensó en una estrategia donde cada cooperativa estuviera contenida por la APPMT, que seguiría funcionando como reunión de grupos alrededor de intereses comunes. El tema de comercialización que constituía un cuello de botella para la asociación fue resuelto de este modo con la formación de varias cooperativas. Las cooperativas permitieron disponer de una escala de oferta adecuada para el mercado, legalidad comercial, acceso a logística adecuada, e infraestructura facilitadas por el acceso a líneas de crédito y programas sociales.

En 2008 se encontraban en funcionamiento dos cooperativas (Alto Verde y La Tipa) y otras dos estaban en proceso de inscripción (Palmeras de Mal Paso y Monte Bello). La creación de varias cooperativas implicaba de alguna manera un retorno a la estrategia de conformación de pequeños grupos, organizados en torno a intereses comunes, con pocos miembros. De todos modos cada una reúne de 30 a 40 productores en lugar de los seis a ocho de los grupos iniciales. Esto permitió elaborar un proceso participativo diferente, a partir de un enfoque económico y en cierto modo empresarial diferente a los intereses y lógicas con que operaba la APPMT en su carácter de entidad gremial.

El proceso de conformación de cooperativas es lento e implica superar una gran cantidad de requisitos burocráticos que se deben tener en cuenta no sólo para la creación sino para la continuidad y el funcionamiento de cada cooperativa. Los productores que no participan de las cooperativas son, de hecho, quienes tienen más dificultades para sortear estas barreras de acceso. Esto puede generar procesos de diferenciación social dentro de la asociación y puede percibirse como un proceso de crisis de crecimiento. El hecho de que no todos los miembros de la asociación integren una cooperativa y que los impulsores de las cooperativas formadas o en proceso de formación tengan la decisión de acotar la inclusión de socios para permitir un verdadero proceso participativo, introduce una dificultad adicional que requiere estrategias y consensos. Esta necesidad supone enfrentar los potenciales conflictos que pueden generarse por la conformación de grupos también con intereses que pueden ser diferentes, que responden a zonas geográficas distintas y que disponen de niveles de capitalización y experiencia organizativa heterogéneos. La gestión del Mercado Frutihortícola en Aguilares: para avanzar en las gestiones conducentes a la creación de un mercado local se procedió a la vinculación de la APPMT con distintos actores e instancias gubernamentales locales y provinciales. Luego de realizar consultas en varios municipios cercanos, finalmente en el año 2007 y con el apoyo del PRODERNOA, la APPMT firmó un convenio con el Municipio de Aguilares para la construcción de un mercado frutihortícola de concentración. Esta ubicación vino a solucionar el problema de flete y distancia que separaba a los pequeños productores de esta zona del mercado central de San Miguel de Tucumán y mejoró el posicionamiento de la asociación en dos cuestiones centrales: la incorporación de los pequeños productores en la cadena de valor y el incrementa de su participación y poder de decisión en el manejo del mercado.

El mercado estuvo integrado en su organización por tres actores: municipio, APPMT y provincia. El radio de acción de este mercado de concentración era regional ya que incluía la zona sur de la provincia de Tucumán y otras provincias del NOA (dada la cercanía de La Rioja, Santiago del Estero y Catamarca). Esto significó, además de los beneficios económicos por la concreción de un Mercado, un reconocimiento de la asociación como interlocutor calificado ante organismos provinciales y nacionales.[65]

---

[65] Un ejemplo de ese reconocimiento es la inclusión de la asociación en la Mesa de Concertación dependiente del Gobierno de la provincia integrada por el Ministerio de Desarrollo Social de la Nación, INTA, SIDETEC, PRODERNOA y PSA.

Lecciones aprendidas: el rol del Estado y de los programas de desarrollo en la transformación productiva y
la consolidación organizacional de los pequeños productores articulados en la APPMT puede ser resumido
en las siguientes condiciones: i) la continuidad de la
intervención de distintos programas de apoyo articulando diferentes políticas destinadas al sector fue facilitada
porque muchos de los técnicos involucrados en el proceso fueron ocupando diferentes cargos de coordinación
en los distintos programas vinculados al desarrollo rural
que intervinieron en el territorio con una visión integral;
ii) los subsidios y los apoyos económicos de diferentes
fuentes y en diferentes momentos contribuyeron a la
conformación y el fortalecimiento de la asociación; iii) la
voluntad política de apoyo incremental en la medida en
que la experiencia avanzaba y se legitimaban las demandas y las acciones de la asociación consolidó el proceso
organizacional de la APPMT y su reconocimiento como
interlocutor social paralelamente al mejoramiento de las
capacidades productivas, a la competitividad y al acceso
a los mercados de sus asociados. A pesar de estas últimas
ponderaciones, cabe señalar que, si bien la asociación
se vio fortalecida como interlocutora privilegiada para
ejecutar proyectos de distintos ministerios nacionales
en su área de influencia, en la actualidad, esta fortaleza
mostró ciertos límites al encontrarse estrechamente
relacionada con su capacidad de vinculación con determinadas autoridades gubernamentales. Ante una
situación de cambio en el escenario político, la asociación encontró serias limitaciones para dar respuestas a
las nuevas necesidades de sus socios (Ramos, 2014: 6).

Desde la perspectiva de las políticas públicas, el caso
sistematizado por el consorcio PRODERNOA-CADIF-

CRISOL-INCLUIR (2008) permitió señalar la importancia de las estrategias de desarrollo tendientes al fortalecimiento de las organizaciones y grupos de productores para que sean capaces de autogestionarse y participar de actividades comerciales rentables, así como la promoción del diálogo político entre los actores.

La conformación de pequeños grupos alrededor de un objetivo común permite reforzar la participación de los integrantes del grupo y la proyección de la lógica de organización como mecanismo de incidencia y cambio. Asimismo, en paralelo y acompañando el fortalecimiento asociativo y organizacional, el apoyo para el mejoramiento de los factores productivos debe posibilitar que los avances obtenidos en cada una de las áreas retroalimente y consolide a la otra. Esto debe reflejarse en la conformación de los equipos técnicos con capacidad para atender ambas problemáticas al mismo tiempo, puesto que el acceso al mercado se facilita cuando los productores se organizan y fortalecen su proceso productivo.

8. Mejoramiento de la cadena de valor textil en la provincia de Neuquén

Uno de los proyectos destacados en el marco de ejecución del PRODERPA es el de "Mejoramiento de la cadena de valor textil para la cooperativa agropecuaria comercializadora del Centro a través del procesamiento y la comercialización conjunta de fibras de origen animal". Éste contó con la participación de 14 organizaciones y grupos de interés y tuvo como beneficiarias a 342 familias de la provincia de Neuquén. Las instituciones que formaron parte de la asistencia técnica que demandó fueron, entre otras, el Centro PyME, el INTI, el INTA y el Municipio de Zapala. Debe destacarse que en este caso en particular, la vinculación con el municipio, a través de las relaciones intergubernamentales, otorgó mayor sinergia al proyecto. El municipio fue un actor relevante del proceso vertebrado por el PRODERPA al ceder el territorio para su ejecución, en primer lugar. El proyecto contó además con un monto asignado de $ 4.634.400 según la información oficial.

El objetivo del proyecto consiste en mejorar la cadena de valor textil de 7 organizaciones y 6 grupos de interés nucleados en la "Cooperativa Agropecuaria de Comercialización de Pequeños productores de la Zona Centro de Neuquén" a través del procesamiento y la comercialización conjunta de fibras de origen animal (mohair, lana, cachemira, en su mayoría). Sus objetivos específicos se vinculaban con la posibilidad de construir infraestructura adecuada para el uso de maquinaria, el acopio de fibra, la capacitación a productores, entre otros.

En términos de la recuperación de saberes y de los espacios territoriales orientados a la actividad lanar, se tuvo un especial interés en preservar las prácticas de los productores ganaderos y de sus familias, en brindar asistencia técnica para una comercialización sustentable y en consolidar un proceso de gestión colectiva de los procesos, con la intención de replicar la experiencia a otras zonas ganaderas de la provincia de Neuquén. El antecedente inmediato de este proyecto puede encontrarse en la labor conjunta de las organizaciones que forman parte del Programa Mohair y varias instituciones de orden nacional, provincial y local, tales como el Ministerio de Desarrollo Social de Nación, el Ministerio de Desarrollo Territorial de Neuquén –a través de Centro PyME y la Dirección de Desarrollo Rural–, el INTA, el INTI y el Municipio de Zapala.

El proyecto contó previamente con un estudio de prefactibilidad "Estudio de la factibilidad técnico-económica para la industrialización primaria del mohair-lana para productores minifundistas de la región" desarrollado en el año 2005, con financiamiento del Consejo Federal de Inversiones (CFI) a partir del cual se recomienda la construcción de una planta con la escala y la tecnología adoptada posteriormente por el proyecto, reforzando la participación de los productores en la cadena de valor, y fomentando el desarrollo local en la región.

También vinculado con la producción textil, PRODERPA promovió las condiciones para el acceso equitativo de las mujeres rurales a los procesos socio-productivos, tanto a los beneficios del programa como a los distintos órganos de ejecución de los proyectos y, particularmente, de su participación en las organizaciones incorporadas y los niveles de decisión y de su administración. Uno de los proyectos más relevantes en el marco del programa es el proyecto "Artesanas de Aluminé" desarrollado en una comunidad mapuche. Allí se organizó una asociación para la comercialización de tejidos artesanales (mantas, manteles y mantones) realizados por mujeres de la comunidad que requerían, para su comercialización, de intermediarios. El sentido de la asociación ha sido el de comercializar el producto obtenido en forma colectiva y directa para mejorar los ingresos percibidos por los miembros de la comunidad. El proceso productivo integra, además, a todo el grupo doméstico en las tareas: desde la esquila, el lavado y preparación de la lana, y el procesamiento de la misma a mano de las tejedoras mapuches.[66]

9. Síntesis

Las iniciativas de articulación productiva, comercial e institucional de cierta envergadura entre los diversos actores del ámbito rural nacional y provincial han sido escasas en los programas FIDA y sus resultados, como hemos podido observar, han variado según las capacidades y estrategias de cada provincia para la intervención, así como del capital social en ellas existentes.

La continuidad o la sostenibilidad de las acciones iniciadas en el marco de los proyectos en algunos casos se realiza a partir de la continuidad a través de nuevos programas y en otros en función de los resultados alcanzados. En el primer caso sobresalen la experiencia del Remate Feria de Mercedes y los proyectos apícolas chaqueños, que ha tenido continuidad a través políticas provinciales específicas y el apoyo del PRODEAR. En otras experiencias, las capacidades adquiridas entre los antiguos participantes y las organizaciones involucradas han posibilitado una relativa apropiación de los conocimientos transferidos. Esta situación se traduce en el desarrollo de capacidades productivas que no siempre logran expresarse en una rentabilidad diferencial debido a la insuficiencia de las acciones dirigidas al desarrollo comercial o a las mayores dificultades de incidir sobre

---

[66]   Este caso se encuentra relatado en el video institucional de UCAR-MAGyP, disponible en http://vimeo.com/56370542, consultado el 14.09.2014.

este factor pero que contribuyen a consolidar el capital social acumulado para futuras acciones de desarrollo.

Por ello, la riqueza de las experiencias reunidas en esta sección se vinculan, por sobre todas las cosas, con las reflexiones que promovieron, como "lecciones aprendidas", para repensar y rediseñar los programas y acciones de desarrollo en los territorios rurales.

A grandes rasgos podemos indicar tres ejes de reflexión a los que permiten arribar estas experiencias.

En primer lugar, el indelegable e imprescindible rol del Estado como promotor, mediador y regulador en los procesos de desarrollo y del diálogo político entre los actores intervinientes en el marco de una cadena productiva. Todas las experiencias demuestran el rol central que ha cumplido el Estado en sus diferentes niveles para la inclusión de los pequeños productores familiares en dichas cadenas y como concertador entre la variedad de agentes institucionales e interinstitucionales público-privado intervinientes en el marco de acciones que combinan lo urbano con lo rural.

En segundo lugar, la importancia de propiciar estrategias de desarrollo tendientes al fortalecimiento de las organizaciones y los grupos de productores para que sean capaces de autogestionarse y participar de actividades comerciales rentables, así como convertirse en interlocutores del diálogo político con actores de otros estratos y agentes del Estado. En las experiencias referidas, las acciones de fortalecimiento organizacional de los productores han sido tan importantes como las acciones para el mejoramiento de sus capacidades productivas y de acceso a los mercados, demostrando la importancia del fortalecimiento del capital social y particularmente de las organizaciones locales y acciones de capacitación para la autogestión que garantizan la sostenibilidad de las acciones encaminadas por los proyectos. La intervención de los programas basada en población dispersa o en organizaciones aisladas resultó poco eficiente y de difícil sostenibilidad. Por este motivo, los informes de sistematización de las experiencias concluyen enfáticamente que el centro de las acciones de los programas de desarrollo debe estar en la población organizada en distintas asociaciones, articulándolas con otras instituciones y agentes locales y nacionales.

En tercer lugar y estrechamente vinculado al eje anterior, para la transformación productiva, inserción comercial y consolidación organizacional de los pequeños productores rurales, los programas de desarrollo deben propiciar herramientas y estructuras financieras adaptadas a sus necesidades (seguro agrícola, fondos fiduciarios y de acceso a mercados, etc.) con perspectivas de autogestión. Para ello, es imprescindible incorporar aspectos de gestión organizacional y comercial a la ya tradicional asistencia técnico-productiva ofrecida por los programas y favorecer la amplia participación de los beneficiarios en su diseño y su ejecución. En este sentido, no sólo es necesaria la ampliación del perfil de los agentes de asistencia técnica del programa hacia otras áreas (mercadotecnia, gestión organizacional, etc.), sino también mantener cierta estabilidad de aquellos técnicos con inserción territorial y reconocimiento social entre los miembros de las comunidades rurales. En muchos casos, la capitalización de experiencias previas en programas de desarrollo de estos agentes es la que han permitido encaminar exitosamente los proyectos y también la continuidad de las acciones una vez finalizados los programas.

Los proyectos reseñados son sólo algunos ejemplos de numerosas experiencias llevadas adelante por diferentes programas de desarrollo –PSA, PROINDER, PROFEDER, etc.– durante las últimas tres décadas que han contribuido a la reflexión en tono al papel que debe jugar el Estado en relación con el rol asignado a la sociedad civil organizada en los procesos de desarrollo y la pertinencia de las estrategias de intervención y los instrumentos de política diseñados para promover dichos procesos en los territorios rurales. Estas experiencias han permitido poner en tensión las ideas predominantes sobre el desarrollo rural con la realidad empírica de las acciones realizadas por los programas, transformándolas en lecciones aprendidas, es decir, certezas rectoras para replantear nuevas estrategias de la política pública para el desarrollo rural en la Argentina.

ANEXO II: INFORMANTES CALIFICADOS ENTREVISTADOS

Unidad Nacional de Coordinación – Unidad para el Cambio Rural. Entrevistas realizadas en la sede central de UCAR los días 5, 6, 11 y 12 de junio de 2013.

Coordinadora Técnica de los programas FIDA desde 2003 y responsable del Área de Planeamiento y Gestión Estratégica de UCAR desde 2009.

Responsable de Gestión de Resultados del Área de Planeamiento y Gestión Estratégica. 2005-2009: Seguimiento y Evaluación. 2009-2012: Área de Formulación de Proyectos de Desarrollo Rural.

Responsable de Servicios Informáticos. Otras actividades: Comunicación Institucional.

Responsable de Organización de Empresas Rurales. Desde 2003-2012: SAGPyA. Área Género y Comunidades Aborígenes.

Responsable Área de Inclusión y Equidad Rural. Desde 1987 y hasta el final de su ejecución participó del PNEA, PRODERNEA y PRODERNOA en el componente de género y comunidades aborígenes.

Responsable Área de Formulación de Proyectos. Desde PNEA hasta 2011 responsable del área de Seguimiento y Evaluación de proyectos.

Coordinador Técnico de PRODEAR. 2003-2007: Área de Comercialización.

Coordinador Técnico de PRODERPA. Desde 1997 en FINAGRO en el marco de SAGPyA.

PROVINCIAS. Entrevistas a socios y beneficiarios de los programas PRODERNEA, PRODERNOA, PRODERPA y PRODEAR realizadas entre los días 18, 19, 25, 26 y 27 de junio de 2013.

Provincia de Corrientes

UPE-Corrientes

Coordinador Técnico PRODERNEA (2004-2007)
Coordinador Técnico PRODEAR y UPDR (Unidad Provincial de Desarrollo Rural)

Responsable de Seguimiento y Evaluación PRODER y UPDR
Responsable de Asistencia Técnica PRODERNEA

Responsable de Servicios Financieros PRODEAR y UPDR
Personal Administrativo PRODERNEA

Provincia de Chaco

UPE-Chaco

Coordinadora Técnica del PRODEAR y Responsable de la Unidad de Planificación Sectorial del Ministerio de la Producción de Chaco
Técnica de Terreno de PRODERNEA en la localidad de Suzalito-Chaco
Coordinadora Técnica de PRODAF – Chaco

Responsable de Seguimiento e Información PRODEAR

Responsable del Área de Fortalecimiento Organizacional PRODEAR

Director de Producción Animal – Ministerio de la Producción de Chaco

Ex Coordinador Técnico del PROGANO (Programa Ganadero del Noroeste Chaqueño)

Responsable del Área de Comercialización de PRODERNEA
Actual Responsable de la Dirección de Auditoría Interna del Ministerio de la Producción de Chaco

Asistente del Área de Comercialización de PRODERNEA

Integrante del equipo técnico de PRODEAR y Coordinador del Plan Apícola Provincial
Técnico de Terreno de PRODERNEA en las localidades de Basail y Cote Lai-Chaco

Técnico Veterinario PRODEAR y PROGANO en la localidad de Miraflores-Chaco

Beneficiarios Chaco

Productor Ganadero de la localidad de Miraflores-Chaco
Integrante de la Asociación de Productores de Miraflores (47 productores)

Miembro de la Comunidad Toba de la localidad de Fortín Lavalle-Chaco

Tutora de Grupos de Mujeres Artesanas de localidades cercanas a Fortín Lavalle-Chaco

Productor Apícola de la localidad de Basail-Chaco
Presidente Cooperativa Palmares de Basail

Productor Apícola de la localidad de Basail-Chaco
Miembro de la Cooperativa Palmares de Basail

Productor Apícola de la localidad de Basail-Chaco
Miembro de la Cooperativa Palmares de Basail

Productor Apícola de la Localidad de Charata-Chaco
Presidente Cooperativa Apícola Granja La MiskySumaj Ltda. - Localidad de Pinedo-Chaco

Productor Apícola de la localidad de Charata-Chaco
Vicepresidente Cooperativa Apícola Granja La MiskySumaj Ltda. - Localidad de Pinedo-Chaco

Provincia de Tucumán

UPE-Tucumán

Secretario de Micro, Pequeña y Mediana Empresa. Ministerio de Desarrollo Productivo. Coordinador Provincial PRODERNOA (2004-2012)

Coordinador PROICSA
Evaluador PRODERNOA (2003)
INTA

Técnico PRODERI
Asistente Área Financiera PRODERNOA (2006-2012)

Beneficiarios Tucumán

Cacique Comunidad Amaicha del Valle

Productor hortícola y artesano
Amaicha del Valle

Elaborador de adobes
Amaicha del Valle

Grupo de Regantes y Cooperativa Agrícola Los Zazos
Amaicha del Valle

Secretario General Cooperativa Agrícola y Cañera
Don Pedro
Simoca

Presidente Cooperativa Agropecuaria 20 de Junio
Bella Vista

Provincia de Neuquén

UPE-Neuquén

Subsecretario de Producción
Presidente del Centro PyME
Coordinador Provincial PRODERPA

Coordinador Ejecutivo Provincial PRODERPA

Directora Provincial de Desarrollo Rural
Ministerio de Desarrollo Territorial
Subsecretaría de Producción

Beneficiarios Neuquén

Presidente Cooperativa Agropecuaria Hortícola y
Apícola 6 de Agosto
Centenario

Esta tirada de 100 ejemplares se terminó de imprimir en abril de 2015 en Imprenta Dorrego, Dorrego 1102, CABA